불교철학
강의노트

—

류효현 편저

—

도서
출판 中道

머리말

사찰 불교교양대학에서 처음 불교 강의를 시작하였다. 그 이후 동국대학교, 그리고 이어서 조선대학교에서 현재 불교철학을 가르치고 있다.

조금 늦게 강의를 시작했지만, 말도 어눌한 사람이 강의한 지 어느덧 20여 년의 시간이 흘러갔다.

내성적인 성향을 바꾸고 싶어서, 젊은 날 한때는 군인의 길을 가고자 하였지만 꿈을 이루지는 못했다. 그런 필자가 강의를 하며 살아간다는 것이 스스로도 믿기지 않는다. 잘 가르치지도 특별한 내용도 아니다. 다만 지난 시간의 흔적을 남기고 싶어서 강의 내용을 정리하였다.

붓다의 가르침대로 실천하면서 살지도 못했다. 하지만 올바른 삶을 살도록 그 가르침을 전달하는 데는 의미 있는 일이 아닐까 생각한다.

강의노트한 것이라 대부분, 기존 불교서적들의 내용을 인용 정리한 것이다. 그래서 일일이 바로 밑에 인용 출처를 표기하지는 않았다.

가 장이 참고문헌이 참조하고 인용한 출처이다.

제1장 불교란 무엇인가에서는 종교로서 불교의 특징을 영화 달마야 놀자를 통해서 살펴본다.

제2장 불교 이전의 종교 사상계에서는 바라문교와 사문 가운데 육사외도설을 통하여 불교 사상의 성립배경을 간략히 살펴본다.

제3장 붓다의 근본 가르침에서는 붓다의 생애를 살피고 나서, 영화 화엄경을 통하여 초기 불교의 가르침, 불교의 진리를 이해한다.

제4장 대승불교의 가르침에서는 대승의 여러 사상을 살펴본다. 그 가운데 공사상에 이어서 승랑의 사상을 추가하여 중관사상의 분량이 많아

졌다.

제5장 현대 사회와 불교에서는 자연이 오염되고 생태계가 파괴되고 있는 환경문제, 그리고 보이지 않는 환경인 사이버 세계, 곧 가상공간에서 발생하는 문제의 사례를 살펴보고, 이러한 환경문제에 대한 불교의 역할을 알아본다.

제6장 불교문화는 부록처럼 추가되었다. 불상, 전각, 문, 탑 등으로 이루어지는 사찰의 구조에 대해서 간략히 살펴본다.

학생들에게 알아듣기 쉽게 설명하기 위해서 더러 불교영화를 보면서 교리적인 내용을 강의하였다.

불교를 쉽게 이해할 수 있도록 되도록 쉬운 말로 설명하려 하였지만 노력 부족으로 몇 부분 특히 중관부분은 학위논문 형식을 그대로 옮겨 어렵게 되고 말았다.

여러모로 부족함이 너무 많지만, 이 정도 선에서 마무리 짓고 질정을 받아 보완하기로 한다. 너그럽게 읽어주시기를 부탁드린다.

그리고 많은 가르침을 주신 지도 교수님 고 김인덕 선생님, 고 목정배 선생님께 감사드린다.

지금까지 강의할 수 있도록 배려해 주신 최성렬 선생님, 안양규 선생님께 감사드린다.

사찰 사진자료 게제를 허락해 준 목경찬 선생님께도 감사드린다.

2022년 10월

류효현 합장

CONTENTS

CONTENTS

1. 종교의 의의

한자어 종교라는 용어는 본래 불교 용어라고 한다. 종(宗, siddhānta)은 으뜸, 궁극적인 것을 의미하고, 교(敎, deśanā)는 가르침의 뜻이다. 즉 종교는 말로 표현할 수 없는 궁극적인 진리를 가르친다는 의미다.

그리고 종교라고 하면, 중국 남북조시대에서 수당대시기에 걸쳐 불교학자들이 불교의 경전 내용을 다섯 가지로 분류 요약할 때 사용한 말이다.

다섯 분류인 명(名)·체(體)·종(宗)·용(用)·교(敎)에서, 명은 경의 이름을 해석, 체는 경의 본질적 내용인 실상, 종은 핵심적 내용인 종지, 용은 체와 배대되는 것으로 실상의 적용·응용작용, 교는 가르침으로서 붓다 설법 상의 지위, 여기에 종교라는 용어가 나온다.

따라서 종교라는 것은 불교 경전의 핵심적인 요점을 설하는 교리라는 의미였다.

그러한 의미의 종교가 일본 메이지(明治)시대 때 서양의 religion(신과 인간의 재결합)을 종교라고 번역하면서, 역으로 이것이 전래되어 religion을 종교라고 쓰이고 있다. 그런 결과로 오늘날 종교라고 하면 종교 내에 불교·기독교·이슬람교 등 여러 종교를 포괄하는 말로 쓰이게 되었다.

오늘날 릴리전을 뜻하는 종교의 의미를 살펴보면, 종교는 오랫동안 개인의 삶과 인류의 역사에 지대한 영향을 끼쳐 왔다. 인간은 누구나 고통 없는 행복한 삶을 염원하고, 현실의 삶이 어렵고 힘들수록 마음의 안식처를 삼을 신앙의 대상을 갈구한다.

종교란 수행을 통해서 넓고 깊은 진리의 세계를 스스로 각성하는 데 있으며, 안심입명(安心立命)을 목적으로 한다. 체험을 통해 완전하고 궁극적인 마음의 평화를 성취하는 것이다.

종교는 인간사 안에서 이성의 한계 너머에 있는 궁극적인 문제에 대한 관심과 답변이다. 예컨대 인간은 왜 살아야만 하는가, 인간은 어디로부터 와서 어디로 가는가, 신은 있는가 없는가, 사후의 세계는 있는가 없는가 등, 종교는 바로 이러한 궁극적 물음에 관한 대답을 제시하는 체계로서 초월지향적이다.

이처럼 종교는 믿음을 통해서 삶의 의미를 찾게 해 주고 불안을 극복하게 해 주는 체계이다.

또한 종교는 '나'보다도 '너'를 가르친다. 종교는 사랑과 봉사와 희생이 생명이다. 한결같이 악이 아니라 선을, 미움이 아니라 사랑을, 전쟁이 아니라 평화를 증진시키는 일을 이상으로 해 왔다.

어떤 종교이든 진실된 종교는 모두 나 자신 보다도, 타인 상대방을 더 배려하고 존중하라고 가르친다.

따라서 종교는 인간의 궁극적 관심에 해답을 제시하며 믿음으로써 불안을 이기게 하고 타인을 배려 존중하라는 가르침이다.

종교는 인간이나 우주 만유가 자신의 근본으로 돌아가라는 가르침이며 주어진 근본 힘을 발휘하게 하는 가르침이다.

종교 중에서도 불교는 모든 생명을 위한 가르침이며, 인간의 가치와 가능성을 일대 긍정하는 바탕의 종교이다. 내가 우주의 주인이 되어 나의 본래의 모습으로 되돌아가게 하는 가르침이다.

2. 종교로서의 불교

불교란 부처가 되기 위한 가르침이라 할 수 있다. 우주와 인생의 진리를 올바르게 깨닫도록 하는 가르침이 불교이다.

불교를 가장 간명하게 표현하는 구절이 있다.

Dhammapada(법구경)에서 다음과 같이 말한다.

> 모든 악을 짓지 말고 (諸惡莫作)
> 온갖 선을 받들어 행하라. (衆善奉行)
> 스스로 그 마음을 맑게 하는 것이 (自淨其意)
> 부처님의 가르침이다. (是諸佛敎)

칠불통계의 이 게송은 평범한 것 같지만 평범한 가운데 깊은 가르침이 내재되어 있다. 다른 사람에게 해로움을 끼치지 말라는 것은 너무나 당연한 말이다. 하지만 우리는 수없이 많은 잘못을 주변 사람들에게 미치고 있다. 남에게 해로움을 주지 않는 삶이라도 부처의 삶이라 할 수 있을 것이다. 나아가 주변 사람들에게 이로움을 베풀 수 있다면, 남을 배려하면서 살아 갈 수 있다면 곧 부처의 삶이다. 하지만 이것을 실천한다는 것은 결코 쉬운 일이 아니다. 그래서 세 살 먹은 어린 아이도 알기는 쉽지만 팔십 먹은 노인도 실천하기는 어렵다고 하는 것이다.

먼저 불교를 구성하는 삼보부터 살펴보고 불교가 어떠한 신앙체계의 성격을 갖고 있는지 살펴보기로 한다.

1) 불교의 삼보

불교를 구성하는 것은 불(佛)·법(法)·승(僧) 즉 삼보(三寶)이다. 이것이 불교에서 가장 가치있고 소중한 것이라는 의미에서 세 가지 보배 즉 삼보라고 한다.

불교도가 된다는 것은 삼보에 귀의한다는 뜻이다.

삼보 가운데서도 중심이 되는 것은 법, 즉 붓다가 깨닫고 가르친 진리이다.

창조설을 주장하는 다른 종교에서는 창조주인 신에 절대성이 주어지고, 진리가 진리일 수 있는 근거는 신의 말씀인 데 있지만, 연기론에 입각한 불교는 진리가 붓다보다 앞선다. 붓다란 진리를 깨달은 분에 지나지 않기 때문이다. 그러므로 붓다가 출현하건, 출현하지 않건 진리는 존속하는 것이며, 붓다도 오직 한 분이어야 할 이유는 없다. 진리를 체득한 붓다는 많으면 많을수록 청정한 세상이 될 수 있다.

불은 법(진리)을 깨우친 분이다. 승은 인도말 상가(saṅgha)를 소리나는 대로 번역한 것으로서, 법을 이해하고 실천함으로써 붓다와 같은 경지에 도달하고자 하는 출가자와 재가자들의 모임이다.

그러므로 붓다와 상가는 법을 중심으로 통일된다.

모든 불교의식의 서두에 삼귀의 의례라는 의식 절차가 있다.

우리가 삼보에 귀의하는 이유는 다음과 같다.

붓다는 위없는 깨달음의 체현자이자 그 실천자이다. 법은 모든 번뇌와 욕망을 떠난 이상세계에 이르기 위한 가장 훌륭한 길잡이다. 그런 의미에서 법은 붓다와 동격의 가치를 지닌다. 끝으로 승가는 모든 집단 중에서 최상으로 묘사되고 있다. 승가는 진리를 깨달은 부처와 그 진리를 믿고 따르는 출가자와 재가자들의 공동체로 정의되기 때문이다. 이것은 인간의 가장 이상적인 단체이자 화합과 평등의 공동체라는 의미를 갖는다.

불·법·승 삼보는 불교인이라면 누구나 본받고, 배우고, 따라야 할 신행의 모범이라고 할 수 있다.

2) 불교의 특징

'달마야 놀자' 영화를 통해서 종교로서 불교의 특징을 살펴보기로 한다.

(1) 평등의 종교

'달마야 놀자' 영화 속 장면이다.

한 무리의 조폭 일당이 사건을 저지른 후 산중의 사찰로 침입한다.

하지만 노스님은 제자 스님들과 차별 없이 그들을 대한다.

"아무 조건 없이 밑 빠진 너희들을 내 마음 속에 던졌다"고 했다. 이처럼 불교는 인간의 차별 없는 평등을 강조한다.

2500여 년 전 고대 인도 사회는 철저한 계급사회였다. 불교 이전에 고대 인도는 B.C. 3000년경, 인더스 문명이 형성했었고 그 이후 인도 문명은 아리야인들이 인도를 침략 지배하면서 주도하였으며, 그들은 베다라는 종교 문헌을 편찬, 바라문교를 성립시켰다.

불교 이전의 바라문교는 계급제도를 토대로 한 종교이다. 붓다는 계급사회를 비판하고, 인간의 평등을 강조하였다. 태어날 때부터 인간의 종성, 계급이 정해진 것이 아니라 어떠한 차별도 없이 평등하다고 주장한다. 굳이 차별을 지운다면 그 사람이 어떠한 업(행위)을 짓는가에 따라 차별된다.

잡아함경에 다음과 같이 설한다.

> 태어남에 의해 바라문이 되는 것이 아니며, 태어남에 의해 천민이
> 되는 것도 아니다. 오로지 고귀한 업에 의해 바라문이 되고 비천한
> 업에 의해 천민이 된다.

인격적인 업을 지으면 그에 따라 대우 받고, 인간 이하의 행동을 한다
면 그에 따른 과보를 받는다.

영화 속에서 건달들이 자신의 은신처를 제공해 준 것에 대한 보답으로
법당에서 청소를 하다가 불상의 귀를 훼손시킨다. 하지만 노스님은 젊은
스님들에게 웬 호들갑이냐고 꾸짖는다. 모든 대상에 부처의 성품이 있거
늘 그 갓 불상에 귀 하나 떨어졌다고 난리냐고 호통 친다.

영화 '달마야 놀자' 한 장면.

경전에 일체중생실유불성(一切衆生悉有佛性)이라는 표현이 있다. 모든 존재가 부처가 될 수 있는 불성을 가지고 있다는 말이다. 여래장(如來藏)이라고도 한다. 여래의 성품을 간직하고 있다는 뜻이다.

모든 존재는 부처가 될 가능성이 열려있으므로, 어떤 존재이든 차별 없이 평등한 것이다.

붓다는 증일아함경에서 이와 같이 말씀하셨다.

> 강가, 신두, 박슈, 시타 등 4대 강의 강물이 바다에 들어가면 본래의 이름은 사라지고 오직 바다로 불려진다. 이와 마찬가지로 바라문, 크샤트리아, 바이샤, 슈드라 등 4종성에 속하는 사람들이 붓다에게 출가하여 그 가르침을 배우고 수행하게 되면, 다만 사문 석자(釋子)라고 불려진다.

붓다 당시에 더러운 오물을 치우는 불가촉천민이 있었다. 사성제도 안에도 들지 못하는 천한 계급의 신분이었다. 그는 붓다가 다가오자 당황하여 오물을 쏟았다. 그리고 붓다에게 아뢰기를, "제 몸이 더러워 감히 붓다를 가까이 할 수 없습니다. 저같이 천한 죄업의 중생도 깨달음을 얻을 수 있겠습니까?"

붓다는 "내가 오랫동안 수행하면서 붓다가 된 것은 바로 죄업으로 고통받는 사람들을 위해서이다"라고 하고 그를 제도하였다.

부처의 세계는 그가 처한 신분은 중요치 않다. 그가 어떤 사고를 하고 어떤 행동을 하는가에 따라서 그 사람의 인격이 형성되는 것이다. 그 어떠한 신분의 차별을 부정하였다.

붓다 당시에 사교에 빠져 사람을 99명이나 해친 살인마 앙굴리마라가 있었다. 그는 백번째 희생자로 자신의 어머니를 해치려고 하였다. 그 순간 붓다가 평온하고 담담한 모습으로 다가가 그를 설복시켜 제자로 받아들였다. 출가 후 살인마 앙굴리마라는 자신의 죄업에 대한 과보를 기꺼이 받아들이고 참회하면서 진정한 붓다의 제자가 되었다.

뒷장에 나오는 화엄경 영화에서도 평등에 대한 구절이 나온다.

"정말 평등이란 모든 존재는 실체도 없고 생긴 적도 없다는 것이다. 세상이란 거울에 비치거나 물 위에 비치는 그림자와 같다. 너나 나나 몸과 마음이 한낱 거울에 비치는 그림자와 같다는 점에서 우리는 평등하다."

여기서 모든 존재는 실체가 없는 그림자와 같다고 하였는데, 실체가 없다는 것을 불교에서 무자성(無自性), 공(空)이라 한다. 무자성은 본래 스스로의 성품이 있지 않다는 것을 말한다. 본래의 아름다움, 본래의 추함, 본래의 부유함이 있지 않다는 것이다 아름다운 것도 상대적이고 더 아름다운 것과의 관계에서는 추한 것이 된다. 추한 것도 더 추한 것과의 관계에서는 아름다운 것이 된다. 이처럼 본래 스스로의 고유한 성품은 있지 않다는 것을 무자성이라 하고 공이라고 한다. 무자성을 공이라 하고 이것을 연기라고도 한다. 모든 존재는 연기되어서 연기 관계 속에서 있는 것이기 때문에 연기된 존재, 무자성한 존재이기에 모든 것은 평등하다고 한 것이다.

이처럼 불교는 평등의 원리에 입각한 가장 합리적인 종교라고 할 수 있다.

(2) 성불의 종교

불교의 궁극적인 목표는 성불(成佛), 즉 부처가 되는 것이다. 불교의 진정한 구원은 스스로 자신의 문제를 극복해 나가는 것이다. 절대자에게 구원을 받는게 아니라 스스로 자신을 구원해 가는 것이다. 이것이 열반이고 성불이라 할 수 있다.

불교는 붓다가 우리를 어떻게 도와 주는 것이 아니라 우리가 붓다의 가르침을 통해서 붓다처럼 되고자 하는 성불의 종교이다.

따라서 불교에서는 부처와 중생을 본질적으로 평등하다고 본다. 내가 부처가 되고자 실현하면서 살아가는 것이다. 복을 구하는 기복신앙은 불교의 본질이 아니다. 성불이란 내가 부처라는 생각을 믿고 부처가 되고자 노력하는 것이다. 자신이 곧 부처이고 부처가 곧 자신이다.

깨달은 부처나 깨닫지 못한 중생이나 어떠한 차별도 두질 않는다. 이러한 부처가 될 가능성을 누구나 가지고 있고, 부처가 될 수 있는 것이다. 그러면 성불의 내용은 무엇일까? 어떻게 하면 부처가 될 수 있을까? 그것은 붓다가 깨달은 진리인 연기이며, 연기를 체득함으로써 가능하다.

달마야 놀자 영화에서 보면, 노스님은 양아치 건달과 제자들에게 깨진 항아리를 주면서 물을 채우라는 문제를 낸다. 깨진 항아리에 물을 부어서 채울 수는 없다. 하지만 건달은 생각의 전환, 인식의 전환을 일으킨다. 항아리에 물을 부어 채우는 것이 아니라 연못의 물속에 항아리를 채워버렸다. 이런 긍정적이고 적극적인 사고의 전환, 인식의 전환이 깨달음이다.

영화 '달마야 놀자' 한 장면.

불교에서 괴로움은 어리석은 마음(無明)에서 비롯된다고 한다. 어떤 마음을 내는가에 따라 생사가 바뀐다. 괴로움이 즐거움이 될 수도 있고, 즐거움이 괴로움이 될 수도 있는 것이다. 똑 같은 상황을 이렇게 받아들이는가에 따라서 달라진다. 시시각각으로 다가오는 뜻밖의 고난들을 지혜롭고 긍정적으로 수용하면 괴로움에서 자유로워 질 수 있다.

세월호 참사로 수많은 어린 학생들이 목숨을 잃었다. 그 부모의 심적 고통이 어떠하겠는가? 자식을 가슴에 묻은 그 고통을 우리가 어떻게 헤아릴 수 있겠는가? 하지만 불행한 고통을 긍정적인 마음으로 받아들이면 그러한 고통도 극복해 갈 수도 있다는 것이다. 예컨대, 어느 부모는 사고 진상규명을 위해 치열하게 투쟁하기도 하고, 자기 자식의 넋을 기려 자식의 이름으로 장학금 기부를 준비하는 부모님도 계실 것이다. 자식을 잃은 슬픔에 잠겨 자포자기하고 인생을 포기하면서 살아가는 이도 있을 수 있다.

죽은 자식을 위해서, 사고 진상을 규명하기 위해서는, 장학금을 기부하기 위해서는 인생을 더 열심히 치열하게 살아가야 할 것이다. 죽은 자식이 살아서 돌아온 것은 아니지만 인생을 더 긍정적으로, 적극적으로 살아감으로써 자식을 잃은 슬픔을 극복해 갈 수도 있는 것이다.

붓다 당시에도 자식을 잃은 슬픔에 삶을 살아 갈 수 없는 한 여성이 있었다. 그 여성은 붓다에게 하소연을 했고, 붓다는 마을로 가서 사람이 죽지 않은 집에서 겨자씨를 얻어 오면 그대의 고통을 해결해 주겠다고 하였다. 여성은 하루 종일 마을을 해 집고 다녔지만 사람이 죽지 않은 집은 찾을 수가 없었다. 사고로 생명을 잃었고, 병으로 세상을 떠났다. 우리가 지금 살아가는 것은 그 이전에 우리 조상의 삶이 있었고, 그것이 다하고 이어져 살아가고 있다. 사람이 죽어나간 적이 없는 집은 있을 수 없다. 이 당연한 이치를 여성은 조금씩 깨쳐 간다. 사람은 누구나 죽고 이러한 고통을 나만이 겪는 것은 아니라는 평범한 이치를 몸으로써 깨닫게 된다. 그리하여 자식을 잃은 슬픔을 극복해 나간다. 죽은 자식이 살아서 돌아온 건 아니지만, 자신의 마음을 적극적으로 긍정적으로 전환시킴으로써 괴로움을 극복한 것이다.

괴로움은 어리석은 마음에서 생겨난다. 괴로움을 생겨나게 하는 조건을 없애면 괴로움을 극복할 수 있다. 무명을 극복하면, 연기의 도리를 깨치면 부처가 될 수 있다.

(3) 자비의 종교

'달마야 놀자' 영화 속 건달이 노스님께 묻는다.

> 스님 저희를 이렇게 감싸주시는 이유가 뭡니까?
> 그럼 넌 밑 빠진 독에 물을 부을 때, 어떤 생각을 하구 채웠어?
> 그건 그냥 그 항아리를 물속에다가 던졌습니다.
> 나두 밑 빠진 너희들을 그냥 내 마음 속에 던졌을 뿐이야

어떠한 차별도 없는 평등한 마음이 자비심이다.

'자(慈)'는 모든 존재에게 즐거움을 주고자 하는 마음이고, '비(悲)'는 모든 존재가 괴로움에서 벗어나기를 바라는 마음이다. 그 자비심을 실천하는 것이 보살이다.

영화 속에서, 노스님이 제자 스님에게 말한다.

"중은 자기 수행을 열심히 한다고 해서 성불하는 것이 아니다"

노스님의 말씀에 깨달은 상좌 스님은 위험한 처지에 놓인 건달을 폭력을 써서 구해낸다.

자기 수행을 통해 얻게 되는 것은 자신의 성불, 자기 자신의 행복이다. 노스님의 가르침은 자신의 행복도 당연히 중요하지만 남의 행복도 나의 행복처럼, 그 이상으로 존중하고 소중히 하라는 것이다. 그게 바로 올바른 성직자의 길이다. 중생의 삶이 행복해야 출가자도 성불할 수 있는 것이다. 남이 행복해 지는 것을 곧 자기의 행복이라 여기는 것이다. 이것이

보살의 삶이고 부처의 삶이다.

불교에서 말하는 가장 바람직한 인간상 모델인 것이다. 내가 서고자 할 때 남을 먼저 세운다고 하는 유가의 선비, 군자라 할 수 있다.

상구보리(上求菩提) 즉 자기의 행복보다 하화중생(下化衆生), 남의 행복을 더 추구하는 삶이 보살의 삶이다. 이들은 자비의 실천을 통하여 모든 사람이 더불어 행복해지는 삶을 실천한다.

본래 불교는 깨달음을 목표로 하기 때문에 인간 문제의 해결이 주안점이다. 그러나 자기만의 이익을 목적으로 하는 것은 결코 아니다. 개인의 완성, 자기의 완성은 바로 다른 사람의 완성, 나아가서는 인류의 이익을 당연히 추구해야 하는 것이다. 이타행이란 것은 바로 그러한 것을 의미하는 말이다.

붓다는 자리이타의 양면을 완성한 종교가였다. 이러한 이타행을 뒷받침하고 있는 것이 불교에서 설하는 자비의 정신이다.

아무리 뛰어난 지혜가 있다고 할지라도 자비가 없는 지혜는 아무런 소용이 없다. 이 지혜의 성취는 곧 중생을 위한 지혜이므로 아무리 좋은 가르침이나 훌륭한 지혜가 있다고 할지라도 중생을 외면하는 것이라면 그것은 죽은 종교이다. 지혜를 바탕으로 하여 진정한 불교의 실천관인 자비가 나타나는 것이고 자비의 실천이 곧 하화중생(下化衆生)의 발원이다.

(4) 인간 중심의 종교

불교는 신과 같은 절대자를 전제하지 않는 철저한 인간의 종교이다. 붓다는 신이나 구세주가 아니라 진리에 눈뜬 깨달은 사람에 지나지 않는다.

불교는 신을 전제로 하는 것이 아니라 철저하게 인간 그 자체만을 처음부터 끝까지 상정하고 있으므로, 불교의 관심은 인간 그 자체의 실존과 인간 그 본래의 궁극적 모습을 규명하는 것이다. 이 세상 어느 종교보다도 인간적 종교라 할 수 있을 것이다.

불교에서는 창조신이나 주재신을 부정하고 인간 내면의 불성을 발견하고 해탈을 얻는 인간 성불을 강조한다.

괴로움의 원인을 인간 내면에서 찾고 있다. 사성제의 가르침에서 볼 수 있듯이 불교의 시작은 인간의 괴로움의 문제이며 그 끝은 괴로움으로부터 벗어나는 것이다. 인간은 본래부터 괴로움의 문제를 스스로 해결할 수 있는 능력과 가능성을 가진 존재이다. 절대적인 신에게 의존하는 것이 아니라 존재의 참다운 모습을 파악할 수 있고 자비이타의 삶을 구현할 수 있는 불성을 가진 존재인 것이다.

세계관 역시 인간을 중심으로 수립하고 있다. 현상계를 인간중심으로 분류한다. 초기 불교의 세계관 가운데 12처설(十二處說)은 인간의 감각기관과 감각대상으로 분류하여 설명한다. 여기서 인식의 주체가 되는 여섯 개의 감각기관은 인간존재를 나타내고 있다.

또한 불교에서는 이 세상의 모든 존재를 인간의 인식을 중심으로 보고 있는데 이것은 인간에 의하여 인식되지 않는 것은 일단 존재하지 않는 것으로 보는 것이 기본 입장이다.

대승불교의 유식사상은 인간의 선성과 악성 등 깊은 성품까지도 설명하여 인간의 내용을 확인시켜 주고 있다.

(5) 자력의 종교

영화 화엄경 속에서, 선재는 길을 걷다가 포장마차에서 한 스님을 만나는데, 그 스님은 귓속말로, "우주도 본래 혼자 컸어"라고 말한다. 선재가 찾는 어머니는 깨달음을 상징하는 존재다. 깨달음을 얻는 것, 완전한 행복을 얻는 것은 구세주, 절대자에 의한 것이 아니라 자신의 의지와 노력에 의해서 자신의 문제를 극복해 나가는 것이다. 스스로의 노력과 의지로써 자신의 문제를 개척해 나가는 것이 불교의 입장이다.

구원을 받는 것이 아니라 스스로 노력에 의해 자신을 구원해 나가는 것이다.

붓다는 기도의 대상이나 의존의 대상이 아니다. 붓다는 믿기만 하면 구원해 주는 이른바 전능한 구제자가 아니다. 붓다는 고통에서 벗어난 길을 발견하고 그 길을 우리에게 가르친 것이다.

불교는 밖으로부터의 메시지의 전달이 아니라 본래 있는 것으로부터의 자각을 원칙으로 한다. 진리는 우리 자신에 있고 의지할 곳은 밖에 있는 것이 아니라 자기 자신일 뿐이다.

팔십의 나이로 사라쌍수 아래서 입멸하기 직전 제자들에게 당부한 붓다의 마지막 가르침은 이를 잘 보여준다.

　너희들은 저마다 자기 자신을 등불로 삼고, 자기를 의지하여라.
　진리를 등불삼고 진리를 의지하여라. 이 밖에 다른 것에 의지해서
　는 안된다.
　모든 것은 덧없다. 게으르지 말고 부지런히 정진하여라.

　인간의 가능성에 대한 깊은 믿음을 기본으로 하는 자기형성의 길, 자력신앙의 길로서의 불교의 성격을 잘 나타내는 말이다. 자기 의지 마음에 따라서 자신의 인생을 개척해 나가는 것이다.
　불교의 관심은 사후, 내생에 구원 받는 게 아니고 바로 지금 현실 속에서 자기의 삶과 이웃의 삶을 구제하려는 것이다.

(6) 믿음과 수행의 종교

　불교도 종교인 이상 믿음이 있어야 한다. 믿음이 없이는 불법이 바다에 들어갈 수 없다. 그러나 단순한 믿음만으로 모든 것이 이루어지는 것은 아니다. 불교에서 요구하는 믿음은 반드시 철학적이고 과학적인 바탕 위에서 설정된 합리적인 믿음이다. 종교인들이 자신의 종교만 옳고 다른 종교는 인정하지 않는다면 이것은 엄청난 오류를 범하고 있는 것이다. 그래서 믿음 다음에는 반드시 앎이 따라야 하는데 그래야만 맹신이나 미신이 아닌 바른 믿음을 가질 수 있다.
　앎의 다음에는 실천, 즉 수행이 따라야 하는데 이것 또한 불교의 특징 중의 하나이다. 다른 신앙에서 오로지 절대자의 선택이나 기도, 또는 공

희(供犧)에 의하여 구원을 받는다고 하지만 불교는 체계적인 수행에 의하여 깨달음을 성취하는 것이다.

불교는 참선, 염불, 기도, 사경, 독송 다양한 수행체계를 가지고 있다.

인류의 위대한 스승인 부처님을 믿고, 나아가 나 자신이 본래 부처라는 사실과 진리를 믿어 자신을 비추어 보며, 이웃 중생의 아픔을 덜어 주고 함께 사는 아름다움을 추구해 나가는 것이 불교이다. 자신이 간직하고 있는 불성을 깨워 내 자신의 주인공으로 사는 것이 곧 믿음과 수행을 겸비하는 불교의 참모습이다. 부처님에 대한 전적인 믿음을 통한 구제의 길도 열어 놓지만, 결국에는 내면의 힘을 키워 궁극적으로는 깨달음의 길로 향한다. 나를 철저히 버리고 그것이 붓다 마음으로 변하는 내면의 변화는 믿음과 수행을 통해 이루어지며 이 점을 강조한 것이 불교이다.

참고문헌

- 강건기, 붓다의 메아리, 불광출판부, 1993
- 강건기, 현대사회와 불교, 불일출판사, 1996
- 권오민, 아비달마불교, 민족사, 2015
- 목정배, 불교윤리개설, 경서원, 1986
- 박상률, 불교문학평론선, 민족사, 1990
- 법륜스님, 인터넷 강의
- 법정, 그물에 걸리지 않는 바람처럼, 샘터, 1993
- 보경, 숫타니파타를 읽는 즐거움, 민족사, 2013
- 불교교재편찬위원회, 불교사상의 이해, 불지사, 1997
- 불교교재편찬위원회, 불교와의 첫 만남, 불광출판사, 2015
- 안양규, 행복을 가져오는 붓다의 말씀, 도피안사, 2012
- 월호, 영하로 떠나는 불교여행, 이치, 2005
- 이만, 불교문학과 사상, 부흥기획 출판부, 2001
- 이원섭, 법구경, 경서원, 1988
- 장인석 편, 불교기초입문, 신륵사, 1995
- 장휘옥, 불교학개론 강의실2, 장승, 1994
- 정병조, 불교입문, 불지사, 1994
- 조계종포교원, 불교입문, 조계종출판사, 2001
- 지창규, 천태학 노트, 법화학림, 2009
- 태고종, 불교입문자료

사진출처

- 다음영화 (달마야 놀자).

제2장

불교 이전의 종교 사상계

1. 바라문교

인더스 문명은 B.C. 2300~1800년경 모헨조다로와 하랍파를 2대 중심지로 하여 형성하였다. 이 고대 문명의 주체는 문다족과 드라비다족 등 인도 토착 종족인들이었다.

그 이후 인도 문명은 B.C. 16세기~13세기 무렵 인도 · 아리안이 힌두쿠시산맥을 넘어 서북인도로 침입함으로써 전개된다. 이들은 선주민들을 정복하고 판잡지방에 정착하였으며 베다를 편찬하였다. 이 아리야인들은 계급제도를 확립하고 이를 기반으로 하여 바라문교를 성립시켰다.

베다는 오랜 세월을 두고 형성되었고, 자연히 그 안에는 각 시대의 변화를 반영한 내용이 담겨져 있다. 베다는 시대에 따라 네 부분으로 구분할 수 있다. 신들에 대한 찬가와 기도인 만뜨라(mantra)를 수집한 상히따(Saṃhitā, 本集)가 먼저 이루어지고, 제사의 방식과 의미들을 설명하는 산문인 브라흐마나(Brāhmaṇa, 梵書)가 덧붙여지고, 이 브라흐마나 끝에 이리냐까(Araṇyaka, 森林書)와 철학적 내용이 가장 풍부한 우빠니샤드(Upaniṣad, 奧義書)가 다시 덧붙여져 있다. 특히 우빠니샤드는 인도철학사상의 원천을 이루는 매우 중요한 고전이며, 베다의 끝에 있다고 하여 베단타(Vedānta)라고 부르기도 한다. 사상적으로 살필 때에는 베다는 상히따 부분만을 의미하고, 일반적으로 베다는 우빠니샤드까지를 포함하여 일컫는다. 베다시대, 브라흐마나시대, 우빠니샤드시대로 구분하며, 시대에 따라 사상과 신앙형태도 변화하였다.

아리안족의 베다문화는 B.C. 6~7세기경부터는 동쪽으로 확대되어 갔다. 철기문화 수입으로 농작지가 확대되고 갠지즈강 유역에 상공업을 중심으로 한 도시문화가 건설되었다. 종래의 촌락과 씨족적 유대관계를 기반으로 형성한 바라문교의 지위도 쇠퇴해 갔다. 더욱이 원주민과의 인종적 혼합으로 전통적 바라문교의 약화는 더한층 가속화되었다.

바라문교는 불교 중흥기에는 불교의 교세에 밀려서 주춤하다가 불교가 쇠퇴해지자 불교의 장점과 인도의 민간신앙을 접목하여 힌두교로 발전하였다.

이런 상황에서 바라문의 특권, 베다의 권위를 인정하지 않는 새로운 사상가들이 등장했다. 이들을 사문이라 한다. 붓다도 이 사문 가운데 한 사람이었다.

사문과경에 의해 전통 바라문교를 비판하는 자유 사상가들을 살펴본다. 그 대표적인 6명의 자유 사상가들의 학설을 육사외도설이라 한다.

2. 육사외도

1) 뿌라나 까사빠(Pūraṇa Kassapa) − 도덕부정론

구체제의 붕괴와 도시문화의 성장은 사람들을 행위의 과보를 인정하지 않는 도덕부정론자로 만들어 갔다.

뿌라나 까사빠는 업의 법칙을 부정하였다. 살생, 도둑질, 간음, 거짓말을 해도 악을 행한다고 할 수 없으며, 악의 과보도 생기지 않는다고 주장하였다. 제사, 베풂, 극기, 진실한 말 등을 행해도 선행이라고 할 수 없으며, 그 과보도 또한 없다고 한다.

모든 도덕률을 부정하고 오직 감각적으로 쾌락을 얻는 것만이 인생의 목적이라고 하였다.

그는 붓다와 동시대 사람으로 노예의 아들로 전해지고 있다.

천한 신분으로, 바라문교이 도덕질서인 계급제도를 부정할 수밖에 없을 것이다.

2) 빠쿠다 까차야나(Pakudha Kaccayana) − 7요소설

빠쿠다 까차야나는 세계가 지(地), 수(水), 화(火), 풍(風)의 4가지 원소와 고(苦), 낙(樂), 생명(生命)으로 구성되어 있다고 본다. 이 7요소는 영원불변한 것이므로 칼로 사람을 죽여도 칼이 7요소 사이를 통과할 뿐이라는 궤변을 주장한다.

　비록 극단적인 예를 들어 살생을 부정하고 있지만, 이는 바라문교의 도덕을 부정하는 이론을 제시하는 중에 생겨난 모순점일 것이다.

　그는 고와 낙까지도 단순한 느낌의 내용이 아니라 실재하는 요소로 이해하였다. 극히 유물론적인 그는 영혼의 독립을 인정하지 않았을 뿐만 아니라 창조자도 인정하지 않았다.

3) 막칼리 고살라(Makkhali Gosala) - 숙명론

　불교에서는 막칼리 고살라의 숙명론자들을 사명외도(邪命外道)라 하여, 그릇되게 목숨을 이어가는 자들이라고 불렀다.

　모든 존재의 구성 요소로서 지(地), 수(水), 화(火), 풍(風), 허공(虛空), 득(得), 실(失), 고(苦), 낙(樂), 생(生), 사(死), 영혼(靈魂)의 12요소가 있다고 한다. 인간의 도덕적 인격적 상태에서 의지에 근거한 행위를 인정하지 않는다. 운명, 종성, 천성이 결정되어 있기 때문에 자신의 행위, 노력이 소용이 없는 운명론, 결정론을 주장한다.

　840만 대겁의 무량한 시간을 지나, 살아 있는 것은 윤회를 계속하다가 마침내 고통이 소멸하게 된다. 업에 의한 윤회 전생을 부정하는 등 일종의 결정론적 숙명론을 주장하였다. 여기에도 도덕부정, 종교무용론이 존재하고 있다.

4) 아지따 께사깜발린(Ajita Kesakambalin) – 유물론

지, 수, 화, 풍의 4가지 물질적 원소만이 참된 실재라고 인정하고, 영혼의 존재를 부정하는 감각적 유물론을 주장한다. 감각만이 인식의 유일한 원천이며, 업의 법칙을 부정하였다.

인간은 죽음과 함께 단멸하고 신체는 모두 4가지 원소로 환원된다. 사후의 세계도 있을 수 없고 선악에 대한 과보도 없으며 현세가 인생의 전부라고 하였다. 현세의 쾌락지상주의를 주장하는 이러한 유물론, 쾌락론의 사상을 순세외도(順世外道)라 한다.

5) 산자야 벨라티뿌따(Sañjaya Belaṭṭhiputta) – 회의론

산자야는 진리를 있는 그대로 인식하고 서술하는 것이 불가능하다는 불가지론적(不可知論的) 입장에서, 형이상학적인 문제에 관한 한 확정적인 대답은 주지 않았다. 내세의 업보에 대해서 인식적 회의론을 주장한다.

업이 존재하는가에 대해서, 그렇다고도, 안 그렇다고도, 그렇지 않은 것도 아니라고, 그렇지 않지 않는 것도 아니라고 답한다.

이 때문에 그의 주장은 뱀장어처럼 미끄러워 잡기 어려운 교설로 일컬어진다. 붓다의 뛰어난 두 제자 사리뿌뜨라와 목갈라나는 본래 이 산자야의 제자였다.

그의 회의론은 어떤 의미에서 붓다의 무기설(無記說)에 영향을 준 것으로도 생각된다. 무기설은 형이상학적인 질문에 대해 침묵으로 답하는 방식이다.

이상의 다섯 가지 이론은 대체로 물질적인 인간관을 지녔고, 우빠니샤드의 아트만, 브라흐만의 개념을 인정하지 않는다.

따라서 사후의 세계도 회의적이고, 도적적 가치마저 부정하고 있다. 종래의 바라문 중심주의의 사회윤리질서와 종교사상에 대한 비판으로 이해할 수 있다.

6) 니간타 나따뿟따(Nigaṇṭha Nātaputta) – 자이나교

자이나교의 개조 마하비라(Mahavira) 혹은 지나(Jina)를 불교에서는 니간타 나따뿟따로 부른다.

니간타 나따뿟따는 붓다보다 20살 아래로, 기원전 444년경 출생하고 72살에 입적하였다. 깨달음을 얻은 후에 위대한 영웅이란 의미에서 마하비라라 불렸다. 30살에 출가하여 12년간 고행 결과 깨달음을 얻어 지나가 되었다. 지나란 승리자라는 뜻으로, 자이나교는 승리자의 가르침을 뜻한다. 자이나교는 불교와 거의 동시대에 흥기하여 반베다의 입장에서 새로운 시대에 적합한 사상을 설했으므로, 그 초기에는 교단 형성이나 성전의 편찬 등에 있어서 불교와 유사한 점이 많다.

그러나 교리 면에서, 윤회로부터의 해탈을 목적으로 하고 있지만, 불교의 중도설에 대해 상대주의를 주장하고, 불교에서는 고행을 부정하는 것에 비해 고행주의를 택하였으며, 불교의 무아설에 대해 요소실재설을 설했기 때문에 교리적으로 상당히 다르다.

자이나교는 우선 산자야의 회의론을 극복하기 위해 상대주의적 인식론을 수립하였다.

예를 들면 사물이 실체의 관점에서 보면 상주이지만, 상태의 관점에서 보면 무상이다. 상주도 무상도 절대적인 의미가 아니라 상대적인 것으로 이해되어야 한다는 것이다. 이것은 붓다의 연기, 중도설과 상당히 유사한 점이 있다.

또한 자이나교는 2원론적 우주론을 제시한다. 즉 모든 존재는 영혼(命, Jva)과 비영혼(非命, ajva)의 2부분으로 구성되었다는 것이다. 여기서 영혼이란 지·수·화·풍, 동식물, 인간 등 모든 존재에 내재하는 하나하나의 생명을 실체시한 것이다. 비영혼은 영혼 이외의 일체를 말하는 것으로, 여기에는 법(dharma, 운동의 조건), 비법(adharma, 정지의 조건), 허공(akasa), 물질(Pudgala)의 4가지가 포함된다. 이것과 영혼을 합해 5실체라 한다.

지은 업으로 미세한 물질이 영혼에 부착하여 영혼의 상승성(上昇性)이 방해받는다. 이것을 영혼의 계박이라 한다.

해탈을 얻기 위해서, 재가생활을 버리고 출가유행의 생활에 들어간다. 비구는 다섯 가지 대서계(大誓戒) 즉 불살생, 진실어, 불투도(不偸盜), 불음(不婬), 무소유의 계를 지켜야 한다. 이 가운데 불살생과 무소유가 특히 중시된다.

마하비라는 이같은 이론을 바탕으로 윤회하는 생존으로부터의 해탈의 길을 가르쳤다. 업을 비영혼 즉 물질로 보고, 이 업물질에 의해 영혼이 속박됨으로써 윤회가 되풀이된다는 것이다. 따라서 윤회로부터 벗어나는 해탈을 얻기 위해서는 고행을 실천할 것이 강조된다. 과거의 업을 소멸하는 한편 새로운 업의 유입을 방지하여 영혼을 정화하기 위해서는 육체에 고통을 주는 고행이 최상의 방법이라는 입장이다.

재가신자는 다섯 가지 소서계 즉 불살생, 불허언, 부도(不盜), 불음, 무소유의 계를 지켜야 한다.

자이나교는 고행을 비롯하여 감각의 억제, 정욕으로부터의 자유로움, 세상으로부터의 초연함, 무소유 그리고 나체, 참회와 같은 수행이 강조된다. 이같은 고행주의 또한 그 이론적 근거로서 오실체설을 벗어나지 못한 것이지만, 사문들 가운데서도 해탈사상을 말하기 시작한 것은 매우 중요한 의의를 갖는다.

자이나교는 13세기 불교가 이슬람에 의해 쇠망하였음에도 불구하고 계속 존속, 현재에도 상공업을 중심으로 260만 명의 신도를 갖고 있다.

이상의 당시 인도 종교사상계에서, 베다의 종교인 바라문교는 우주의 근원이나 인간의 근본을 유일한 브라흐만에 있다고 보는 전변설(轉變說)을 주장하였고, 사문들은 다수의 물질적 요소에 있다고 생각하는 적취설(積聚說)을 주장하였다.

이에 반해 붓다는 인연화합의 연기설을 주장하였다.

붓다에게는 외도들의 외부 객관에 대한 비현실적인 관찰은 아무런 의미가 없었고, 각자의 내심에 눈을 돌려 그 무한한 자유와 행복을 자신의 마음에서 찾고자 하였다.

이 시대에 정통적인 바라문 사상은 이미 그 빛을 상실해 가고 있었다. 그것을 대신할 만한 새로운 종교 사상의 권위 또한 아직은 확립되어 있지 못한 상황 속에서 불교가 성립하여 흥기한 것이다.

참고문헌

- 길희성, 인도철학사, 민음사, 1993
- 보경, 숫타니파타를 읽는 즐거움, 민족사, 2013
- 불교교재편찬위원회, 불교사상의 이해, 불지사, 1997
- 이병욱, 인도철학사, 운주사, 2004
- 이철헌, 붓다의 근본 가르침, 도서출판 문중, 2007
- 장휘옥, 불교학개론 강의실2, 장승, 1994
- 정병조, 불교입문, 불지사, 1994
- 정호영 역, 인도사상의 역사, 민족사, 1988

1. 붓다의 생애

붓다는 약 2500여 년 전, 인도의 북부지역에 위치한 카필라와스뚜(현재 네팔 남쪽, 따라이 분지의 띨라우라꼬뜨로 추정)의 숫도다나(정반왕 淨飯王)와 마야(摩耶)왕비의 외아들로 태어났다.

붓다는 역사적으로 실존했었던 인물이다. 19C세기 말에 룸비니에서 붓다의 탄생을 역사적으로 증명하는 아쇼카왕의 석주가 발견되었다.

성은 고타마(Gotama), 이름은 싯다르타(Siddhārtha)라 하였다. 산스크리트 고타마는 '우수한 소'라는 의미이고, 싯다르타는 '목적을 달성한 사람'이라는 뜻이다. 그가 출가 수행하여 깨달음을 얻어 붓다라 불린다. 붓다(Buddha)는 bud 즉 '깨닫다'라는 말에서 비롯된 것으로, 진리를 깨달은 사람을 말한다. 붓다를 석가모니라고도 부르는데, 이것은 샤카모니(śākyamuni)를 음역한 말이다. śākya는 샤카족을 말하고 Muni는 성자를 의미한다. 샤카무니는 샤카족 출신의 성자를 말하는 것이다.

붓다를 별칭으로 열 개의 이름으로 불리기도 한다.

여래 십호는 다음과 같다. "여래(如來, 진리의 세계에서 오신 분), 응공(應供, 존경 받을 자격이 있는 분), 정변지(正遍知, 온전하게 아시는 분), 명행족(明行足, 지혜와 실천을 겸비한 분), 선서(善逝, 열반에 잘 이른 분), 세간해(世間解, 세상을 잘 아시는 분), 무상사(無上士, 최상의 스승), 조어장부(調御丈夫, 교화를 훌륭히 수행하시는 분), 천인사(天人師, 천신과 인간의 스승), 불세존(佛世尊, 깨달아 세상에서 존귀한 분)

이들 열 가지 호칭은 붓다의 성품을 드러내고 있는 것이다.

1) 붓다의 탄생

그 당시 인도에서는 출가한 여자가 아이를 낳기 위해서 친정으로 가는 풍습이 있었다.

마야부인의 친정은 이웃나라인 코올리국이었는데, 산달이 가까워져서 그쪽으로 가던 도중 룸비니라는 꽃동산에 이르렀다. 그 동산에 머물렀을 때, 왕비는 갑자기 산기를 느꼈다. 주변에 시종들이 황망하게 휘장을 치고, 마야 왕비가 무우수(無憂樹) 가지를 잡는 순간, 오른쪽 옆구리에서 태자가 탄생하였다.

붓다는 태어나자마자 동서남북으로 일곱 걸음을 걸으면서 한 손으로 하늘을, 한 손으로 땅을 가리키며 사자후를 토했다.

하늘 위와 하늘 아래 오직 나 홀로 존귀하도다
모든 세상이 다 고통 속에 잠겨 있으니
내 마땅히 이를 편안케 하리라.
(天上天下 唯我獨尊 三界皆苦 我當安之)

붓다의 탄생을 전하는 문헌을 살펴보면, 위 구절처럼 과학적인 지식이나 일상적인 사고나 논리로 이해할 수 없는 내용들이 많다. 다른 종교와 달리 불교는 이성적이고 합리적인 종교라고 하지만, 이런 신비적인 혹은 비합리적인 요소들을 어떻게 이해해야 할 것인가?

부정적인 방식으로 접근하기 보다는 초자연적인 요소의 전설 이면이나 숨겨진 의미를 추구하는 것이 옳을 것이다.

위 구절의 내용은 결코 인간 석가의 특수성을 내세우기 위한 것이 아니다. 모든 생명들이 부처의 가능성이 있음을 보여주고, 그것을 실증해 보임으로써 모든 생명들에게 불성이 있다는 보편성을 강조하기 위한 것이라 할 수 있다.

태자가 태어난지 닷새가 되자 아기의 관상을 보기 위해 왔던 아시타 선인이 아기를 보고 나서 갑자기 울었다. 부왕이 불길한 예감이 들어 그 까닭을 물으니, 선인은 이 아이에게는 두 가지의 가능성이 있다고 한다. 이 아기가 왕위를 계승한다면, 사대주 오대양을 통솔하는 전대미문의 위대한 군주가 될 수 있고, 또 하나는 이 아이가 출가를 한다면, 큰 깨달음을 이루어 이 세상의 뭇 중생들을 환희와 기쁨의 세계로 인도할 것이라고 한다. 부왕은 고뇌에 잠긴다.

그 후 싯다르타 태자에게는 생모인 마야 왕비가 태자를 출산하지 이레 만에 세상을 떠나는 불행한 일이 생겼다. 그 당시의 관습에 따라서 마야 왕비의 여동생 마하빠자빠띠가 그 뒤를 이어서 왕비가 되었다. 뒷날, 태자의 친이모인 이 마하빠자빠띠는 불교교단에 귀의한 최초의 비구니가 된다.

석존의 탄생연대

석존의 탄생 연대에 대해서는 확실한 역사적 근거의 발견을 기대할 수 없다. 정확한 연대를 확정하기 어려운 것은 인도에는 연대를 정확히 기록한 사료가 결핍되어 있기 때문이다. 또한 인도적 사유가 비역사적임에 유래한다.

우선 통용되는 학설을 알아보자.

※ (B.C. 624~544) 남방 불교의 전승에 따르면, 석존의 입적을 기원전 544년, 탄생을 기원전 624년으로 잡고, 이를 근거로 1956년에 불멸 2500년 기념식을 거행하였고 세계불교도회가 이를 채택함으로써 우리나라도 현재 이 설을 따르고 있다.

※ (B.C. 566~486) 도사(島史), 대사(大史)에 근거하여, 팔리 불교 권위자들이 주장하는 학설이다. 이와 유사한 학설로서, 중국에 전해지고 있는 중성점기(衆聖點記)설에 의거하여 석존의 탄생을 기원전 566년으로 한다.

중성점기설은, 석존 입멸 후, 율장을 전한 비구들이 매년 1회씩 행하는 우안거가 끝날 때마다 점을 한 개씩 새겨서, 경과된 햇수를 표시했다는 것을 후대의 상가바드라는 승려가 중국 남부의 광주 지방에 전한 것이다. 제나라 영명 8년 경오년(490년)까지 975점이 되었다고 한다. 계산하면 석존의 입멸은 기원전 485년이 된다.

※ (B.C. 463~383) 북방의 전승에 의하면, 아쇼카왕의 즉위 연대를 기준으로 한 것으로, 십팔부론(十八部論), 부집이론(部執異論) 등 북방 문헌에 근거하여 불멸 후 116년에 아쇼카왕이 즉위, 그리고 아쇼카왕의 즉위를 기원전 268년으로 추정하여 정한 연대이다.

탄생을 기원전 463년, 입멸은 기원전 383년으로 추정하고 있다.

석존의 탄생에 관해서는 남전과 북전에 약 100년 정도의 차이가 있지만, 대체로 기원전 6세기나 5세기 중엽 쯤으로 추정하고 있다.

2) 출가의 여정

① 어린 시절의 고뇌

숫도다나왕은 아시타의 예언대로 태자가 장차 왕궁을 버리고 출가해 버리지나 않을까 하는 두려움이 가시지 않았다. 왕은 태자의 마음을 향락으로 사로잡기 위해 어려서부터 온갖 수단을 다 하게 되었다. 우선 전국에서 예쁘고 슬기로운 여인들을 뽑아 들여 태자의 보모로 삼아 갖가지 시중을 들게 하였다. 또한 삼시전(三時殿)이란 화려한 궁전을 지어 봄, 여름, 가을, 겨울의 계절에 따라 즐겁게 살 수 있게 하였다.

태자의 나이가 13세 되던 봄이었다. 당시 농업국가였던 카필라국은 해마다 봄에 농경제(農耕祭)를 성대하게 거행하였다. 거기서 태자는 냉혹한 생명의 실상을 목격한다. 힘들게 쟁기를 끄는 소들, 땅 속에 파묻힌 벌레들이 쟁기 끝에 찍혀 나와 꿈틀거리고, 작은 새들이 날아들어 그것을 쪼아 물고 도망치고, 다시 더 큰 새가 낚아채어 가는 실로 무섭고도 비참한 광경이었다. 홀로 자리에서 빠져나온 태자는 그곳에서 약간 떨어진 숲 속으로 걸어가 나무 그늘에 앉아 자비의 마음으로 사색에 잠긴다. 원천적인 삶의 문제, 비참한 약육강식의 생존경쟁을 벗어나 평화롭게 공존할 수는 없을까 하는 자비의 선정에 들어갔다고 한다. 이것은 훗날 태자가 깨달음을 얻는 선정의 원초적인 수행이었다고 한다.

싯다르타는 온갖 호화로움과 극진한 보살핌 속에서 청소년 시절을 보내지만 그런 생활에 만족할 수가 없었다. 세속의 물질적인 행복보다는 인

간의 본질적인 문제에 더 깊은 관심을 가지고 사색에 잠기는 일이 많았
다. 아버지인 왕은 태자가 출가하여 수행자가 될 것을 더욱 염려하여, 서
둘러 이웃나라 야쇼다라 공주와 결혼시킨다.

② 사문유관

그러나 태자의 사색과 번민은 더욱 깊어갔다.

성년이 된 어느 봄날 태자는 부왕 몰래 성문 밖을 나선다.

그가 출가의 결심을 하게 되는 장면을 불전문학 Laritavistara(보요경, 대
방대장엄경)는 사문유관의 전설로 전하고 있다.

성문 밖의 네 가지 충격적인 체험, 즉, 동문, 남문, 서문에서 각각 늙
고, 병들고, 죽는 인생의 괴로움의 문제를 목격한다. 생명을 가진 어떤
것도 이 고통에서 벗어날 수 없다는 것을 확인한 태자는 북문에서 출가
수행자를 만난다. 그리고 싯다르타는 출가수행만이 이 고통에서 벗어나
는 길임을 확신한다. 이것이 사문유관(四門遊觀)의 전설이다. 태자가 네 곳
의 성문에 나가 세상의 현실을 보게 되었다는 뜻이다. 왕궁의 영화와 권
세, 향락과 사치 그리고 어떤 학문과 종교에서도 생로병사로부터 벗어나
는 길을 찾지 못했던 태자는 출가수행자에게서 그 길을 찾았던 것이다.

③ 출가

위대한 깨달음을 얻기 전까지는 결코 고향 땅을 밟지 않겠다는 결연한 의지로 출가를 결행한다.

모든 사람들이 잠든 어느날 밤, 싯다르타는 험준한 카필라 성벽을 넘는다. 싯다르타는 카필라 성을 넘어서 정처없는 수도의 나그네길로 접어든다. 왕위도 버리고 사랑하는 아내 야소다라와 아들 라훌라마저 뒤로 한채 깨달음의 길로 나아간다. 그때 싯다르타의 나이 29세였다.

태자는 병도 늙음도 없고 죽음도 없으며 근심 걱정도 없고 더러움도 없는 가장 안온한 행복의 삶을 얻기 위해서 출가한 것이다.

그는 일찍부터 늙고 병들고 죽는 것에 대하여 깊이 생각했고, 그 필연적인 인생의 괴로움, 불완전한 인간 세상의 모순을 극복하기 위하여 출가를 단행했던 것이다. 그것은 진리의 길을 찾아 세속의 모든 부귀영화를 던져 버린 참으로 위대한 버림이었다.

3) 붓다의 고행과 깨달음

① 태자의 수도

출가수행자가 된 싯다르타는 카필라성을 떠나 인도 남쪽의 새로운 문화 중심지인 마가다국으로 향했다.

당시의 인도의 종교적 수행방법에는 고행주의와 수정주의가 크게 유행하였다. 고행이란 육신을 괴롭히는 수행이고 수정이란 마음을 안정시키는 수행이다.

육신을 괴롭혀 고행을 하는 까닭은 우리들의 불행의 원인이 육체의 생리적 유혹에 있다고 생각했기 때문이다.

마음을 안정시키는 것을 최선의 목적으로 삼는 수정주의의 입장은 우리가 행복한 삶을 누리기 위해서는 육체로부터 정신을 독립시켜야 하고, 그러기 위해서는 모든 생각을 고요히 가라 앉혀 마음을 안정해야 한다는 것이다. 그래서 수정주의자들은 나무 밑이나 바위 위 등 고요한 아란야(阿蘭若)를 찾아 홀로 명상에 힘썼는데, 그것은 당시 인도에서는 일반적으로 행해지던 종교적 수행방법이었다.

한편 참혹한 고행의 모습을 본 태자는 브하르가와 선인에게 목적하는 바와 결과에 대해 물었으나 수긍할 수 없었다. 극단의 육체적인 고행은 정신의 피폐를 가져왔고, 결국 괴로움으로써 괴로움을 구하는 것과 다를 바가 없으며, 결코 진정한 열반의 단계라고 할 수 없었다.

태자는 얼마후 그곳을 떠나 다시 남쪽으로 향했다. 그곳에는 선정수행

의 대가인 알라라 깔라마와 웃다까 라마뿟다가 있었다. 그들의 수행 목
적은 본능의 지배에 의해 살아가는 욕망의 세계에서 벗어나 욕망이 없는
천계(天界)에 이르는 것으로, 고행과는 그 뜻을 달리하고 있었다. 태자는
그곳에서 상당한 시일을 수행하여 마침내 그들이 말하는 최상의 경지까
지 도달했다. 그러나 태자의 목적인 참된 해탈(解脫)을 얻을 수 없었다. 태
자는 알라라 깔라마(Alāra Kālāma)에게 무소유처삼매(無所有處三昧)를 배웠
고, 웃다까 라마뿟다(Uddaka Rāmaputta)에게 비상비비상처삼매(非想非非想
處三昧)를 배웠다. 무소유처삼매는 주관과 객관이 모두 없어진 깊은 삼매
이며, 비상비비상처삼매는 그렇게 없다는 생각조차 사라졌지만, 그렇다
고 해서 생각이 아예 없는 것은 아닌 삼매라고 한다. 하지만 이 선정을 통
해서도 진정한 깨달음을 얻을 수는 없었다. 선정에 들었을 때는 번뇌가
사라진 듯하지만 선정에서 나오면 여전히 번뇌가 치성하였다.

　이에 태자는 삼매도 버리고 고행도 아닌 독자적인 중도의 수행을 하여
깨달음을 얻는다.

② 위대한 깨달음

　그래서 태자는 그곳을 떠나 나란자라강 건너 가야(Gayā)산의 고행림으
로 옮겨가 본격적인 수도생활에 들어갔다. 그러나 목적한 바의 해탈은 좀
처럼 얻을 수가 없었다.

　고행의 무익함을 깨달은 태자는 방법을 바꾸기로 결심하고, 수척한 몸
을 간신히 이끌고 강기슭을 내려가 나란자라의 맑은 물에 6년간의 묵은

때를 깨끗이 씻었다. 그러나 목욕을 마친 태자는 다시 언덕 위로 올라올 기력이 없어 그냥 그 자리에 쓰러지고 말았다.

때마침 근처를 지나던 우루벨라 촌의 수자타라는 처녀로부터 우유죽을 공양받고 기력을 회복한다.

원기를 회복한 태자는 천천히 몸을 일으켜 붓다가야의 낮은 언덕에 있는 그늘이 짙은 한그루 핍팔라나무 밑으로 다가갔다. 태자는 마침 그곳을 지나가던 나뭇꾼인 목우난타에게 부탁하여 길상초(吉祥草)를 얻어 깔고는 그 위에 자리를 잡고 결가부좌(結跏趺坐)하여 앉았다.

> 내 만일 대도(大道)를 성취하지 못하면 이 자리에서 결코 일어나지 않으리라.

이와 같이 마지막 결의를 다지고 태자는 최후의 좌선(坐禪)에 들어갔다. 겹겹이 쌓였던 8만 4천의 번뇌와 생·노·병·사(生·老·病·死)의 고통들이 한 겹 한 겹 걷히기 시작하면서 밤이 지나고 동쪽 하늘이 훤하게 트이는 새벽녘이 되었다. 동쪽 하늘에서 유난히 빛나는 샛별의 강한 빛이 태자의 눈동자와 마주치는 순간, 태자의 심안(心眼)이 활연히 열렸다.

생노병사의 근본적 원인은 결코 외부의 조건이 아니라 각자 내심에 그 원인이 있다고 보았다. 진리에 대한 무지와 이로 인한 욕망 때문에 인간의 괴로움이 일어나는 것을 체계적으로 관찰하여, 마침내 무상정등정각(無上正等正覺)을 얻어 '깨달은 이' 즉 붓다(Buddha, 佛陀)가 되었다. 바로 세상의 이치인 연기의 진리를 깨달은 것이다. 그날이 태자의 나이 35세 되는 해 12월 8일이었다.

초기경전에는 붓다의 깨달음의 내용을 사성제, 십이연기, 삼십칠도품의 수행 완성, 오온 십이처 등의 그대로의 법 관찰, 사선(四禪)과 삼명의 체득 등으로 설명하고 있다.

4) 초전법륜과 교화활동

보리수 아래에서 위대한 깨달음을 얻은 붓다는 얼마 동안 그 자리를 떠나지 않고 해탈의 즐거움을 누렸다. 하지만 세상 사람들을 구제하기 위하여 자비의 마음으로 녹야원(鹿野苑)으로 발길을 옮긴다.

붓다는 깨달음의 진리를 알 수 있는 사람으로 한 때 스승이었던 알라라 깔라마와 웃다까 라마뿟다를 생각하였지만, 이미 그들이 세상을 떠난 것을 알고 전에 히말라야산에서 함께 수도했던 다섯 수행자에게 깨달음을 설하기 위해서였다.

그리하여 최초로 그 깨달음의 내용을 다섯 수행자들을 위해서 설법하는데, 흔히 초전법륜(初轉法輪)이라 한다. 처음으로 진리의 수레바퀴를 굴렸다는 뜻이다.

비구들이여, 삶은 고통이다. 태어나고(生苦), 늙고(老苦), 병들고(病苦), 죽는 것(死苦)이 모두 고통이다. 사랑하는 사람과 헤어지는 것(愛別離苦), 미운 사람과 만나는 것(怨憎會苦) 역시 고통이니라, 구하나 얻지 못하는 것(求不得苦)도 고통이니, 요컨대 살아있는 존재 그 자체(五陰盛苦)가 고통이다.

그러면 무엇이 이 고통의 근본인가? 탐내고(貪), 성내고(瞋), 어리석은 것(痴), 이 세 가지가 모든 고통을 일으키는 원인이니라. 그러한 고통의 소멸을 열반이라 한다. 그것은 끓어오르는 듯한 애욕, 그 욕망을 벗어나 영원한 기쁨에 안주하는 것이니라.

> 어떻게 하면 그와 같은 경지를 얻을 수 있는가? 올바른 견해 (正見),
> 올바른 생각(正思), 올바른 말(正語), 올바른 행위(正業), 올바른 직업
> (正命), 올바른 기억(正念), 올바른 노력(正精進), 올바른 정신집중(正
> 定) 이것이 바로 열반을 얻는 방편이니라.

다섯 수행자 중에서 교진여가 가장 먼저 모든 번뇌를 끊고 성자가 되었
고, 네 명의 수행자도 차례로 번뇌의 속박에서 벗어나 아라한이 되었다.
초전법륜을 통하여 불, 법, 승 삼보를 이루고 하나의 종교로서 구성 요소
를 갖추게 된다.

그 뒤 붓다는 야사를 비롯한 60명의 젊은이들에게 법을 설하여 제자로
삼았다. 다시 붓다는 우루벨라로 가서 당시 가장 이름있는 종교가였던 가
섭 삼형제를 교화하여 그들과 제자 1,000명을 제자로 받아들였다. 왕사
성의 종교가들을 모두 교화한 이 사건은 국왕과 백성을 놀라게 하였고,
국왕인 빔비사라왕을 비롯한 많은 사람들이 부처님의 가르침을 받들게
되었다. 빔비사라왕은 불교교단이 우기 동안 머물고 수행할 수 있는 사
원을 기증했는데, 이것이 바로 최초의 사원인 죽림정사(竹林精舍)이다.

10대 제자의 한 분인 사리불과 목건련이 제자 250인과 함께 붓다의 제
자가 된 것과 마하가섭이 붓다의 제자가 된 것도 이 무렵이었다.

부처님은 성도하신지 몇 년 후에 고향인 카필라국에 가서 부왕을 비롯
한 많은 사람을 교화하고 역시 10대 제자의 하나인 아난과 라홀라, 아니
룻다, 우빨리 등의 제자를 출가시켰다.

여성의 출가도 허용하였는데, 붓다의 이모인 마하빠자빠띠는 최초의

비구니가 되었다.

  붓다는 깨달은 뒤부터 입멸할 때까지 45년 동안 중인도 지방을 유랑하면서 차별 없이 누구에게나 평등하게 법을 설하였다.

  붓다의 가르침은 빠른 속도로 갠지스강 중류 지방을 중심으로 사방으로 전파되어 나갔다. 초기 경전에 나오는 지명으로 붓다의 교화활동 반경을 추정해 보면, 북쪽으로는 카필라와스뚜, 남쪽으로는 보드가야, 동쪽으로는 앙가국의 참빠, 서쪽으로는 코삼비에 이르는 갠지스강 중류의 동서 약 550Km, 남북 약 350Km에 해당하는 지역이었다.

5) 붓다의 열반

진리의 수레바퀴를 굴리신 지 45년이 지난 어느 날 붓다는 자신의 수명이 다 되었음을 자각하고 노구를 이끌고 다시 라자그리하에서 북쪽으로 태어난 고향을 향해 최후의 여행을 떠났다. 갠지즈강을 건너고 바이샬리성을 지나 나지막한 언덕에 이르렀을 때 붓다는 잠시 발길을 멈추고 바이샬리의 아름다운 풍경을 내려다보았다. 그리고는 곁에 있던 아난다를 향해 입을 열었다.

아난다야, 이것이 내가 바이샬리를 마지막으로 보는 것이다.

그러나 아난다는 그 말의 뜻을 이해하지 못하고 잠자코 있을 뿐이었다. 그리고 다시 부처님께서 말씀하셨다.

아난다야, 앞으로 석달 뒤에 나는 열반에 들 것이다.

아난다는 여전히 어리둥절하여 아무 대답도 못했다. 일행이 다시 북쪽으로 향하는 동안 해가 바뀌어 이듬해 파와라는 마을에서 붓다는 대장장이 아들 춘다로부터 음식 공양을 받았다. 그러나 그것이 탈이 되어 심한 식중독을 앓게 된다. 그것이 붓다의 마지막 공양이었다.

붓다의 일행은 다시 발길을 옮겨 쿠쉬나가라성으로 향했다. 나란자라강을 건너 사라나무 우거진 숲으로 들어가 두 그루 나무 사이에 자리를 잡고 앉았다. 때는 2월 15일 오후였다. 붓다는 맑은 물에 손발을 깨끗이 씻고 급히 만들어진 침상위에 머리를 북쪽으로 두고 서쪽을 향한 채 다리를 포개 옆으로 눕자, 모든 제자들이 말없이 합장하고 둘러섰다.

그런데 그때 수밧다라는 늙은 바라문이 그곳으로 찾아와서 붓다에게 귀의하고 가르침을 듣기를 청했다. 그러자 붓다를 곁에서 모시던 아난다가 붓다의 임종이 가까웠다는 이유로 그의 청을 거절하려고 하였다. 그러나 부처님께서는 그를 가까이로 불러들여 그에게 최후의 득도를 허락했다.

이제 45년동안 지속된 붓다의 거룩한 중생제도의 인연도 다하여 서서히 열반에 드실 때가 가까웠다. 붓다는 아난을 비롯한 여러 제자들에게 마지막으로 차분히 최후의 설법을 시작하였다.

> 너희들은 저마다 자기 자신을 등불로 삼고, 내가 가르친 진리를
> 등불로 삼아 이 세상을 살아가야 하리라.
> 태어나고 시작된 모든 것은 반드시 멸하고 끝나는 법이다.
> 그러므로 부지런히 힘써 해탈을 구하라. (대반열반경)

이 말을 마치고 조용히 눈을 감은채 열반에 드시니, 이것이 인류 역사 이래 가장 장엄하고 엄숙한 대성인 석가모니불의 임종이었다.

부처님은 80세를 끝으로 45년간의 긴 교화활동의 막을 내린 것이다.

붓다의 생애를 통해 보았듯이 구도와 성도 그리고 교화와 입멸의 과정은 참으로 위대한 일생이었다. 당시 모든 사람들에게 잊을 수 없는 감명

과 깨달음을 주었다. 또한 오늘에 와서도 부처님은 여전히 헤아릴 수 없
는 정신적 깊이와 도덕적 위대성을 지닌 지혜와 자비의 인물로 이 시대
의 사람들 앞에 다가온다. 부처님은 진정 모든 인류의 영원한 스승인 것
이다.

2. 초기불교(初期佛教)

1) 연기법(緣起法)

연기법은 붓다가 세상에 출현하든 출현하지 않든 영원히 변치 않는 절대의 진리이다. 연기를 보는 자는 법을 보고 법을 보는 자는 부처를 본다고 한다. 진리로서의 연기설을 바로 보면 붓다의 가르침을 깨닫게 된다.

영화 화엄경을 통하여 불교의 진리인 연기에 대해 알아 보자.

영화 화엄경은 본래 고은 시인이 지은 화엄경 소설을 장선우 감독이 독자적 시선으로 재해석하여 영화화 한 것이다. 원작은 『화엄경』 「입법계품」이다.

본래 화엄경은 39품으로 되어 있다. 그 가운데 입법계품에 의하면, 선

영화 '화엄경' 한 장면.

재동자는 55개의 장소에서 53인의 선지식을 만난다. 비구, 비구니, 바라문, 장자, 현자 등 별의별 직업 신분의 사람을 만나는 과정 속에서 불교의 진리를 깨달아 간다.

영화 속, 선재는 길을 걷다가 포장마차에서 한 스님을 만난다. 그 스님은 "이 세상에 크지 않은 게 없어. 이 세상 모든 것은 부처 아닌 게 없다"고 한다. 모든 것들에 부처가 될 수 있는 성품, 즉 불성이 있다는 말이다.

그 후 선재는 스님 말대로 욕쟁이 의사를 찾아가 만난다. 욕쟁이 의사는 소외진 곳에서 어려운 사람을 위하여 무료로 진료하고 있었다.

그 의사는 선재에게 이런 말을 한다.

"어리석은 사람은 위, 아래를 따지고, 있고, 없음을 따지고, 많고 적음을 따진다."

경전에 연기 원리에 대해서 구체적인 설명이 있다.

이것이 있기 때문에 저것이 있고(此有故彼有)
이것이 생기기 때문에 저것이 생긴다.(此起故彼起)
이것이 없기 때문에 저것이 없고(此無故彼無)
이것이 사라지기 때문에 저것이 사라진다.(此滅故彼滅) (잡아함경)

연기를 인도말로 Pratītya(을 연해서) samutpāda(함께 일어나다)라고 한다. 어떤 것을 연해서 일어난다는 것은 어떤 것을 의지한다는 말이다. 모든 것은 다른 것과의 서로 관계 속에서 서로 의지한다는 것이다.

그 자체 독자적으로 존재할 수 없고, 상주불변하는 것이 불가능하다는 말이다.

위 경전의 내용처럼, 이것이 있기 위해서는 저것이 있어야 한다.

위가 있기 위해서는 아래가 있어야 하고, 있음이 있기 위해서는 없음이 있어야 되는 것이고, 많음이 있기 위해서는 적음이 있어야 한다.

위에 있는 것은 아래 있는 것에 의지해서 있을 수 있고, 아래 있는 것도 위에 있는 것을 의지해서 있는 것이다. 위에 있는 것은 아래 있는 것에 관계해서 있는 것이고, 아래 있는 것도 위에 있는 것과 관계에서 있을 수 있는 것이다. 왕은 백성에 의지해 있는 것이고 백성 또한 왕에 의지해 있는 것이다. 경영자는 노동자에 의지해 있는 것이고 노동자도 경영자에 의지해 있는 것이다. 이것이 있기 위해서는 반드시 저것이 있어야 한다.

이러한 관계성을 연기라고 한다.(상의상관성)

이것과 저것이 분리되어 있지 않음에도 이것은 이것대로 집착하고 저것은 저것대로 집착한다. 그리하여 불편함, 괴로움이 생긴다.

본래의 위에 있는 것, 고위직, 경영자, 재벌, 권력가는 없다. 모두가 상대적이다. 본래의 큼도 없다. 10 보다 100, 100 보다 1000, 1000 보다 10000, 이처럼 본래의 큼, 절대적 큼이란 있을 수 없고, 본래의 적음도 있지 않다.

하지만 우리는 높은 위치에 있어야 하고, 대단한 권력을 가지고 있어야 하고, 많은 재력을 가지고 있어야만 행복하다라고 생각한다. 아무리 높은 위치, 많은 부, 권력을 가진다 해도 자신이 만족하지 않으면 불행하다. 인간의 욕망이란 결코 충족될 수가 없기 때문이다.

크고 작음에 분별하지 않으면 큰 평수의 아파트에 살아도 물론 좋지만 작은 평수의 아파트에 살아도 자신이 만족한다면 행복할 수 있는 것이다. 대기업에 다니지 않는다고 하더라도, 중소기업에 다녀도 자기 성취를 이루고 보람을 느낀다면 행복할 수 있다.

높은 고위직에 있지 않아도 낮은 서민의 위치에 살아도 자신이 만족하고 보람을 느낀다면 인생을 당당하게 행복하게 살 수 있다.

아름다움이 추함의 관계 속에 있는 것이지, 절대적 아름다움이 없다는 것을 깨우치면 자신의 외적인 아름다움에 대해서 집착하지 않고 당당하게 살아갈 수 있다. 이것이 연기의 도리다.

내가 있기 위해서는 내가 아닌 남이 있어야만 나도 있을 수 있다는 것, 결코 홀로 외따로이 있는 것이 아니다. 다른 존재와의 관계 속에서 있는 것이다. 국가와 국민과의 관계, 남한과 북한과의 관계, 경영자와 노동자의 관계, 직장 상사와 동료와의 관계, 부모와 자식과의 관계, 선생과 학생과의 관계 등, 이 모든 것들이 서로 의지하고 관계 속에서 있는 것이다. 따라서 좋은 관계를 유지하는 것, 만드는 것이 연기의 도리다. 국가는 국민을 배려하고, 국민은 국가를 존중하고, 경영자는 노동자를 배려해야 하고, 노동자도 경영자를 존중해야 한다. 선생은 학생을 배려해야 하고 학생은 선생을 존중해야 한다. 그러한 좋은 관계를 유지해야 함께 잘 살아갈 수 있다. 우리는 국가, 사회, 타인 등 나 자신과 어떤 관계를 맺는가에 따라서 행복할 수도 불행해 질 수도 있다.

결코 나의 행복은 남의 행복과 무관하지 않다. 남의 불행함은 나의 행복에 영향을 끼친다. 내 자신이 살기 어려우면 잘 사는 이웃집 담을 넘을 수도 있다. 나만 잘 산다고 행복해질 수 없다는 말이다.

연기의 도리, 진리를 깨달으면 남을 위해서 헌신적인 삶을 산다.

나의 행복과 남의 행복이 둘이 아니기에 남이 행복해지는 것이 내가 행복해 지는 것이라고 마음을 내는 것이다. 이것을 실천하는 사람이 이상적인 바람직한 인간상, 보살이며, 부처의 삶이다.

(1) 인연화합(因緣和合)

일체의 사물은 다양한 원인과 조건으로 인해 성립한다.

연기 원리의 구체적 설명에서, "이것이 생기기 때문에 저것이 생기고, 이것이 사라지기 때문에 저것이 사라진다"고 하는 구절은 존재에 대한 시간적 고찰이라고 한다.

이 말은 존재하는 모든 것은 홀로 생긴 것이 아니라 어떤 조건이 있어서 생기고 그 조건이 없어지면 사라진다는 것이다.

그러므로 이 연기의 진리를 시간적으로 고찰할 때는 모든 것은 어떤 조건이 있어서 생기고, 조건 없이 생긴 것은 있을 수 없다는 것이다. 그것을 불교적으로 표현하면 인연생, 인연에 의해서 생하고, 인연멸, 인연에 의해서 멸하는 것이라고 한다.

경전에서는 씨앗과 싹의 비유를 든다.

씨앗이 싹이 트기 위해서는 여러 외적인 요인들이 필요하다. 햇빛, 물, 공기 등 여러 조건들이 있어야 한다. 이러한 간접적인 원인을 연(緣)이라고 한다. 그리고 싹이 트기 위해서는 씨앗, 종자가 없으면 싹이 틀 수 없다. 종자는 싹이 트기 위한 직접적인 원인이 되는데, 이러한 직접적인 원인을 인(因)이라고 한다. 사물의 변화에는 이렇게 원인과 연의 두 가지 조건이 갖추어져야 한다. 이 두 조건이 갖추어지는 것을 인과 연의 화합이라고 한다. 내가 우연히 이렇게 있는 것이 아니라 있을 만한 인과 연에 의해서 있게 되는 것이다. 내가 있기 위해서는 우선 아버지와 어머니가 있어야 하듯이 나라는 존재도 무수한 인과 연의 결합으로 이런 모습을 나타낼 수 있는 것이다. 이러한 존재하는 것의 시간적인 고찰 즉 연기 진리의 시간적인 고찰을 연기성이라 한다.

(2) 상의상관성(相依相關性)

"이것이 있기 때문에 저것이 있고, 이것이 없기 때문에 저것이 없다"는 구절은 연기의 공식에 따르면, 존재를 공간적으로 나타낸 말이다.

생긴다는 것이 시간적인 관찰이라면 이것이 있기 때문에 저것이 있다고 했을 때, 있음은 공간적인 관찰이다. 이것이 있기 때문에 저것이 있다는 말은 앞서 설명한 것처럼, 존재하는 모든 것은 홀로 있는 것이 아니라 다른 존재하는 모든 것들과 분리할 수 없는 깊은 관계 속에서, 서로 의지해 있다는 말이다. 그러므로 시간적 고찰이 연기성을 가리킨다면, 이 공간적인 고찰은 상의성을 말한다.

『잡아함경』에 상의성을 나타내는 적절한 갈대단의 비유가 있다.

> 여기에 두 개의 갈대단이 있다고 하자. 이 두 개의 갈대단은 서로
> 의지하고 있을 때 서 있을 수가 있다. 그것과 마찬가지로 이것이

> 있으므로 저것이 있는 것이며, 저것이 있으므로 이것이 있는 것
> 이다.
> 그러나 만약에 두 개의 갈대단에서 어느 하나를 떼어낸다면 다른
> 한 쪽도 넘어질 수밖에 없으리라. 그것과 마찬가지로 이것이 없으
> 면 저것도 없고 저것이 없으면 이것도 없을 수밖에 없는 것이다.

두 개의 갈대단이 서로 의지해 있듯이 서로 깊은 관계 속에 더불어 있다는 것이다. 이러한 연기의 상의성, 즉 모든 것이 더불어 함께 있다는 안목으로 볼 때, 나라는 존재 또한 사람과 사물을 포함한 모든 존재들과 동떨어져서 혼자 있는 것이 아니라 깊은 유기적인 관계 속에 더불어 있다는 사실을 알 수 있다. 어떤 것이 존재한다는 것은 그것으로 하여금 존재하게 하는 많은 요소들이 관계하고 있기 때문이다. 이와 같이 모든 존재는 연기에 의해 존재하는 것이다.

한 그릇의 밥이 식탁에 올려지려면 농부의 땀방울이 있어야 하고 적당한 햇빛과 비, 그리고 여러 유통과정을 거쳐야 한다. 한 그릇의 밥을 먹을 수 있다는 사실은 그 자체가 그대로 나와 전 우주, 한량없는 인연들과의 만남을 통해서만 가능한 것이다.

'이것이 있기때문에 저것이 있다'는 경전의 구절은 만물이 서로 더불어 의지하고 있다는 존재의 참다운 모습을 가르치는 말이다. 실제로 존재 자체는 시간적, 공간적으로 동시에 인과 연이 되어 서로 뗄 수 없는 깊은 관계 속에서, 서로 영향을 주고 받는 복합적인 관계에서 생성 소멸하고 있는 것이다. 인연 화합에 의해 어떤 결과가 발생하게 되면 그 결과는 단순

히 결과로서만 머무는 것이 아니라 새로운 원인이 되고 연이 되어 다른 존재에 관계하게 된다.

연기법은 상의상관성을 연기와 가장 밀접한 법칙으로 삼고 있다. 모든 존재는 그것을 형성시키는 원인과 조건에 의해서, 그리고 상호관계에 의해서만 존재하기도 하고 소멸하기도 한다. 따라서 연기설이란 존재의 관계성을 말하는 것이다. 모든 현상의 생멸변화에 관해 올바른 지혜를 얻는다면 우리는 그 현상이 움직이는 법칙에 따라 순리대로 삶을 살아갈 수 있을 것이다. 붓다에 의해 발견된 연기의 이법은 이러한 것이었고 그것에 의해 석존은 깨달음을 열어 부처가 된 것이다.

이처럼 연기법은 존재 실상에 대한 가르침이다.

그렇다면 붓다는 고(苦)문제를 어떻게 극복하여 깨달음을 얻었을까?

붓다가 전 생애에 걸쳐 해결하고자 했던 문제는 괴로움의 극복이었다. 붓다의 입장에서 보면 괴로움도 연기관계 속에서 성립한 것이다. 조건에 의해 성립했다면 영원할 수 없고, 괴로움도 고정불변한 실체성을 가질 수 없다. 괴로움을 생겨나게 한 조건들을 제거하면, 무명(無明)이 아니라 지혜로운 긍정적인 마음을 내면 괴로움을 극복해 나갈 수 있다는 것이다.

자식이 속을 썩여 애를 태우고, 서울에 수많은 대학이 있지만 자식을 지방으로 보낼 수밖에 없다고 한탄하는 주변 사람들, 하지만 생각해 보면, 대학진학을 못하고 취업전선에 바로 뛰어드는 청소년도 상당히 많다. 큰 위로가 안 될 수도 있지만, 이런 상황들을 좀 더 긍정적으로 마음을 낸다면 잘 극복하면서 넘어 갈 수도 있다는 말이다.

교통사고가 나서 거의 다 생명을 잃고 본인만 많은 부상에도 불구하고

살아남았다면 이것은 신의 은총이라 생각할 수 있다. 하지만 반대로 대
부분은 부상을 입지 않았고 본인만 큰 부상을 당했다고 한다면 큰 재앙
이라 생각할 것이다. 똑 같은 큰 부상을 당해서도 이처럼 마음을 편하게
밝게 긍정적으로 낸다면 어려운 상황도 어느 정도 극복하면서 살아갈 수
있는 것이다.

2) 십이연기설(十二緣起說)

연기설은 세계와 인생의 일반적인 생멸변화를 나타낸 것으로 볼 수 있
다. 그러나 연기가 설해진 본래 목적은 단순한 일반적 현상보다는 오히
려 인간의 고뇌가 어떠한 조건과 원인에 의해 생겨나고 어떠한 인연 조
건에 의해 사라지는가 하는 그 인연을 밝히기 위한 것이다.

이러한 연기설은 시대의 흐름에 따라 다양한 연기설로 성립한다.

바로 십이연기설은 초기·부파불교에서 인간에게 왜 생사의 괴로움이
발생하며, 어떻게 멸할 수 있는가를 밝혀 주는 가장 체계적이고 완비된
이론이라 할 수 있다.

십이연기를 사유하는 방법에는 노사에서 시작해서 무명에 이르는 사유
법인 역관(逆觀)과 무명에서 시작해서 노사에 이르는 사유법인 순관(順觀)
이 있다.

붓다는 역관을 통해서 십이연기의 유전문(流轉門)과 환멸문(還滅門)이 진
리임을 깨달았고, 순관을 통해서 그 진리를 몸소 체험하여 증득하였다고
한다.

십이연기의 유전문은 무명에서 생사가 연기한다는 이론일 뿐만 아니라, 구차제정(九次第定)이라는 구체적인 수행법을 내포하고 있다. 환멸문은 무명이 멸하면 생사가 멸한다는 이론일 뿐만 아니라, 생사의 멸진에 이르는 구체적인 길이 내포되어 있다.

십이연기의 유전문과 환멸문은 역관, 순관과 함께 사성제를 구성하고 있다.

유전문의 역관은 고성제를 의미하고, 순관은 집성제를 의미한다. 환멸문의 역관은 멸성제를 의미하고, 순관은 도성제를 의미한다.

붓다는 괴로움의 원인을 사유해 갔는데 그 결과 무명이라는 괴로움의 뿌리에 도달한다. 그래서 무명에서 노사에 이르는 모든 것이 괴로움이라는 것을 깨닫는다. 이것이 유전문의 역관이며 고성제이다.

붓다는 이러한 깨달음을 토대로 무명의 상태에서 어떻게 생사의 괴로움이 이루어지는가를 살펴보았는데, 그 결과 무명의 상태에서 삶을 통해 형성된 허망한 생각들이 욕탐에 의해 모여서 이름과 형태를 지닌 존재로 조작되고 있다는 것을 깨달았다. 이것이 유전문의 순관이며 집성제이다.

붓다는 노사가 허망한 생각이라면, 이 허망한 생각을 없애기 위해서 어떤 것을 없애야 하는지를 차례로 사유하여 무명을 없애면 더 이상 없앨 것이 없다는 것을 깨달았다. 이것이 환멸문의 역관이며 멸성제이다.

이러한 깨달음에 의해, 즉 무명에서 벗어남으로써, 차례로 12지가 멸하여 늙어 죽는다는 허망한 생각이 완전히 사라지는 것을 체험하였다. 이것이 환멸문의 순관이며 도성제이다.

이와 같이 사성제는 연기설에 바탕을 둔 실천적 교리이다.

연기설은 사성제를 실천할 때 공허한 이론이 아닌 체험적 진리가 된다고 한다.

또한 십이연기설은 존재가 어떻게 윤회하는가를 설명하는 이론이기도 하다. 부파불교의 주장에 근거하여 인간 존재에 한정하여 살펴본다.

1. 무명(無明) : 연기 이치에 대한 무지이고 사성제에 대한 무지이다. 모든 고를 일으키는 근본 원인이다. 이것을 연하여 행(行)이 있게 된다.
과거 생에서 일어난 온갖 번뇌로서 중유(현생의 최후 순간과 생명이 현상하는 첫 순간 사이)의 최후 찰나를 거쳐 현생의 의식으로 잉태되기 전까지의 5온(구성요소, 모임)을 말한다.

2. 행(行) : 행위 즉 업(業)을 가리킨다. 무명 때문에 짓게 되고 그것은 존재의 내부에 반드시 잠재적인 힘의 형태로 남게 된다. 잠재적 무의식력, 업력이라고 부른다. 행을 연하여 식이 있게 된다.
과거 생에서 지은 선악의 온갖 업으로서 현생에 그 결과가 나타날 때까지의 5온을 말한다.

3. 식(識) : 인식작용이다. 과거의 행이 없다면 현재의 인식작용이 일어날 수 없다. 그래서 행을 조건으로 해서 식이 있다고 하는 것이다. 식을 연하여 명색이 있게 된다. 중음신(건달바, 사후에 의식의 흐름으로 남아 있는 상태)이라고도 한다.

모태 중에 잉태되는 찰나의 5온으로 이 순간에는 5온 중에 식이 가장 두드러지기 때문에 그것을 일시 연기의 한 갈래로 이름하게 된 것이다.

여기서의 식은 유식불교의 아뢰야식에 해당한다. 아뢰야식은 뒤에 유식사상에서 자세히 살펴볼 것이다. 우선 아뢰야식은 업력이 저장되는 장소다. 사람이 죽으면 마지막에 아뢰야식이 육신을 떠난다고 한다. 사후의 정신적 세계의 존재로서 찰라에 생멸변화하면서 흘러가는 의식의 흐름이다. 절에서 49제를 지내는 것은 이 아뢰야식이 좋은 연을 만나서 다음 생에 행복한 세계에 태어나기를 염원하는 것이다.

4. 명색(名色) : 명은 정신적인 것, 색은 물질적인 것을 가리킨다. 식이 주관적인 면을 나타내고 있는 데 반해 명색은 그 대상인 객관적인 면을 나타내는 것이다. 명색을 연하여 육입이 있게 된다.

명색은 정자와 난자와 중음신이 결합한 상태를 말한다.

잉태 이후 육입(육근)이 생겨나기 전까지의 5온으로, 갈라람(인신 1주까지의 태아) · 알부담(2주까지의 태아) · 폐시(3주까지의 태아) · 건남과(4주까지의 태아) · 발라사가(5주 이후 출산까지의 태아)의 일부인 태내의 5위를 말한다.

5. 육입(六入) : 눈(眼), 귀(耳), 코(鼻), 혀(舌), 몸(身), 마음(意) 육근을 말한다. 대상과 감각기관과의 대응작용이 이루어지는 영역을 말한다. 육입를 연하여 촉(觸)이 있게 된다.

안근 등이 생겨나면서부터 근(根) · 경(境) · 식(識)이 화합하기 전까지의 5온으로, 잉태 중의 다섯 번째 단계인 발라사가를 말한다.

6. 촉(觸) : 지각을 일으키는 일종의 심적인 힘이다. 촉은 식, 명색, 육입 등 3요소가 함께 함으로써 발생하게 된다. 촉을 연하여 수가 있게 된다.

근·경·식이 화합하고 있을지라도 아직 괴로움이나 즐거움의 지각이 분명하지 않은 상태의 5온으로, 태어나서부터 3~4세까지의 단계이다.

7. 수(受) : 즐거운 감정, 괴로운 감정, 즐거움도 괴로움도 아닌 감정과 그 감수 작용을 말한다. 수를 연하여 애가 있게 된다.

괴로움 등의 지각은 생겨났으나 아직 애탐을 일으키지 않은 상태의 5 온으로, 5~7세부터 14~15세까지의 단계를 말한다.

8. 애(愛) : 인간의 본능적, 맹목적, 충동적 욕망을 말한다. 애를 연하여 취가 있게 된다.

욕망에도 욕애, 유애, 무유애가 있다. 욕애는 성욕, 재물욕, 명예욕, 식욕, 수면욕. 유애는 존재, 오래 살고자하는 욕망. 무유애는 존재 부정, 허무에 애착하는 욕망이다.

의복 등의 물자와 이성에 대한 애탐이 생겨났지만 아직 널리 추구하지 않은 상태의 5온으로, 16세 이후로부터 성년기에 이르기 전까지의 단계를 말한다.

9. 취(取) : 어떤 대상에 대해 욕망이 생기면 그것에 집착심을 일으킨다. 취를 연하여 유가 있게 된다.

애탐이 증가하여 애호하는 온갖 물자와 이성을 추구하는 상태의 5온으로, 성년기에 해당한다. 욕취(欲取), 견취(見取), 계금취(戒禁取), 아어취(我語取)가 있다.

　욕취는 감각적 욕망에 집착. 견취는 특정한 견해의 집착으로 허무주의, 숙명론에 집착. 계금취는 잘못된 도리나 수행에 집착. 아어취는 나의 말, 자아에 대한 집착이다.

　10. 유(有) : 존재를 말한다. 애(욕망)와 취(집착)로 말미암아 미래의 과보가 존재하게 되는 것이다. 유를 연하여 생이 있게 된다.

　취에 따라 미래의 존재를 낳게 되는 업을 조작하는데, 이러한 업이 집적된 상태의 5온을 말한다. 과거 생에서의 행과 의미가 동일하다.

　11. 생(生) : 업의 결과로서 다시 태어나는 것을 말한다. 생을 연하여 늙음과 죽음이 있게 된다.

　전생의 업, 즉 유에 의해 초래되는 미래 생의 첫 찰나의 5온을 말하는 것으로, 현재 생에서의 식에 해당한다.

　12. 노사(老死) : 태어난 자가 필연적인 결과로서 받아야 하는 늙음과 죽음을 말한다.

　태어남과 더불어 이전 생에서 지은 업에 의해 수동적으로 초래되는 결과로, 현재 생에서의 명색 · 6처 · 촉 · 수에 해당한다. 노사라고 이름한 것은 그것에 대해 기뻐하는 마음을 버리고 근심의 마음을 낳게 하기 위해서이다.

이와 같이 12연기는 어리석은 마음(무명) 때문에 업을 짓고, 이러한 업력은 사라지지 않은 채, 아뢰야식에 저장되고, 다음에 어떤 반연을 만나서 생겨나고, 태어남으로써 지각을 일으키고 감수작용을 하게 되고, 그리하여 욕망과 집착을 일으킴으로써 생사의 괴로움이 발생한다는 것이다.

한마디로 명(明)이 없는 사람에게는 죽음의 괴로움이 있게 된다는 뜻이다.

인간에게 있어 가장 심각한 종교적 주제인 죽음의 구조와 과정, 그리고 실상에 대한 직접적이고도 최종적인 해명이 바로 이 십이연기설의 의미인 것이다.

십이연기설이 설해짐으로써 연기의 법칙성은 불교적 진리의 완성판이라고 불러도 좋을 것이다.

3) 삼법인(三法印) - 존재의 참 모습

붓다는 일체는 모두 무상하고 괴롭고 무아라고 하였다. 존재의 실상에 대한 이 세 가지 명제, 즉 제행무상(諸行無常), 제법무아(諸法無我), 일체개고(一切皆苦)를 불교에서는 삼법인이라고 한다.

법인이란 표현은 진리를 인증한다는 의미다. 일체개고 대신 열반적정(涅槃寂靜)을 넣기도 하는데, 이 네 가지를 합하여 사법인이라 부르기도 한다.

삼법인이란 세 가지 진실한 가르침이라는 뜻으로 다른 종교에서는 찾아 볼 수 없는 불교만의 특징이라 할 수 있다.

첫째, 제행무상은 세상의 모든 것이 변한다는 뜻이다.

제행(sarva saṃskāra)은 일체의 만들어진 것, 모든 존재라고 할 수 있다. 따라서 제행무상은 모든 존재는 항상하지 않는다는 의미다.

사물을 있는 그대로 바라 볼 때 드러나는 존재의 속성은 바로 모든 것이 변한다는 것이다.

세계란 찰나생멸하는 모든 존재의 끊임없는 연속이다. 우리의 즐거움은 스쳐 지나가고, 젊음도 한 순간이며, 늙고 병들고 죽는 과정을 거친다. 이처럼 영원하지 않기에 불안하며 고통스러운 것이다.

자연물 또한 무상함을 벗어나지 못한다. 사회의 정치, 경제, 문화적인 현상도 항상 변하며, 고정불변하는 것은 있을 수가 없다. 무상하기 때문에 병약자가 건강해질 수도 있고, 가난한 사람이 부자가 될 수도 있으며 어리석은 사람이 현명한 사람이 될 수도 있는 것이다. 그러나 존재의 밑바탕에서부터 무상을 느끼는 사람은 그리 흔치 않다. 무상함을 느끼지 못하는 정도만큼 사람들은 항상한다고 본다. 백 년이나 천 년을 살 것 같이 생각하고, 자기의 재산과 권력과 명예는 영원할 것으로 본다. 탐착과 인색과 교만은 이런 생각에서 나오기 마련이다.

불교의 무상설은 중생들의 이러한 뒤바뀐 착각을 깨우치기 위한 것이다. 값싼 감상주의나 비관적인 현실관이 아니다. 올바른 인생관을 수립코자 하면 먼저 현실의 실상을 있는 그대로 볼 수 있어야 하는 것이다.

둘째, 제법무아는 모든 것에는 영구불변하는 고정된 실체가 없다는 것이다. 제법(sarva dharma)은 제행과 마찬가지로 모든 존재를 의미한다. 하지만 제법은 제행보다 포괄적인 의미다. 제법이라고 할 때는 넓은 의미의 모든 존재를 말한다. 모든 것이 무상하다고 할 수는 없다. 열반은 절대 평안이고 영원히 존재하며 만들어지지 않은 것(무위無爲)이다. 따라서 제행무상이라고는 하지만 제법무상이라고는 말하지 않는다. 제법무아의 아라고 하는 것은 고정불변하는 실체, 영구불멸의 실체를 가리키는 것이다. 모든 것은 인연 따라 생하고 인연에 의해서 멸한다. 어떤 조건에 따라 생긴 것은 그 조건이 없어지면 따라서 사라질 수 밖에 없는 것이기 때문에 고정불변하는 실체란 있을 수 없다.

무아의 가르침은 나라는 존재 자체를 부정하는 것이 아니라 나에 대한 잘못된 고정관념을 부정하는 말이다.

따라서 우리에게 자기 중심적 사고와 아집이 허망한 것임을 가르친다. 무아에 대해서는 뒤에 자세히 살펴볼 것이다.

셋째, 일체개고(一切皆苦)는 모든 변하는 것은 괴로움이라는 가르침이다. 즉 무상하기 때문에 고(苦)라는 것이다. 제행무상의 진리는 붓다 자신이 실제로 체험하고 성찰한 결과에서 나온 것으로 모든 것이 무상하다고 하는 자각은 결국 고로 연결되지 않을 수 없다. 모든 것은 항상하지 않고, 고정불변한 실체가 없기 때문에 변함으로써 괴로운 것이다.

마지막은 열반적정이다. 열반은 진리의 구현이다. 무상과 무아의 진리를 완전히 구현하여 모든 번뇌와 고통의 불을 끈 상태가 바로 열반인 것이다. 열반은 모든 번뇌와 욕망, 대립과 고통이 사라진 고요한 평화의 상태이다.

모든 것이 항상하지 않고 고정불변한 실체가 있지 않다는 것을 있는 그대로 체득할 수 있다면 완전한 행복을 얻을 수 있다.

따라서 삼법인의 가르침을 자신의 생활 속에 구현하여 최상의 평화와 자유인 열반을 향해 부지런히 정진해야 한다.

4) 사성제(四聖諦)

연기설이 인간에게 왜 생사의 괴로움이 발생하며, 또 어떻게 멸할 수 있는가를 밝혀 주는 이론이라면, 미혹과 깨달음의 두 세계의 인과관계를 설명하여 괴로움 문제를 극복하는 실천적 교설이 사성제이다.

앞의 십이연기설에서 살펴본 것처럼 고집멸도 사성제는 십이연기의 유전문과 환멸문을 역관과 순관으로 통찰하는 가운데 드러나는 진리라고 한다.

사성제의 내용부터 살펴보면, 사성제란 '네 가지 성스러운 진리'라는 뜻으로, 괴로움의 실상에 관한 진리(苦聖諦), 괴로움의 원인을 규명하는 진리(集聖諦), 괴로움을 없애는 진리(滅聖諦), 괴로움을 없애는 방법에 관한 진리(道聖諦)를 말한다. 붓다가 녹야원(鹿野苑)에서 다섯 비구에게 행한 최초의 설법이다.

첫째, 고성제(苦聖諦), 불교에서 말하는 고란 무엇인가. 고는 인도말 duḥkha를 번역한 것으로서, 공포와 죽음 및 소유의 상실로 인한 존재에 대한 불안정과 욕망하는 것을 가지지 못하는 자신의 현실에 대한 불만족을 의미한다. 경전에서는 고에 대해서 여덟 가지 괴로움(八苦)을 들고 있다.

태어나고(生苦) 늙고(老苦) 병들고(病苦) 죽고(死苦) 미운 사람과 만나고(怨憎會苦) 사랑하는 사람과 헤어지고(愛別離苦) 구하는 바를 얻지 못하는 것(求不得苦)은 괴로움이다. 한마디로 말하면 살아있는 존재 그 자체가 괴로움이다.[정신과 육체에 집착해서 생기는 괴로움](五陰盛苦) (중아함경)

고성제는 바로 이 명백한 사실을 가리키고 있다. 이것는 삶의 진실이며 실상이다. 결코 염세적인 것이 아니라 엄연한 사실인 것이다. 현실을 바로 보고, 삶이 고통스럽다고 생각하는 것 자체가 깨달아 가는 길인 것이다. 따라서 우리는 이러한 삶의 실상을 올바르게 알고 그 괴로움에서 벗어나는 길을 모색해야 한다.

둘째, 집성제(集聖諦)는 위에서 말한 괴로움이 어떻게 해서 발생하게 되었는가. 그 이유를 밝혀 주고 있다.

괴로움은 탐(貪)·진(瞋)·치(癡)의 삼독심으로부터 비롯되었다. 탐욕이란 상대방이 나보다 더 좋은 것을 가졌을 때, 빼앗고자 하거나 갖고자 하고, 욕망의 노예가 되어서 무엇인가를 탐하는 심리이다.

인간은 욕망 없이 살아갈 수 없다. 살아간다는 것은 욕망 그 자체이다. 욕망은 채워 주면 채워 줄수록 더 커질 뿐 결코 충족될 수가 없는 것이다. 아흔아홉 마지기 논을 가지고 있어도 그 한 마지기를 채우고자 하는 것이 인간의 욕망이다.

욕망이 배제된 행위가 가능할 수 있는가. 욕망과 집착이 배제된 행위는 그 자체 성스러운 것이다.

숫타니파다의 구절이다.

"만족할 줄 알고, 검소한 생활을 하라. 잡일을 줄이고 생활 또한 간소하게 하며, 모든 감관이 안정되고 부드럽고 남의 집에 가서도 탐욕을 부리지 말라"

어느 대기업 재벌의 자녀가 스스로 목숨을 끊는 경우도 있다. 더 이상 부러울 게 없을 것 같은데도 뭔가 채워지지 않는 것이 우리의 욕망인 것이다.

욕망은 충족될 수 없다. 스스로 조절하고 절제해야만 극복할 수 있는 것이다.

또한 성냄이란 다른 무엇보다도 극복하기 힘든 것이다. 분노도 잘 조절하지 못하면 큰 불행을 초래한다. 층간 소음 문제로 화를 참지 못해 살인까지 저지르기도 한다. 대기업 재벌이 직원들에게 갑질하는 경우도 많다. 무한 경쟁시대를 살아가면서 상대에 대한 배려는 결코 쉽지 않다. 하지만 자기 이익만 고집하고 자기 중심적으로 삶을 살아간다면 또 다른 자기 중심적인 삶을 살아가는 자로부터 피해를 입는다.

어느 스님의 말씀이다.

"대부분의 화는 자신이 만든 벽에 무엇인가가 부딪쳐 생겨난 것"이라면서 "억울하고 화나는 상황에 맞닥뜨리더라도 즉각 화를 내지 말고 이 화가 어디서 왔는지 생각하고, 어떻게 할 것인지 생각하려고 노력하라"고 당부했다. 그 과정을 반복하다 보면 '마음의 그릇'이 커지고 웬만한 화로는 마음을 다치지 않게 된다고 한다.

상대를 배려하고 존중한다면 그 배려와 존중은 다시 본인에게 돌아온다. 성냄을 극복하기 위해서는 상대를 존중하고 배려하며 용서하는 자비의 마음을 일으켜서 스스로 감정을 잘 조절해야 한다.

탐욕과 성냄의 근본적 원인은 치라는 어리석음에서 비롯된다. 이 어리석음을 무명이라고 한다.

십이연기에서 설명한 것처럼, 어리석은 마음을 지혜로운 마음으로 바꾼다면 고 문제를 극복할 수 있다.

탐욕, 분노, 어리석음 이 세 가지 그릇된 마음의 작용, 이것이 고통의 원인이다.

붓다 당시의 일화를 소개한다.

붓다의 고향인 카필라와 이웃 부족인 콜리야는 로히니강을 사이에 두고 농사를 지으며 살았다. 심한 가뭄으로 두 부족은 강의 소유권을 주장하며 전쟁 직전까지 이르게 된다.

이때 붓다는 중재에 나선다.

"그대들은 물과 사람 중에 어느 쪽이 더 소중하오? 물 때문에 소중한 사람의 목숨을 버리려 하는가? 부디 원한을 벗고 고뇌도 벗고 탐욕도 벗어 놓고 살아가시오"

이런 붓다의 교화로 중생들은 탐욕, 성냄, 어리석음 삼독의 불길을 끌수 있었다.

셋째, 멸성제(滅聖諦)는 집성제와 정확하게 반대되는 입장이다. 이 세상에 고통이 있다면 고통 없는 세계도 있고, 거기에 이르는 길도 있을 것이다. 고통이 사라진 해탈, 열반의 세계가 있음을 가르치는 것이 바로 멸성제이다.

잡아함경에 의하면, "열반이란 탐욕이 완전히 다하고, 분노가 완전히 다하고, 어리석음이 완전히 다한 것으로서 일체의 번뇌가 완전히 사라진 것을 열반이라 이름한다"고 하였다.

이처럼 열반은 탐욕, 분노, 어리석음이 영원히 끊어진 상태를 말하는 것이다. 열반을 아직 육체적 제약이 남아 있는 유여의열반(有餘依涅槃)과 그것으로부터 완전히 벗어난 무여의열반(無餘依涅槃)으로 구분하기도 한다.

붓다가 출가한 목적이 인생의 괴로움으로부터 벗어나는 것이라고 할 때, 그 괴로움의 완전한 소멸인 열반이야말로 불교의 궁극적 목적인 동시에 최고의 가치이다.

넷째, 도성제(道聖諦)는 괴로움을 없애는 방법, 열반에 이르는 길을 제시하는 가르침이다. 탐욕, 분노, 어리석음을 극복한 삶이다.

경전에는 팔정도를 설명한다. 팔정도란 여덟 가지 올바른 수행의 길이라는 뜻이다.

① **정견**(正見) : 올바른 견해로서 편견 없이 있는 그대로 보는 것이다. 경전에서는 사성제와 연기의 도리, 다시 말해서 불교의 올바른 세계관과 인생관을 아는 일이다. 먼저 바로 보는 것이 바른 삶의 시작이다.

세간적이든, 불교적 수행이든, 우선 마음을 올바른 방향으로 향하는 것이 매우 중요하고 다음에 올바른 계획을 세우는 일이 필요하다. 그 근본 방침만 세워진다면 그 뒤는 바른 궤도를 타고 쉽게 나아갈 수 있을 것이다. 이것을 정견이라고 한다.

② **정사**(正思) : 올바른 사고방식이다. 바른 견해를 가짐으로써 바른 사

유를 할 수 있다. 현실을 있는 그대로 보고 이치에 맞게 생각한다는 것
이다.

마음이 정견에 의하여 올바른 방향으로 나가면, 사물을 사고하는 방식
도 공정하고 올바르게 되어 자기 중심적인 탐욕, 분노 등이 없어진다.

정견, 정사는 삼학 가운데 혜에 해당한다.

③ 정어(正語) : 올바른 말이다. 말은 자신의 생각과 의견을 표현하는 수
단이다. 거짓말, 이간시키는 말이나 욕과 비방하는 말은 그 사람의 비뚤
어진 생각과 시각을 나타내는 것이다. 항상 바른 생각과 말을 하여 구업
(口業)을 짓지 말고 상대방을 존중하는 부드러운 말을 해야 한다.

지식정보화시대, 인터넷 가상공간에서 익명으로 남에게 상처주는 표
현은 삼가해야 한다. 자칫 상대의 생명을 잃게 할 수도 있다.

④ 정업(正業) : 올바른 행동이다. 일체의 행위를 바르게 해야 한다. 바
른 생각과 말에서 나아가 이치에 맞는 행동을 해야 한다.

경전에서는 살생(殺生), 투도(偸盜), 사음(邪淫) 등의 세 가지 신체적 악업
을 떠나는 일이라고 하였다.

⑤ 정명(正命) : 올바른 직업이다. 올바른 수단에 의하여 의 · 식 · 주 등
을 얻는 것이다. 이것은 자기 직업에 충실하고 진지한 생활을 하는 것이
며, 도박이나 마작, 투기 그 밖에 비정상적인 방법으로 생활하지 않는 것
을 말한다.

정어, 정업, 정명은 삼학 가운데 계에 해당한다.

⑥ 정정진(正精進) : 정정진은 깨달음을 향한 부단한 노력을 말한다. 아
울러 옳은 일에는 물러섬이 없이 바로 밀고 나가는 정열과 용기를 뜻하

기도 한다.

　⑦ **정념**(正念) : 바르게 기억하는 것이다. 그릇된 생각이 추호도 없이 바른 길을 억념하여 일념으로 생각하는 것을 말한다.

　⑧ **정정**(正定) : 올바른 수행이다. 정신의 통일과 마음의 평정을 얻는 일이고 나아가서는 무념무상(無念無想)의 상태가 되는 것이다.

　번뇌, 망상에서 바른 견해나 행동이 나올 수 없다. 마음과 몸을 평안하게 하고 바로 수행해야 한다.

　정정진, 정념, 정정은 삼학 가운데 정에 해당한다.

　괴로움이 이렇게 현실적으로 있으므로 그것을 멸하지 않으면 안 된다. 그러려면 무엇보다도 먼저 진리를 똑바로 응시하고(正見) 그에 입각해서 새로운 종교적 생활을 영위하면서(正思惟~正念)마음을 진리에 계합하게끔 집중하지(正定)하지 않으면 안 될 것이다.

5) 오온(五蘊) · 무아(無我)

오온은 흔히 일체 존재의 구성에 대한 가르침으로서, 현상계를 색(色) · 수(受) · 상(想) · 행(行) · 식(識) 다섯 가지 형태로 분류한 것이다. 좁은 의미로는 인간을 형성하고 있는 다섯 가지 구성 요소라고 한다. 오온의 온은 인도말로 skandha로 덩어리, 모임, 구성요소 등의 의미다. 흔히 쌓임의 뜻으로 번역한다. 때로는 음(陰)이라고도 한역한다. 인간은 물질적인 요소인 색과 정신적인 요소인 수 · 상 · 행 · 식 등 5개의 요소로 이루어져 있다.

오취온이라는 표현을 사용하기도 한다. 그것은 오온으로 이루어져 있는 존재를 고정적인 자아라고 생각하고 그것에 집착한다는 의미로서 우리가 자신의 존재로 취하고 있는 오온이라는 의미다.

오온은 우리가 생각하고 있는 나와 세계를 이루고 있는 존재이다. 우리는 눈, 귀, 코, 혀, 몸으로 이루어진 육신을 지니고 있고, 세계에는 눈에 보이고, 귀에 들리고, 몸에 만져지는 사물들이 있다. 이것이 5온의 색이다. 우리는 몸속에 고락을 느끼는 감정, 비교 사유하는 이성, 의욕하고 행동하는 의지, 인식하는 의식이 있고, 밖에는 고락의 감정을 일으키는 사물, 사유의 대상, 의지의 대상, 인식의 대상이 실재한다고 생각한다. 이것이 5온의 수 · 상 · 행 · 식이다. 이와 같이 우리는 나와 세계를 이루고 있는 오온이 시간과 공간속에 실재하고 있다고 생각한다. 그러나 이것은 중생들의 착각이다.

붓다는 5온이 우리의 외부에 실재하고 있는 다섯 가지 요소가 아니라,

18계에서 연기한 촉을 통해 존재로 느껴지고 있는 것이라 하였다. 5온은 우리 마음에서 연기한 것이라는 의미다.

(1) 색온(色蘊)

색은 일반적으로 물질적인 요소로서 육체를 가리킨다. 팔리어로 rūpa 라고 하고 물질, 형상, 모습을 의미한다. 하지만 색은 우리가 생각하는 단순한 물질에 한정되지는 않는다. 감각적이고 직관적인 것을 의미한다. 여기에는 소리, 냄새, 맛, 감촉도 포함된다.

『구사론』에 의하면, 색온은 사대(四大)와 사대로 이루어진 것(四大所造色) 이라고 한다. 사대인 지수화풍(地水火風)은 흙, 물, 불, 바람 그 자체를 의미하는 것이 아니라, 각각 견고성, 습윤성, 온난성, 유동성이라고 설명하고 있다.

견고성의 '지'는 물체를 능히 보호 저항하게 하는 작용을 갖고 있으며, 습윤성의 '수'는 물체를 포섭하여 흩어지지 않게 하는 작용, 온난성의 '화'는 물체를 성숙하게 하는 작용, 유동성의 '풍'은 물체를 동요하게 하는 작용을 갖고 있다.

따라서 엄밀히 말하면, 색온은 물질이 아니라 대상의 성질, 의미라 할 수 있다. 대상을 인식할 때 마음속에 있는 '대상에 대한 의미'가 드러나면서 그 대상에 대해 분별한다.

붓다의 연기설에 의하면, 모든 존재는 마음에서 연기한 것이지 외부의 공간에 실재하는 사물이 아니다. 색을 물질이라고 이해하는 것은 바른 이해가 아니다.

　물질이라고 생각하고 있는 눈과 빛은 볼 때 사용되는 말이고, 귀와 소리는 들을 때 사용되는 말이며, 코와 냄새는 냄새 맡을 때 사용되는 언어이지, 실재하는 물질은 아니라는 것이다.

(2) 수온(受蘊)

　수(受)란 마음속에 있는 '대상에 대한 의미'가 드러난 것을 받아들이는 감수작용을 말한다. 수는 내적인 감각기관들과 그것에 상응하는 외적인 대상들과의 만남에서 생긴다. 수에는 세 종류가 있다. 즉 고수(苦受), 낙수(樂受), 불고불락수(不苦不樂受)이다. 고수란 괴로운 감정이고 낙수란 즐거운 감정이다. 그리고 불고불락수란 사수(捨受)라고도 하는 것으로 괴로움도 즐거움도 아닌 감정을 가리킨다.

　삶 속에서 고락을 느끼는 것은 너무나 당연한 일이다. 그러나 느끼는 삶 속에는 본래 나와 세계가 따로 존재하지 않는다. 그런데 우리는 탐욕에 의해 집기한 12입처와 허망한 분별심인 6식으로 보고, 듣고, 만지기 때문에 촉이 발생하여 느끼는 나와 느껴지는 세계가 개별적으로 존재하고 있다고 생각한다. 그래서 즐거운 것은 취하려 하고 괴로운 것은 버리려 한다.

　붓다가 없애야 한다고 하는 수는 감각적인 욕망을 가지고 느끼는 감정으로 허망한 것이다.

(3) 상온(想蘊)

상은 받아들인 '대상에 대한 의미'에 대해서 사유하는 것으로 인지하는 지각 작용이며 표상(表象) 작용을 말한다. 상 역시 감각기관과 그 대상과의 만남에서 생긴다. 상은 대상의 특징을 파악하여 이름을 부여한다. 붉은 꽃을 볼 경우 먼저 지각에 의해 인식 작용이 생기게 되고 그 다음 붉은 꽃이라는 개념을 만드는 작용이 일어나게 된다. 이때 붉은 또는 꽃이라는 개념 또는 그 작용이 상이다.

우리가 살아가면서 사유한다는 것은 너무나 당연한 일이다.

그러나 사유하는 삶 속에는 본래 나와 세계가 따로 존재하지 않는다.

그런데 우리는 탐욕에 의해 집기한 12입처와 허망한 분별심인 6식으로 살아가기 때문에 촉이 발생하여 사유하는 나와 사유되는 세계가 개별적으로 존재하고 있다고 생각한다.

붓다는 나와 세계를 구별하는 사유를 무명이라 하였다. 반야는 이러한 잘못된 사유가 사라져 모든 것은 연기하기 때문에 공이며 무아라는 것을 깨닫는 사유이다. 우리의 마음이 탐욕에 물들지 않고 사유한다면, 모든 것은 연기하고 있을 뿐, 실체가 없다는 확실한 인식이 있게 될 것이다.

(4) 행온(行蘊)

행은 상온에 의해 종합된 표상에 대해 의미를 부여하고 구체적인 대상을 조작하는 의지 작용을 말한다. 인간이 윤리생활을 할 수 있고 업을 짓는 것은 이 행의 작용 때문이다.

우리는 의지라는 존재가 우리의 내부에 존재하면서 의지작용을 일으키는 것으로 생각한다. 그러나 우리가 자신의 존재라고 알고 있는 의지는 유위를 조작할 때 사용되는 언어에 지나지 않는다. 우리는 유위를 조작하는 삶을 살아가면서 유위를 조작하는 존재가 있다고 생각하는데, 붓다는 그것을 행이라 부른다.

우리가 존재라고 알고 있는 모든 것은 행에 의해 조작된 유위이다. 유위를 조작해 내는 행은 우리의 마음속에 본래부터 있는 것은 아니다. 행은 이렇게 욕탐을 가지고 허구적으로 미래의 새로운 자신의 존재를 만들어 가는 삶을 의미한다. 그러니까 행은 업을 의미한다.

따라서 행이 자라면 존재의 실상을 모르는 무명의 상태에서 업을 통해 끊임없이 새로운 자기와 자기의 세계를 허구적으로 만들어 허망한 생사의 세계에서 윤회를 거듭한다는 의미이다.

(5) 식온(識蘊)

식은 일반적으로 분별, 인식 및 그 작용을 말한다. 대상에 대하여 구체적, 종합적으로 사실 판단을 일으킨다.

식은 대상 그 자체를 인식하는 것이 아니라 색 · 수 · 상 · 행의 작용으로 구성된 대상을 인식한다.

마음속에 저장된 대상의 의미, 성질이 드러나서, 그 대상의 의미를 받아들이고, 그 받아들인 대상의 의미에 근거하여 모양을 취하여 표상을 짓고, 그 표상에 대해 언어를 통한 개념을 산출하여 대상에 의미를 부여하고 구체적인 대상을 정립하고, 이러한 과정을 통하여 종합적으로 대상을 사실 판단한다.

우리는 탐욕에 의해 집기한 12입처라는 허망한 생각으로 보고, 듣고, 만지기 때문에 나와 세계를 분별하는 식이 생겨서 나라고 하는 언어와 세계라고 하는 언어, 즉 이름을 만들어 놓고, 나와 세계가 개별적으로 존재하고 있다고 분별한다. 우리 삶은 보고, 듣고, 만지는 것이 전부는 아니다. 보거나 들으면, 느끼게 되고, 느끼면 생각하게 되고, 생각하면 의도하게 되고, 의도한 것을 인연으로 인식하게 된다. 이렇게 느끼고, 생각하고, 의도하고 인식하는 삶 가운데서 느끼고 인식하는 것과 느껴지고 인식되는 것을 식이 분별한다. 그리하여 느끼고 인식하는 것은 자아이고, 느껴지고 인식되는 것은 세계라고 구별하여, 자아와 세계라는 이름을 붙여놓고, 이들이 개별적으로 존재한다고 인식하는 것이다. 나와 세계는 삶을 통해 무상하게 나타난 것이지, 동일한 모습으로 존재하고 있는 것이 아니다.

이상, 오온 이론은 나와 내 앞에 있는 모든 것은 오온의 작용으로 드러나고, 이 각각의 오온을 우리는 나라고 붙잡고 있기 때문에 괴로움이 일어나는 것이다.

우리가 실재하고 있다고 생각하는 오온은 십이입처라고 하는 허망한 생각에서 연기한 것일 뿐 실재하는 것이 아니다. 거기에 진정한 나라고 하는 것은 있지 않다. 모두 비실체적인 것이고 고정불변한 것은 아무것도 없다. 따라서 그것이라 할 자성은 저 밖에 있는 대상인 법에 있지 않다. 이것을 불교에서 무아라고 표현한다. 바로 무아를 강조하기 위한 가르침이 오온설이다.

경전에서 붓다는 이 무아 이론을 수없이 말씀하셨다. 그 이유는 두말할 것도 없이 고 문제를 해결하기 위해서였다.

괴로움은 욕망 때문에 생기고 욕망은 내가 존재한다는 생각 때문에 발생한다. 내가 존재한다는 생각은 무명에 의해서 나타난 허망한 오취온의 모습으로, 내 것만을 고집하고 집착하게 한다.

마치 어떤 사람이 숲속의 나무들을 베어서 가져가면 아무런 근심이 일어나지 않지만, 우리 집 정원에 나무를 베어 가면 당장 분노가 일어난다. 무아설은 내 것을 인정하는 것처럼 남의 것도 인정하고 존중하라는 가르침이라 할 수 있다.

또한 무아라는 것은 독립적 자존적 자아의 관념을 깨뜨리는 것으로 인간 존재 그 자체를 부정하는 것은 아니다.

고정불변한 실체적 존재를 부정하는 것이지, 행위의 주체 그 자체를 부정하지는 않는다.

밀린다왕문경에서는 무아에 대해서 탁월한 해설을 하고 있다. 밀린다왕과 나가세나비구의 대화 내용을 통하여 무아의 의미를 음미해 보자.

스님, 먼곳까지 오시느라 고생 많으셨습니다. 저는 희랍의 왕 메난드로스라고 합니다. 스님은 성함이 어떻게 됩니까?
대왕이시여, 많은 사람들이 나를 나가세나라고 합니다. 그러나 나가세나라고 불리울 그 어느 것도 없습니다.

왕께서는 저를 만나기 위해서 무엇을 타고 오셨습니까?

예, 저는 수레를 타고 왔습니다.

그러면 수레를 끄는 말이 수레입니까?

아닙니다.

햇빛을 가리는 휘장이 수레입니까?

아닙니다.

말을 때리는 채찍, 그것이 수레입니까?

아닙니다.

그러면 다시 묻겠습니다. 나가세나의 눈이 나가세나입니까?

아닙니다.

코가 나가세나입니까? 귀가 나가세나입니까? 몸이 나가세나입니까? 마음이 나가세나입니까?

아닙니다.

지금 왕께서 말씀드린 대로 입니다. 그 어떤 것들도 나가세나의 실체가 될 수는 없습니다. 그 모든 것들이 모여서 거짓 인연 화합한 것을 사람들은 나가세나라고 부르고 있을 따름입니다. 그러나 그 인연이 소멸되면 나가세나는 존재하지 않습니다.

여러 인연들이 모여서 수레라 일컫는다. 나가세나의 말처럼 수레는 말, 바퀴, 축, 휘장 등 여러 요소가 모였을 때 비로소 존재할 수 있는 것일 뿐, 이 요소들을 떠나서는 존재할 수 없다. 그 어느 것도 홀로는 존재할 수 없는 것이다. 인연이 모여서 임의로 존재할 따름이다.

붓다는 무상한 존재에는 독립 자존하고 항상하며 동일한 주체의 자아는 있을 수 없다고 하였다. 인연에 의해 일시적으로 화합한 존재로서, 영원한 존재란 없다는 뜻이다. 내가 무상하고 무상한 이상 나의 것, 나의 소유라고 말할 수 있는 것은 아무 것도 없다. 자신의 소유라고 생각하고 있는 물건이나 나 자신의 것이라 생각하고 있는 육체조차도 어느 것 하나 영원한 나의 것은 없다.

무아의 이론은 어떤 것을 영원히 나의 것, 나의 소유라고 하는 생각 자체를 버리라는 것이다. 지금 이것이 나의 것, 나의 소유라는 관념을 버리는 것이다. 부분이 모여서 수레라고 하는 말이 있는 것과 같이 여러 온이 있을 때 유정이라는 가명이 있다고 하듯이 비록 인간이라 해도 임시적인 명칭에 지나지 않는다. 따라서 나라고 하는 관념은 불교에 있어서 하나의 명칭에 지나지 않는다. 명칭으로는 그 사물이 가지고 있는 실질 모두를 파악할 수는 없는 것이다.

하지만 내가 존재한다는 생각 때문에, 나의 것, 나의 소유라고 생각되는 것에 집착한다. 내 가족, 내 자식, 내 부모, 내 나라 내 것만 추구하려고 한다. 남의 것은 인정하지 않는다. 내가 남의 부모를 공경하지 않으면, 남도 내 부모를 공경하지 않는다. 버스나 지하철에서 노인들에게 자리를 양보하는 것은 남의 부모를 인정하고 배려하는 마음에서 나온 것이다. 내 것만 고집하면 남도 자신 것만 고집한다. 내가 존중 받고 배려 받으려면 남도 존중하고 배려해야만, 내가 존중 받을 수 있는 것이다.

무아적인 삶은 이처럼 나와 동일하게 남을 인정하고 배려하고 존중하는 가치관의 삶이다.

우리는 필요에 의해서 물건을 갖지만, 때로는 그 물건 때문에 마음이 쓰이게 된다. 무엇인가를 갖는 다는 것은 다른 한편 무엇인가에 얽매이는 것, 그러므로 많이 갖고 있다는 것은 그만큼 많이 얽혀 있다는 뜻이라 하였다. 그런 집착이 모든 잘못된 견해를 낳고 그것은 자기 혼자만을 다치게 하는 것이 아니라 다른 사람들까지 다치게 한다.

이러한 교설에 비추어 볼 때 무아의 관념이 논리적으로 어떻게 행위자를 규정하고 있는가를 알 수 있는 것이다.

인간이 각각 무아의 입장으로 돌아갈 때 거기서 구현되는 세계는 어떠한 장애도 없는 안온의 경지가 될 것이다. 무아로 특정지워지는 자기, 이러한 자기야말로 참된 자아라고 할 수 있을 것이다.

6) 일체법(一切法)

초기 경전에 나오고 있는 일체법의 분류 방법 가운데서 가장 일반적이고 구체적인 것이 앞에서 살펴본 5온과 12처, 18계이다.

우리는 일체법의 참된 모습을 확실하게 이해하지 못하기 때문에 그것에 집착하고 집착함으로써 그것이 변하거나 사라질 때 괴로워하게 된다.

(1) 십이처(十二處)

일체법의 분류 방법 가운데서 가장 기초적인 것이 십이처이다.

가장 이해되기 쉽기 때문에, 중생들이 받아들일 수 있는 것에서부터 설해간다면 제일 먼저 설해질 법문은 12처이다.

잡아함경에 의하면, 일체는 12처에 들어가 완전히 분류, 포섭된다고 한다. 12처의 처(āyatana)는 ayat(들어간다)에서 파생된 중성추상명사로 들어감의 의미다. 입처(入處)로도 한역되며 들어가서 머무는 장소로 해석한다.

일체는 열 둘에 들어간다, 분류된다, 포섭된다는 뜻이다.

그리하여 일반적으로 12처란 눈(眼根), 귀(耳根), 코(鼻根), 혀(舌根), 몸(身根), 마음(意根) 여섯 개의 감각기관(六根)과 그것에 상응하는 여섯 개의 대상(六境), 즉 빛깔과 형태(色境), 소리(聲境), 냄새(香境), 맛(味境), 촉감(觸境), 생각(法境)을 합친 것이다.

하지만 경전을 주의 깊게 살펴보면, 육입처, 십이입처와 공처, 식처, 무소유처, 비상비비상처[사무색정], 그리고 다양한 의식상태를 아야타나 용어를 사용한다.

이처럼 순수한 의식의 세계에서 행하는 선정을 처라고 하는 것으로 보아, 아야타나는 어떤 의식상태를 의미하는 것이다.

우리는 보고 듣고 냄새 맡고 맛보고 만지고 생각하는 것을 자아라고 생각하고 보이고 들리고 만져지고 생각되는 것을 세계라고 생각한다. 이렇게 보는 것을 안에 있는 자아라고 생각하는 마음을 안입처라고 하고 보이는 것을 밖에 있는 세계라고 생각하는 마음을 색입처, 듣는 것을 자아라고 생각하는 마음을 이입처, 들리는 것을 세계라고 생각하는 마음을 성입처, 이처럼 보는 것에서 생각하는 것까지를 나의 몸 안에 있는 자아라고 생각하는 마음을 육내입처, 보이는 것에서 생각되는 것까지를 나의 몸 밖에 있는 세계라고 생각하고 있는 마음을 육외입처라고 하는 것이다.

육근과 육경은 일반적으로 감각기관과 감각기관의 대상으로 의미하지만 십이처는 세계와 자아가 마음에서 연기한 것이라고 할 때, 연기하는 세계와 자아의 근본이 되는 중생의 마음을 의미한다.

붓다는 세계(loka)를 우리의 밖에 우리와 무관하게 객관적으로 존재하는 것이 아니라 우리의 마음에서 연기한 것이라고 한다.

붓다는 우리가 외부에 존재한다고 믿고 있는 세계는 보고 듣고 만지고 생각한 가운데 생긴 허망한 생각임을 깨달았기 때문에, 세계라는 말을 사용하면서도 그것을 외부의 세계를 가리키는 말로 사용하지 않고 보고 듣고 생각하는 우리의 마음인 육내입처를 의미하는 말로 사용하고 있는 것이다.

꽃을 보지 않을 때는 꽃을 보는 것이 없다. 꽃을 보는 것이 눈 속에, 머리 속에 있다면 밖에 있는 꽃을 보러 나오기 전에 눈 속, 머리 속을 보고 있어야 한다. 하지만 우리가 밖에 있는 것을 보지 않을 때는 아무 것도 볼 수가 없다. 따라서 보는 것은 우리 몸속에 있는 것이 아니다. 보는 것이 몸 밖에 있는 것은 더더욱 아니다.

보는 것은 실재한다고 할 수 없다. 따라서 보이는 것도 보는 것에 따라 온 곳도 없고 간 곳도 없이 생겼다가 사라지는 허망한 존재라는 사실이다. 바로 연기법에 따라 생겼다가 사라지는 것이다.

육입처를 중생의 허망한 의식상태라고 이해하면, 십이연기의 무명이 사라지면 육입이 멸한다는 것과 반야심경의 무안이비설신의 무색성향미 촉법이라 하는 것은, 십이입처가 단순히 육근 육경이 아니라 나와 세계를 분별하는 우리의 근본 분별심임을 이해할 수 있다.

무명이 멸하면 허망한 의식상태가 사라진다는 것은 당연한 일이다.

경전에서 안이비설신의는 대부분 육입처를 의미한다. 육근을 의미하는 경우에는 근을 붙여 안근 이근 비근 등으로 부른다.

붓다는 육입처에 대해 그것을 나나 나의 것이라고 보아서는 안 된다고 하였다. 붓다의 깨달은 세계는 곧 우리의 참 마음인 것이며, 여기에는 나와 남, 주관과 객관, 물질과 정신, 안과 밖, 시간과 공간, 유와 무, 생과 멸 등의 모순과 대립이 있을 수 없다는 것이다.

십이입처가 중생들의 허망한 분별심을 의미하기 때문에, 붓다는 허망한 분별심을 없애기 위해서 십이입처를 멸하라고 하는 것이다.

(2) 육식(六識)과 십팔계(十八界)

십이입처가 일으킨 마음은, 볼 때 보이는 것을 분별하는 마음이 생기고, 들을 때 들리는 것을 분별하는 마음이 생기고, 냄새 맡고 맛보고 만지고 생각하는 삶을 통해서 모든 것을 분별하는 마음이 생긴다. 이렇게 십이입처를 인연으로 해서 생기는 분별심을 육식이라 한다.

육식이 발생하면 이제 그 마음을 입처라고 할 수 없다. 새롭게 계라는 말을 사용한다. 우리의 마음이 십이입처의 상태에 있다가 육식이 발생하면 십팔계라는 상태로 변화하게 된다.

십이입처는 욕탐에 의해 모여 있는 자아와 세계로 취해진 허망한 마음이다. 육내입처와 육외입처는 보고 듣고 만지고 생각하는 가운데 일어난 생각들이 사라지지 않고 욕탐에 묶여서 모여 있는 상태이다. 아직 자아와 세계로 취해진 것은 아니다. 십이입처가 취해지기 위해서는 먼저 이들이 분별되어야 한다. 식은 바로 이같은 십이입처를 분별하는 마음이다. 이렇게 우리 마음에 육식이라는 분별심이 생기면 십이입처와 육식은 이 분별심에 의해서 각기 다른 것으로 분별된다.

분별심이 십이입처와 새로 발생한 육식 사이에 경계선을 그어 십팔종류로 구분한다. 육식의 발생에 의해 우리의 마음이 십팔계역으로 구분된 상태가 십팔계이다.

십팔계가 생기는 바탕이 십이입처임을 알 수 있다. 입처는 계의 바탕이 되는 의식이다.

12처를 설명할 때 보았듯이 일체를 구성하고 있는 12가지 요소 모두가 실체가 없는 것이다. 그렇다면 그와 같은 요소들이 만나서 생기게 된 식 역시 실체적인 것일 수는 없다. 객관 세계의 모든 것 즉 물질적인 것도 실체가 없는 것이지만 주관 세계의 것 즉 정신적인 것도 실체가 없는 것임에 틀림없다.

예를 들어, 손뼉 소리를 낼 수 있는 두 손바닥도 실체적인 것이 아니지만 실체적이 아닌 그 두 손바닥이 마주쳐서 일으킨 소리 역시 실체적이 아닌 것은 명백하다. 결국 18계에서 말하고자 하는 것은, 일체법은 중생의 허망한 분별심에서 연기한 것으로서 외부에 실재하는 사물이 아니라는 것이다.

7) 윤회와 업

'봄 여름 가을 겨울 그리고 봄'의 영화를 통하여 윤회와 업에 대해 살펴보기로 한다.

아름다운 호수 위 암자에 노스님과 동자가 살고 있다.

별달리 놀거리가 없는 깊은 산속, 동자는 물고기와 개구리와 뱀을 잡아 돌을 매달아 놓고 즐거워한다.

영화 '봄 여름 가을 겨울 그리고 봄' 한 장면.

스님 내 등에 돌이 붙었어요, 빨리 풀어주세요

고통스러우냐? 예 스님

개구리 뱀두 너처럼 그렇게 하였느냐? 일어나거라, 걸어 보거라

힘들어 못 걷겠습니다.

물고기와 개구리와 뱀은 지금 어떻겠느냐?

가서 찾아서 모두 풀어주고 오너라

물고기와 개구리와 뱀 중 어느 하나라도 죽었으면 너는 평생 그 돌
을 마음에 지니고 살 것이다.

영화 속 동자가 물고기, 개구리, 뱀을 잡아 돌을 매달아 놓았다. 이러
한 행위를 불교 용어로 업이라 한다. 업은 인도말로 karma라고 한다. 불
교에서 이 카르마를 세 가지 성격으로 구별한다.

첫 번째는 작용, 두 번째는 종교적인 행위, 즉 제식이나 기도, 의식, 세
번째는 행위기 뒤에 남아 눈에 보이지 않는 힘을 키르마라고 한다.

여기서 업이란 세 번째 의미를 뜻한다.

노스님의 말처럼, 물고기, 개구리, 뱀 중에 어느 하나라도 죽었으면 그
돌을 평생 마음에 지니게 될 것이다. 자기가 지은 행위는 그것이 입으로
지었건(口業), 몸으로 지었건(身業), 마음으로 지었건(意業) 간에 잠재적 에
너지 형태로 자기 내면에 남게 된다고 한다. 그것이 업력이다. 선한 업을
지으면 선한 과보를 받고, 악한 업을 지으면 악한 과보를 받는다.

동자는 어느덧 성숙한 소년이 되고, 어느 날부터 병색 짙은 또래 소녀
가 함께 머무르게 된다.

사춘기의 열정을 도저히 감당할 수 없었던 소년과 소녀는 육체관계를 맺게 된다.

건강을 회복한 소녀는 집으로 돌아가고 뒤이어 소년도 암자를 떠난다.

환속한 소년은 불륜의 아내를 살해하고 암자로 도피해온다.

노스님은 그에게 반야심경을 새기면서 분노를 삭이도록 한다.

영화 '봄 여름 가을 겨울 그리고 봄' 한 장면.

마음의 분노를 삭인 그는 순순히 형사들에게 잡혀가고, 노스님은 배 위에서 스스로 다비식을 하며 앉은 채로 입적에 든다.

여기서 노스님은 눈, 귀, 코, 입 등에 한자 폐(閉)가 씌여진 종이를 붙이는데, 이 장면은 인간의 욕망을 끊는다는 것을 상징한다고 볼 수 있다.

욕계의 욕이란 오욕이라 하지만, 오욕이란 전오식이 각각의 대상에 대해서 품는 욕망이다. 눈은 색채에 대해서 욕망을 품으며, 귀는 아름다운 소리에, 코는 좋은 냄새에, 혀는 맛있는 것에, 피부는 상쾌한 감촉을 찾는다. 그렇게 대상에 욕망을 품으며 마침내는 자기의 올바른 마음을 잃어버리는 것, 그것이 욕계이며 욕계에는 전오식이 계속적으로 작용한다.

그리고 영화 속에, 노스님이 스스로 다비식을 치러는 장면이 나오는데, 이 영상을 보고 자살하는 것으로 오해할 수도 있겠다. 하지만 불교에서 자살은 인정할 수 없는 행위다.

불교에서 가장 중시하는 계율 가운데 하나가 불살생이기 때문이다. 살아있는 생명을 죽이지 말라는 것인데, 하물며 스스로 목숨을 끊는다는 것은 있을 수 없다. 노스님은 도력이 높은 고승이다. 생이 다할 때를 짐작하고 혼자 수행하는 암자에서 스스로 다비를 치른 것이라 생각된다. 코끼리도 죽을 때가 되면 자기들의 무덤으로 간다고 했다. 붓다도 석 달 전에 열반을 알린 바 있다.

어느덧 장년이 된 소년은 거울을 맞은 암자로 돌아와 노스님의 사리를 수습하고 심신단련에 몰두한다.

어느 날 한 여인이 아기를 안고 찾아든다. 여인은 밤중에 아기를 남긴 채 홀로 도망가다 물에 빠져 죽는다. 그리고 장년의 소년은 미륵반가상을 들고 맷돌을 끌며 산 정상으로 고행의 길을 떠난다.

다시 봄이 돌아오고, 아기는 동자승이 된다. 여전히 물고기, 개구리, 뱀을 잡아 입에 돌을 물려 놓고 즐거워하며 논다.

이처럼 자기가 지은 업은 업력이 다할 때까지 윤회한다.

다음은 '리틀붓다' 영화의 내용이다.

리틀붓다는 세계적 거장인 베르나르도 베르톨루치 감독이 만든 영화다.

티벳에서는 달라이 라마가 열반을 하면 그가 환생한 아이를 찾게 된다. 여러 가지 시험을 거쳐 달라이 라마의 환생이 확정되면 부모의 허락을 얻어 출가하며, 체계적인 교육을 거쳐서 마침내 달라이 라마로 모셔진다. 덕이 높은 고승들은 모두 그렇게 환생한다고 믿었다.

영화 '리틀 붓다' 한 장면.

리틀붓다는 바로 환생한 스승 찾기를 그린 영화이다.

부탄의 티벳사원, 한 노스님이 동자승들에게 공부를 가르치고 있다. 그때 미국 시애틀에서 다르마 센타를 열고 있는 제자에게서 전보가 온다. 노스님의 스승 도제 라마의 환생을 찾았다는 내용이다.

도제 라마의 환생으로 지목된 이는 제시라는 이름의 소년이다.

노스님은 제시 부모에게, 제시가 도제 라마의 환생일지도 모른다고 말한다. 제시와 그 어머니는 다소 흥미로워한다.

흥미를 느낀 제시는 어머니로부터 그림이 있는 붓다의 전기를 읽어 달라고 한다. 그림책과 스님의 입을 통해 듣는 이야기는 탄생에서부터 깨달음에 이르는 싯다르타 태자의 전기다.

사업실패와 친구의 죽음을 경험한 아버지는 심경의 변화가 생기고 제시와 함께 2주 일정으로 네팔에 간다.

카트만두에 제2의 후보자가 있다는 전보를 받았기 때문이다. 그 소년의 이름은 라주이고 서커스단의 소년이다.

제3의 후보도 나타난다. 지타라는 소녀이다.

세 어린이는 함께 부처님의 성도의 모습을 본다. 보리수 아래에서 마구니의 항복을 받는 부처님의 모습을 본다.

번뇌의 모습 속에 부치기 있으며, 부치와 중생이 따로 없는 것임을 전해 듣는다.

세 어린이 모두 도제 라마의 모자를 정확하게 지적하여 세 어린이 모두 도제 라마의 환생임이 증명된다.

얼마 뒤 도제 라마의 환생을 다 찾은 노스님도 입적한다.

제시 가족은 강에서 도제 라마의 발우에 노스님의 뼛가루를 넣어서 강에 띄워 보낸다.

영화 속 내용처럼, 살아 있는 존재의 세계는 업의 유전 상속일 따름이다. 그것은 죽음으로 끝나지 않고 또 다른 탄생으로 이어진다. 이같이 생사와 고락의 끊임없는 순환을 윤회라고 한다.

윤회는 인도말로 saṃsāra로서, 함께 달리는 것, 함께 건너는 것이라는 의미다.

불교에서는 삼계 육도를 윤회한다고 한다. 삼계는 욕계, 색계, 무색계를 말한다. 육도는 지옥, 아귀, 축생, 아수라, 인간, 천상의 세계를 말한다.

욕계는 욕망의 세계로서, 지옥, 아귀, 축생, 아수라, 인간, 저급한 신들이 사는 세계다. 색계는 욕망을 떠났지만 육체를 가진 존재들이 사는 세계다. 무색계는 욕망과 육체를 벗어난 존재들이 사는 세계다.

존재는 삼계 육도를 돌아다니면서 삶과 죽음을 끝없이 되풀이 한다고 하는데, 여기서 삼계 육도는 우리의 마음 상태라고 이해하면 좋을 것 같다. 하루 하루의 삶이 고통스러우면 그게 바로 지옥이고, 매일이 즐거움 그 자체라면 그것은 천상의 세계일 것이다. 우리의 마음 상태가 괴로움과 즐거움을 반복하는 것을 윤회라고 할 수 있다.

다음 생이 있다고 전제하는 것은 하나의 가설이다.

사후의 세계는 우리가 경험할 수 없다. 전생도 마찬가지다.

전생과 내생은 있어도 좋고 없어도 상관없다.

불교의 윤회설은 다음 생을 전제하고 현재 삶을 더 보람되고 충실하게 살자고 하는 데, 그 궁극적 취지가 있는 것이다.

현재의 삶은 지금까지 살아온 행위, 업에 대한 결과이다. 지금 행복하다면 그것은 과거 삶의 노력에 대한 과보다. 자신의 미래의 삶은 현실의 자신이 어떠한 업을 짓는가에 달려 있는 것이다.

업을 영원히 벗어날 수 없는 굴레로서 오해해서는 안 된다.

한번 지은 업은 영원히 존재 내면에 잠재적 힘의 형태로서 남게 되지만, 업을 지은 사람의 노력 여하에 따라 결과를 다소 변화시킬 수는 있다.

경전에서는 소금물의 비유를 든다. 잔속의 소금물은 짠맛을 느끼지만, 물을 무한히 부으면 언젠가는 짠맛을 느끼지 못하게 된다. 잔속의 소금은 분명히 있지만 짠맛을 느낄 수 없는 경계에 이른다. 나쁜 업을 지었다 하더라도 그 이후에 선행을 많이 한다면 어느 정도 나쁜 업에 대한 과보를 극복할 수도 있다는 것이다.

업설의 원리는 선인선과(善因善果), 악인악과(惡因惡果)라고 하는데, 그 과보가 달리 나타나는 경우도 있다. 악업을 짓고도 절대 권력을 가지는 경우도 있고, 선업을 짓고 살아도 몹시 어렵게 살아가는 경우도 있다.

이에 대한 불교의 입장은 과보를 받는 시기가 다를 수 있다고 설명한다.

이 생에 지어서 이 생에서 과보를 받는 업을 순현업(順現業), 과보가 다음 생에 나타나는 업을 순생업(順生業), 다음 다음 생에 혹은 여러 생에 걸쳐 나타나는 업을 순후업(順後業)이라고 한다.

어리석은 자가 지은 악한 행위가 지금 당장 드러나지 않는 것처럼 보이지만, 재 속에 숨어 있는 불처럼 작열하며 어리석은 자를 쫓는다.

법구경에서 다음과 같이 충고한다.

"악업이 아직 익지 않은 동안 어리석은 자는 악업을 달콤하다고 착각한다. 악업이 익었을 때 어리석은 자는 고통에 빠진다"

참고문헌

- 가지야마 유이치 저, 김성철 역, 공 입문, 동국대출판부, 2007
- 고영섭, 불교생태학, 불교춘추사, 2008
- 권오민, 아비달마불교, 민족사, 2003
- 권오민, 인도철학과 불교, 민족사, 2006
- 금강대학교 불교문화연구소, 불교의 이해, 무우수, 2008
- 김성철, 중관사상, 민족사, 2006
- 김호귀, 묵조선, 도피안사, 2012
- 김호성, 불교, 소설과 영화를 말하다. 정우서적, 2008
- 대원정사 불교자료집
- 목경찬, 연기법으로 읽는 불교, 불광출판사, 2014
- 목정배, 불교윤리개설, 경서원, 1986
- 법륜스님, 불교방송 인터넷 강의
- 법정, 무소유, 범우사, 1998
- 보경, 숫타니파타를 읽는 즐거움, 민족사, 2013
- 불교교재편찬위원회, 불교사상의 이해, 불지사, 1997
- 불교교재편찬위원회, 불교와의 첫 만남, 불광출판사, 2015
- 안양규, 행복을 가져오는 붓다의 말씀, 도피안사, 2012
- 월호, 영화로 떠나는 불교여행, 이치, 2005
- 이기영, 불교개론강의, 한국불교연구원, 1998
- 이자랑, 이필원, 도표로 읽는 불교입문, 민족사, 2016

- 이중표, 불교의 이해와 실천, 대원정사, 1995
- 이중표, 붓다가 깨달은 연기법, 불광출판사, 2020
- 중촌원저, 김지견 역, 불타의 세계, 김영사, 1984
- 장휘옥, 불교학개론 강의실2, 장승, 1994
- 조계종포교원, 불교입문, 조계종출판사, 2001
- 태전구기 저, 정병조 역, 불교의 심층심리, 현음사, 1983
- 황성기, 황성기박사 불교문집1 불교학개론, 보림사, 1989

사진출처
- 다음영화, 화엄경
- 다음영화, 봄 여름 가을 겨울 그리고 봄
- 리틀붓다, NAVER PHOTO VIEWER

제4장

대승불교(大乘佛敎)의 가르침

1. 대승불교성립

대승(大乘)이란 마하야나(Mahāyāna)를 번역한 말이다. 마하(Mahā)는 크다, 훌륭함을 의미하고, 야나(yāna)는 수레, 가르침을 의미한다.

대승, 마하야나는 깨달음으로 향하는 큰 수레를 의미한다. 큰 수레, 즉 모든 사람들이 더불어 함께 행복해지는 세계를 추구한다는 의미가 담겨 있다.

대승이란 용어는 기원 후 1세기 후반에 사용한 것으로 추정하며,『소품반야경』에 처음 보인다.

불교교단는 불멸 후 약 100년경부터 보수적인 상좌부(上座部)와 진보적인 대중부(大衆部)로 분열한다. 이것을 근본분열이라고 하며, 그 후 다시 분열하여 불멸 후 400년경에는 20여 부파로 분열하였는데, 이를 지말분열이라고 한다.

이와 같이 불교가 여러 부파로 나뉘어진 시대의 불교를 부파불교라고 부른다. 부파 분열의 이유는 여러 가지로 설명하고 있다.

근본분열에 대한 불교 내의 정설은 남방불교 자료인『마하밤사』와『디파밤사』에 전하는 제2차 결집(붓다의 가르침을 정리하는 것) 때의 분열이다. 이것은 인도 동북부 바이샬리 지역의 밧지족 비구들이 금과 은을 축적하는 관행 등 10가지 법에 어긋나는 일(십사비법十事非法)을 비판한 야사 장로에 의해 촉발되었다.

또 다른 하나는 북방불교에 전하는『이부종륜론』에 따르면, 근본분열의 원인은 대천이라는 비구가 아라한의 경지에 관하여 밝힌 다섯 가지 견해(大天의 五事說)의 대립에 의한 것이라고 한다.

　이러한 직접적인 분열의 원인 이전에 초기불교의 성격, 석존의 입멸에서 분열의 원인을 밝히기도 한다.

　첫째, 붓다가 입멸 이전에 후계자를 정하지 않고 법에 의지할 것을 설함으로써, 교단 내부적 분열을 통제할 시스템을 구축하지 않은 점이다.

　둘째, 붓다의 교화 방식이 상대방의 상황, 근기에 따라 가르침(對機說法)을 주었기 때문에, 석존 사후에 교리와 계율의 해석을 달리할 수 있는 원인이 될 수 있다.

　셋째, 인도대륙의 지역적 특수성으로 인해 지역과 지역의 격리가 크다는 것이다. 또한 지역의 풍토나 문화적 차이에 따라 자치적인 계율을 가진 공동체를 중심으로 여러 부파가 형성했을 것이다.

　넷째, 가섭, 사리불 등 유력한 지도자를 중심으로 분파를 형성했을 것이다.

　다섯째, 불교교리의 평등사상과 상가의 특징적인 구조로 인하여 분열의 원인이 되었을 것이다.

　여섯째, 석존이 생존했을 당시에도 분열의 가능성이 존재하고 있었다.

　이러한 제반 사정에 영향을 받음으로써, 법과 율에 대한 다른 견해가 생겨나 교단은 통일성을 상실하고 분열하기에 이른 것이다.

　부파불교 출가자들은 왕이나 장자들로부터 정치적 경제적 도움으로 안정된 기반 위에서 선정과 교법의 연구에 전념할 수 있었다.

　그리하여 아비다르마(Abhidharma)라고 하는 방대한 논서를 집성하여 초기불교의 교설을 이론적으로 체계화시키는 큰 업적을 이루었다.

하지만 너무나 번쇄한 이론체계를 전개시킴으로써 일반 재가자들이 난해한 교리를 이해하고 전문적인 수행을 실천하기가 어려웠다.

부파불교는 본의 아니게 출가자 중심으로 흘러갔고, 타인의 구제에는 별로 관심을 갖지 않았다.

대승불교는 이러한 부파불교의 결함을 시정하고 불교를 그 타락의 결함에서 회복시키고자 했던 불교 부흥운동이었다.

1) 대승불교 기원

대승불교의 기원과 관련해서 학계에서는 여러 가지 이론들을 제시하고 있다.

※ 대중부의 사상적 경향이 훗날 대승불교의 무태가 되었을 것으로 추정한다. 대중부는 붓다를 완전한 존재로서 시공을 초월한 법신으로 확신한다. 또한 보살의 원생설을 주장하는데, 이것은 대승의 보살사상과 궤를 같이 하는 것이다. 대중부가 그대로 대승불교로 발전한 것은 아니라고 하더라도 영향을 미친 것은 분명하다.

※ 불탑을 건립하여 공양을 올리며 탑을 수호하던 재가불자의 단체들이 존재했고 그들의 역할이 매우 컸다. 출가자들은 불탑에 거주할 수도, 불탑의 시주물도 소유할 수 없었다. 불탑을 관리하는 것은 재가자의 몫

이었고, 전문화된 집단을 형성하였다. 이들을 보살가나(bodhisattvagana), 즉 보살중으로 불렀다.

이들은 불탑에 예배하는 신도들에게 붓다의 전생담을 들려주고 붓다의 공덕을 찬탄하였다. 이들을 찬불승(讚佛乘)으로도 불렀다.

불탑숭배자들이 부파불교에서도 존재했음을 볼 때, 불탑숭배신앙이 대승불교의 태동으로 바로 이어졌다는 것은 재론의 여지가 있지만 대승불교 흥기에 영향을 주었다.

※ 기원전 1세기경 갠지스강 유역을 기준으로 서쪽과 북쪽은 바라문의 중심지였다. 동쪽과 남쪽에는 불교사상이 우세하였다.

바라문 세력들은 사회, 경제, 문화면에서 특권적 입장을 유지하고자 새로운 길을 모색하였다. 종교적으로 인도 고유의 토속신앙까지 흡수하여 베다 성전 숭배에 포괄적으로 흡수하였다. 전통사상과 바라문의 종교를 종합적으로 혼합하여 만들어 낸 종교가 힌두교이다. 힌두교와 불교문화는 동시대에 존재했기 때문에 서로 영향을 주고받게 되었다. 힌두교와 유사하게 여러 신들을 도입하여 보살과 동급으로 취급하기도 하였다. 변화기의 대승불교는 힌두교뿐만 아니라 페르시아 및 그리스 등 다른 나라로부터도 영향을 받았다.

※ 대승과 부파의 연속성을 주장하는 것이 대승불교 주변지 기원설이다. 대승경전의 성립과 교단의 성립은 별개이며 5세기경까지 대승불교는 독립된 교단을 형성하지 않고 부파 속에서 공존했으며 그 후에 교단

으로 자립했다는 주장이다. 이는 5세기 말부터 6세기경까지 대승이나 대승교단에 대해 언급한 비문이나 상이 발견되지 않는다는 점이다.

대승이 경전 두루마리 숭배와 밀접한 연관을 지니고 있으며, 교리 상으로는 대중부와 유사하면서도 설일체유부 등의 교리 역시 폭넓게 받아들이며 자신들의 교리 체계를 새롭게 완성시켜 갔다는 점은 일치한다.

대승불교는 출가자와 재가자 양쪽이 진행했으나, 그 중 출가자는 승가 외부가 아닌 전통 부파승가 안에서 발생했다는 것이 명확해졌다.

전통 부파승가와 대승의 연속성은 대승불교도가 독자적인 율을 갖고 있지 않았다는 점에서도 추정할 수 있다.

※ 부파불교 출가수행자들은 왕과 귀족들의 경제적 원조를 토대로 안정된 생활을 함으로써 자신의 수행과 명상, 교리연구에 집중할 수 있었다. 하지만 출가교단은 자신들만의 세계에 빠져 은둔적이고 현학적인 태도를 가졌고, 아비달마교학은 점점 더 이해하기 어려운 그들만의 전유물이 되어 갔다. 그리하여 출가 중심주의적인 생활태도와 보수적인 견해에 대해 사람들이 불만을 품게 된 것이다. 이런 불만들이 쌓여 불교계에 개혁의 바람이 불게 되고 초기불교의 가르침으로 돌아가자고 하는 대승불교운동이 전개되었던 것이다.

이처럼, 대승불교는 기존 출가자 승단에 반발한 재가신자들의 활동에서 기원한다고 볼 수 있다.

불탑을 중심으로 형성된 불교도 집단이 기존 교단과 거리를 두고 발전했고, 그들이 재가신자와 출가자를 망라한 보살 교단을 형성했다.

또 다른 견해는 대승경전을 읽고 쓰고 전달하는 공덕을 강조하는 경전 신앙이 대승불교 기원의 핵심이라고 주장하는 경우도 있다.

대승불교는 불탑을 중심으로 모여서 불탑 공양을 통해 부처님을 찬탄하고 숭배하는 재가신자들과 이에 동조하는 출가자를 중심으로 일어난 새로운 운동이다. 이 운동은 이전의 소승불교들이 승원을 중심으로 지극히 어려운 법 중심의 불교를 발달시키는 것에 대한 비판으로부터 시작된 것이다.

이전의 출가 수행자들은 부처님과 자신들과의 거리감을 두고 스스로 아라한에 머무르고자 했음에 대해서, 중생의 성불이야말로 부처님의 본래의 서원이라고 주장하여 누구나 부처가 될 수 있고, 부처의 길은 중생 누구에게나 열려있다. 이 새로운 운동을 대승이라는 이름으로 불렀다.

이 운동의 지도자는 법사(法師)라고 불린다. 법사의 기원은 어쩌면 출가 수행자 중에서 재가신자를 위해 붓다의 생애나 가르침을 설하는 전문가였는지도 모르지만, 기록을 통해서는 그 기원을 알 수 없다. 이들은 재가신자들의 지도자이든가 혹은 출가자이더라도 정식으로 구족계를 받지 않은 사람들이다. 그들은 부처님의 절대성과 자비성이 무한하다고 강조하였는데, 이는 불멸 후에 나타난 붓다 신격화의 결과이다. 즉 불전문학과 본생담(本生談) 등을 통해 범부와 다른 붓다에 대한 고찰을 발달시켰다. 그 결과로 부처님은 과거에 무한의 수행을 한 과보로 성불하리라는 수기를 받았다고 하며, 인행(因行)으로서 이타행을 주로 하는 육바라밀(六波羅蜜)의 수행을 설하게 되었다. 이러한 과거세 붓다의 체험을 일반화해서 자기 자신의 것으로 삼고자 결심하게 되었는데 이것이 새로운 운동의 출발점이었다.

대승불교의 성립은 종래에 볼 수 없었던 다양한 사상을 담고 있는 여러 가지 새로운 경전의 출현을 가져왔다. 이들 대승경전에는 불신관을 비롯하여 진리관·수행관·구제관 등의 방면에서 실로 엄청난 변화라 할 수 있는 새로운 내용을 바탕으로 하여 제각기 나름대로 특색있는 사상이 설해져 있다.

대승경전이 성립하면서 대승불교 자체에서도 여러 가지 새로운 현상이 발생한다. 그 가운데 가장 큰 변화는 대승경전에 대해 공양하고 숭배하고자 하는 요구와 법사를 존중하고자 하는 요망이다. 결국 경전이 불탑을 대신하여 숭배의 대상으로 되었으며 대승경전이라고 하는 법(法)의 절대화가 이루어진 것이다. 이는 새로운 가르침을 크게 유포시키려는 의도에서 이루어진 것이라고 볼 수 있다. 두 번째 현상은 성불도로서의 보살도가 정비되고 체계화된 것이다. 이 단계에서는 처음에 비판되었던 부파의 아비달마 교학을 다시 도입하게 된다. 이와 동시에 재가보살 대신 출가보살을 이상 상으로 여기게 된다.

대승불교가 점차 이론화되고 체계화되어감에 따라 결국 출가주의화와 아비달마화를 초래하여 이전의 불교가 걸었던 길을 답습하게 된다. 이에 대한 반성으로 밀교가 일어나지만, 이후 쇠락의 길을 걷다가 이슬람의 침략으로 인도에서 불교는 사라진다.

2) 불교의 소멸과 부활

(1) 불교의 소멸

인도에서 불교가 사라진 연도는 정확히 인도 최초의 이슬람 왕조인 델리 왕조의 아이박이 비끄라마쉴라 사원과 날란다 사원을 공격하여 파괴한 1203년으로 본다.

8세기부터 토르코계의 이슬람 세력이 서북인도에 들어오기 시작하였고, 11세기에는 가즈니 왕조, 고르 왕조가 북인도에까지 진출하였다. 특히 술탄 마무드는 중인도를 16회에 걸쳐 침략 약탈하였다. 이슬람교는 비관용적인 종교로서, 우상을 혐오한다. 그들은 인도에 이르러서도 아프가니스탄, 간다라 등의 서북인도에서 불상의 얼굴을 깎고 머리를 부수는 일을 자행하였다. 북인도에서도 인도 각 종교의 사원 조각을 파괴하였다. 그리고 13세기 초 완전히 무슬림 지배하에, 벵갈 및 비하르지방의 밀교 중심지였던 사원들은 철저하게 파괴되었다.

불교는 한때 인도에서 가장 큰 세력을 가진 종교로서 인도의 정신문명을 이끌었으며, 힌두교의 등장 이후에도 불교는 나름의 세력을 유지하고 있었다. 이슬람의 공격을 받은 것은 힌두교나 자이나교도 마찬가지였다. 하지만 그들은 살아남았고, 불교는 소멸하였다.

힌두교도 공격을 받았지만, 힌두교는 민중과 일체가 되어 있는 종교이다. 불교의 출가교단과 같이 민중으로부터 떨어져 독립된 출가교단을 갖고 있지 않았다. 이에 비해 불교는 민중으로부터 떨어진 교단조직을 갖고 있었으며, 거대한 사원을 이루고 거기서 출가자들이 집단생활을 하고 있었다. 따라서 그 사원을 포위한 다음 집중공격을 하면 쉽사리 불교를 섬멸시킬 수 있었던 것이다.

자이나교는 일반신도에 대한 교단의 통제력이 강하였기에, 광범위한 힌두세계에서 독립성을 유지하는 사회집단으로 존속할 수 있었다.

불교는 카스트를 중심으로 하는 힌두세계 내에 토착화하는 데 실패하였다고 할 수 있다.

불교의 쇠퇴는 이슬람교도의 침입이 큰 원인이 되었음은 의심의 여지가 없다. 사원이 파괴되고 승려는 살해되었으며, 네팔, 티베트 등지로 피난하지 않을 수 없었다.

불교를 외호하였던 왕가 또는 자산가가 몰락하였던 점도 간과될 수 없는 요인이다.

하지만 인도에 있어서 불교의 멸망은 단순히 이 같은 외적 요인 만에 의한 것은 아니다. 오히려 그 근본적인 원인은 불교 자체 내부에서 찾아보아야 할 것이다.

어느 순간부터 불교는 왕실과 거부들의 엄청난 경제적 지원을 바탕으로 풍요와 번성을 한껏 누리며 대중과 괴리된 채 철학적 · 종교적 사색에만 몰두하는 경향을 보이기 시작하였다. 그러는 동안 바라문교는 불교의 철학적 · 종교적 영향을 받아 새롭게 힌두교로 변모하여 인도인들의 삶의 기저에 파고들어 인도의 새로운 지도적 종교의 위상을 되찾게 되었다. 바라문교가 힌두이즘으로 부흥함에 따라 불교는 점차 힌두화되어 마침내는 본질적으로 구분하기가 불가능할 정도로 융합한 금강승의 성립을 보기에 이른다.

굽타왕조 이후 힌두교의 신들과 예배의례를 수용한 것이 한편으로는 불교의 토착화로도 간주되나, 실제로는 불교의 힌두교의 접근에 지나지 않았다. 불교는 점차 힌두 세계로 흡수됨으로써 자취를 감추게 되었던 것이다.

이 같은 교리적인 측면 외에 교단 내부적 측면으로는, 교단 구성원들의 타락과 부패상, 또는 교단 자체가 쇠진하여 재가신도를 충분히 양성하지 못하였다는 점이나 탁월한 사상가들이 인도 밖으로 유출되었다는 점도 쇠퇴의 원인이 되었다고 한다. 좌도 밀교에서는 탄트라적인 요소가 지나쳐서 방종으로 치달았고, 교단의 도덕적 해이도 매우 심각했다.

그리고 불교 교단이 갈수록 하층민 출신의 비중이 커져만 갔다는 점도 또 다른 요인으로 분석되고 있다.

그리고 신앙 양상의 변화도 불교 쇠퇴의 요인으로 분석하고 있다.

초기불교가 바라문교, 힌두교와 구별되는 가장 큰 특징은 제사 의식을 철저히 거부했다는 점이다. 그러나 대승을 거쳐서 금강승에 이르면서 불교에서의 의식은 매우 중시되었고, 힌두교와 크게 다를 바 없는 양상을 띠고 말았다. 또한 초기불교에서 부정되었던 유신론적 신앙에 점차 영향을 받아 각종 신격들이 불교 신앙의 한 자리를 차지하게 되었다. 더구나 대승의 보살 신앙과 다불 사상은 자력신앙을 중시하던 불교를 타력신앙으로 바꾸어 놓는 결과를 낳았다.

중생의 고통을 위로하고 없애기 위한 승단의 노력이 퇴색되어 갈수록 민중의 마음도 불교에서 멀어져 갔던 것이다.

그리고 분파의 대립도 불교를 쇠멸로 이끌었다.

불교 학파 간의 치열한 논쟁은 사상적 발전 측면보다는 그 수명을 단축시키는 데 큰 역할을 하고 말았다. 교단 내 학파 간의 논쟁은 불교도와 외도 간의 논쟁보다 훨씬 더 신랄하게 전개되었다. 일단 분열을 시작한 교단은 갈수록 구심력을 잃고 조직이 느슨해져서 분열이 가속화되었고, 결국 이러한 분열은 교단이 쇠약해지는 데 결정적인 요인으로 작용하게 되었다.

이상의 불교는 더 이상 인도인들에게 새로운 사회적 메시지를 던져주지 못했고, 결국 이슬람의 공격을 받고 허무하게 1800여 년의 역사에 종지를 찍고 말았다.

(2) 불교의 부활

인도에서 쇠퇴의 길을 걷던 불교가 다시 부흥하기 시작한 것은 19세기 말부터였다. 인도 땅에서 자취를 감춘 불교가 다시 되살아나는 데 선구자 역할을 담당했던 인물은 스리랑카 콜롬보 출신의 만년에 출가한 다르마팔라(1864~1933)였다.

1891년 7월 15일 다르마팔라는 인도 보드가야에서 불교가 사라진 지 무려 7세기 만에 다시 불교기를 세우기에 이른다. 하지만 그 당시 보드가야의 마하보디 사원은 쉬바파 힌두교가 점유하고 있었다.

그는 붓다가 깨달음을 얻었던 성지를 회복하기 위해서 1891년에 마하보디 협회를 세우고, 이듬해부터 『마하 보디 저널』을 발간하여 범세계적인 불교 구심체를 이루는 데 성공했다. 결국 마하보디 사원을 비롯한 주요 불교 성지들을 마하보디 협회가 관리할 수 있게 되었다. 다르마팔라는 인도 불교의 재건에 그치지 않고 전 세계에 불교를 포교하기 위해서 일생토록 변함없이 전진하였으며, 옛 성지들을 되찾아서 인도불교가 부활하는 기틀을 다졌다.

다르마팔라의 뒤를 이어 인도불교의 부흥에 앞장선 사람이 바로 인도 헌법의 아버지 암베드까르(189~1956)박사이다. 그는 1891년 인도의 최하층민인 불가촉천민으로 태어났다. 불가촉천민은 카스트제도의 네 계급에도 속할 수 없는 계급 바깥의 존재들로서 천하고 오염된 존재로 취급받는 사람들이다. 하지만 그는 뛰어난 재능으로 미국 컬럼비아대학을 거쳐 영국의 런던경제대학에서 박사학위를 취득하고 인도의 초대 법무부 장관에 오른 입지전적인 인물이다. 간디와 함께 인도 독립운동에 헌신하였으며 불가촉천민들의 인권과 권리를 위한 운동에 투신하였다.

그는 카스트 제도의 굴레를 벗어나는 길은 카스트 제도를 사회질서로 삼고 있는 힌두교를 떠나는 것뿐이라는 결론을 내리고, 차별과 학대를 명분화하고 있는 인도의 고대 법전인 마누법전을 공개적으로 불태운다.

1927년에 나는 힌두로 태어났지만 힌두로 죽지 않을 것이라는 유명한 연설을 하면서 탈힌두를 선언하였다.

암베드까르는 1953년에 인도불교협회를 창설하여 불교 대중화 운동을 이끌다가, 1956년 서인도 마하라쉬뜨라주의 나그뿌르에서 불가촉천민 60만 명을 이끌고 집단 개종의식을 치루면서 본격적으로 불교 부흥운동에 앞장섰다. 암베드까르 박사의 사후에도 여러 국제불교단체의 지원에

힘입어 집단 개종의식은 계속 이어지고 있다. 동시에 불가촉민들의 권익 보호와 사회의 불합리한 제도를 개혁하는 데 불교가 선도적 역할을 하고 있다.

그리고 최근 인도의 불교 부흥에 또 다른 요인 하나가 덧붙여지고 있다. 바로 티베트인들의 인도 유입이다. 중국의 박해를 피하여 티베트 불교도들의 인도 이주는 사실상 인도 불교의 확산에 도화선을 당기는 역할을 하였으며, 암베드까르의 신불교 운동보다도 훨씬 더 강한 영향을 주고 있는 것이 실제 현실이다.

다르마팔라로 인해 촉발된 인도 불교의 부흥은 암베드까르라는 혁명적인 인물의 등장으로 새로운 국면을 맞이하게 되고, 티베트 불교도들의 이주로 말미암아 인도에서 불교가 새롭게 부활하고 있다.

최근 인도에서는 불교 교육 및 인재 양성을 위해 불교계 대학을 설립하고 있으며, 인도 출신 승려의 수도 늘고 있는 추세이다.

1979년에 설립한 불교 단체인 범세계불교교단우이회는 문맹 퇴치, 어린이 교육, 도서관 설립, 보건 활동, 재난 구호 등의 여러 분야에서 활발하게 활동하고 있다. 현재 인도의 불교는 약 1000만 명의 신자를 지닌 종교로 성장했다.

2. 대승보살도

1) 보살의 의미

대승불교를 보살불교라고도 한다. 보살사상이 대승불교의 핵심 사상이기 때문이다.

보살(菩薩)은 보디삿트바(bodhisattva)의 음사한 보리살타(菩提薩陀)를 줄인 말이다. 보디(bodhi)는 깨달음이며, 삿트바(sattva)는 유정(有情)을 가리키므로, 보살이라는 말은 깨달음을 추구하는 유정(有情)이라는 의미다.

본래 보살은 붓다의 성도하기 전 단계의 명칭이다. 불전에서 석가보살, 수기보살로 제한적이었으나 대승에 와서 대승의 가르침을 믿고 보살도를 실천하는 모든 사람을 보살이라 한다.

대승경전의 미륵(彌勒), 관음(觀音), 보현(普賢), 문수(文殊)보살은 수행이 완성된 대보살(大菩薩)이고, 대승의 가르침을 믿고 지니며 실천하고자 노력하는 범부보살(凡夫菩薩)도 등장하였다.

대보살이 윤회의 사슬에서 벗어나지 않고 세상에 나와 중생을 제도한다는 것과 재가와 출가를 불문하고, 남녀, 빈부, 귀천을 불문하고 붓다의 깨달음을 추구하여 보살의 행을 닦는 사람은 누구나 보살이 될 수 있다는 사상은 기존의 보살관념에서는 볼 수 없었던 것이다.

대승 보살의 가장 큰 특징은 초기불교의 보살이 업에 의해서 태어나는데 반해 대승 보살은 자신의 서원에 의해 태어난다는 것이다. 즉 수행이 완성되면 윤회의 세계에서 벗어나는데 이들 대보살들은 중생을 구제하겠다는 서원에 의해 윤회의 세계에 돌아와서 중생을 제도하는 것이다. 그 래서 보살의 수행에는 서원(誓願)과 회향(廻向)이 대단히 중요시되고 있다. 서원이란 보살의 삶의 목표이며, 원동력이다.

회향은 치열한 수행을 통한 깨달음의 경험을 얻기까지의 모든 인연들에게 자신의 성취를 되돌려 주는 것이다. 즉 존재하는 모든 것은 실체가 없다는 연기·공적인 인식을 통해, 성취된 존재의 모든 인연을 그 상대방에게 되돌려 주는 것이다.

그러므로 회향은 지금 내가 쌓고 있는 모든 선행과 복업을 일체 중생을 위해서라는 방향으로 전환하지 않으면 안 된다. 보살은 나의 이익에서 타인의 이익, 나의 행복에서 타인의 행복을 위해 수행하고 정진한다.

이것은 보살이 단순히 자리의 깨달음만을 완성하는 사람이 아니라, 위대한 이타에 대한 완성을 지향하고 있는 사람임을 나타내는 것이다.

보살은 모든 것을 공으로 보고 그 어떤 것도 분별하지 않고 어디에도 집착하지 않는다. 심지어 깨달음이라는 것까지도 집착하지 않으므로 깨달음을 구하는 마음에도 집착하지 않는다.

자신이 열반에 들 수 있는데도 불구하고, 오히려 괴로워하는 중생들의 세계를 보고 그 속에 뛰어들어 그들을 구하고자 한다.

대승의 보살도는 누구의 강요에 의해 실천되는 것이 아니다. 각자 스스로의 발원(發願)에 의해 실천하지 않으면 안 된다.

대승의 여러 경전에서 그려내는 보살의 모습은 참으로 다양하다. 그러나 이들 보살 모두에게 공통되는 것은 그들이 모두 각각 원을 지니고 있다는 점이다. 육바라밀의 수행과 관련하여 보살은 성불의 수행을 위해 원을 세운다는 것이 중시되고 있다. 성불을 위해서는 오랫동안 자리이타의 행을 완성해야 한다. 그 때문에 보리심을 발한 보살은 어떠한 곤란에도 물러나지 않는 견고한 결의를 일으켜야 한다. 이 결의를 구체적으로 나타내는 것이 원이다. 자리와 이타를 위해 모든 보살이 일으키는 원은 나중에 사홍서원으로 구체화된다. 이것이 보살의 보편적인 원(총원總願)이다.

이처럼 모든 보살이 갖추어야 할 사홍서원과 같은 총원이 있지만 이보다는 이 시대 불자로서 실천 가능한 개별적인 원(별원別願)을 좀더 구체적으로 세워 행하는 것이 보살도를 실천하는 지름길일 것이다.

연꽃은 더러운 진흙탕 물속에서 자란다. 그러면서도 더러움에 물들지 않고, 맑고 청아한 연꽃을 피운다. 연못에는 온갖 더러운 물이 흘러 들어간다. 하지만 연꽃은 자신의 뿌리와 입을 통해 오염된 더러운 물을 받아들여 맑고 깨끗한 물로 만들어 내보낸다. 이러한 연꽃처럼 보살은 세속에 물들지 않을 뿐만 아니라 주변을 맑고 향기롭게 가꾸어 가는 사람을 말한다. 또한 보살은 자신이 보살도를 행하고 있음을 스스로 알리지 않는다. 그러나 다른 사람들은 그가 보살도를 행하고 있음을 자연적으로 알게 된다. 왜냐하면 향기는 바람을 거슬러 올라가기 때문이다. 우리 사회에서 진정한 의미의 연꽃과 같은 보살이 많으면 많을수록 이 사회는 윤택해질 것이며 그만큼 불국토는 가까워질 것이다.

2) 육바라밀(六波羅蜜)

보살의 수행에서 중요한 덕목으로 6바라밀을 들고 있다.

바라밀이란 pāramitā의 음사로서, 피안(pāra)에 이른(i) 상태(tā), 혹은 완성을 의미한다.

한역에서는 도피안(到彼岸)이라고 번역한다. 이때 도달, 완성이란 무차별의 공에 입각한 실천이다. 바라밀은 대승보살이 반드시 배우고 실천해야 할 기본행으로 남을 이롭게 하는 행위를 함으로써 곧 자기의 수행도 함께 완성된다는 입장이다.

결과에 집착하지 않고 끊임없이 닦아가야 하는 것이 바라밀의 참뜻이다.

(1) 보시바라밀

보시(布施)란 베푸는 것이다.

자기 것을 다른 사람에게 베푸는 것은 쉬운 일이 아니다. 자신을 비우지 않으면 실천하기 어려운 덕목이다.

베풂에는 물질적으로 베푸는 재시(財施), 진리의 말씀을 전하는 법시(法施), 두려움과 근심을 없애주는 무외시(無畏施) 3가지가 있다.

보시는 주는 자와 받는 자와 주는 물건에 어떠한 차별도 없는 것이 진정한 보시이다.

청과물 가게에 종사한 어르신이 평생 모은 수십억을 대학에 기부하기도 하신다. 그것도 아무 조건 없이 학생들 장학금으로 쾌척한다.

이처럼 보시바라밀, 즉 보시가 완성이 되기 위해서는 어떠한 차별도 없이 베풂이 이루어져야 한다.

보시를 행하면서 보시라는 선행에 집착하지 않고 공덕의 대가도 바라지 않는 무주상(無住相)의 보시가 보시의 완성, 보시바라밀이다.

(2) 지계바라밀

지계(持戒)란 계를 지킨다는 의미이다.

지계바라밀은 계를 지키고자 하는 생각이 없이 행위를 하더라도 저절로 지계에 어긋나지 않는 것을 말한다.

계에는 재가신자들이 지켜야 할 5계와 출가 비구와 비구니가 갖추어야 할 250계와 350계가 있지만, 대승의 보살계는 10가지 대계(大戒), 즉 산목숨을 죽이지 마라(不殺生), 남의 것을 훔치지 마라(不偸盜), 사음하지 마라(不邪淫), 거짓말하지 마라(不妄語), 이간질하지 마라(不兩舌), 욕하지 마라(不惡口), 꾸며내어 말하지 마라(不綺語), 탐욕하지 마라(不貪慾), 성내지 마라(不瞋恚), 어리석지 마라(不邪見)와 같은 10선계와 그 밖의 48가지 가벼운 계(輕戒)가 있다. 대승의 지계는 소승과 같은 수동적이고 타율적인 자리의 계율지상주의가 아니라 이타를 위한 능동적이고 자율적 정신을 강조한다.

계는 타율적인 혹은 강제적인 규제가 아니라 자발적인 규범으로서 자기 자신의 삶의 질서이다. 규범을 지키면서 살아가는 것은 결코 쉽지 않다. 그 질서가 무너질 때 자기 삶의 규범에 균열이 생긴다. 이런 지계의 실천을 지속한다면 자신의 한계나 자신의 부족을 극복할 수 있을 것이다.

(3) 인욕바라밀

인욕(忍辱)이란 참고 용서하는 것이다.

비난과 공격이 다양한 요인에 의해 일어나더라도 그것은 무지와 집착에 의한 것임을 깨달아 참고 용서하는 것이다.

요즘 층간 소음 문제, 보복 운전 등이 사회적 문제가 되고 있다. 사소한 갈등으로 생명을 잃기도 한다. 순간의 분노가 큰 불행을 가져 오는 것이다.

우리가 욕된 일을 당하여 참지 못하는 것은 진실로 내가 있다고 하는 생각 때문이다. 보살에게는 그러한 마음이 없다. 미움은 오직 참음으로써, 자비로써 극복되는 것이다. 화내는 것보다 더한 죄악은 없고 인욕보다 어려운 고행은 없다. 그러므로 최선을 다해 인욕바라밀을 닦아야 한다.

상대방의 입장을 이해하며 맞춰가는 인욕바라밀의 실천은 타인이나 이웃간의 허물이나 분노, 가족관계와 가정불화에도 중요하게 작용할 수 있다. 남을 탓하지 않고 자신을 되돌아보며 끓어오르는 분노와 증오의 감정을 다스림으로써 어려운 상황을 잘 해결할 수 있다.

(4) 정진바라밀

정진(精進)이란 나약함이 없는 부동심의 실천이며 불퇴전의 노력이다. 큰 발심으로 수행을 시작하기도 힘들지만, 그 마음을 놓치지 않고 끊임없이 실천하기란 더 힘들다.

보살은 중생 구제를 결코 포기해서는 안 된다. 불굴의 의지로 극복해 나가야 한다. 대승의 공관은 결코 허무에 의한 나태가 아니다. 한결같이 정성을 다해 끊임없이 계속하는 노력의 실천이다.

선법을 증장시키는 데 정진은 필수 불가결한 것이다. 중생의 정진은 본질적으로 자신의 이익을 위한 것이지만 보살의 정진은 집착함이 없는 이타의 정신에서 비롯된 것이다.

(5) 선정바라밀

선정(禪定)의 정은 삼매란 뜻으로 산란한 마음을 가라앉히고 고요히 사색하는 것이다. 명상이나 의식집중을 통해서 마음을 안정된 상태를 유지하는 것이다.

세계 실상이 무자성·공임을 삼매로서 직관하여 그것에 대한 집착으로부터 벗어나는 수행이라 할 수 있다.

(6) 반야바라밀

반야(般若)란 수승한 지혜라는 뜻으로, 사유분별의 망상을 떠난 지혜이다. 그러므로 불가득(不可得)이며 무소득(無所得)이다.

위의 다섯바라밀은 반드시 '반야바라밀'이 이끌어 줄 때 비로소 완성될 수 있다.

반야바라밀은 대승불교의 가장 중요한 핵심이 되는 개념이다. 모든 이들의 성불의 근거가 되는 것이다.

육바라밀 중에서 가장 중요한 것으로 반야바라밀이 언급되는 이유가 바로 여기에 있다.

육바라밀, 즉 여섯 가지의 덕목을 완성의 단계로 끌어올려 실천하는 것이 대승불교의 가르침이다. 이를 위해서는 반야바라밀, 즉 지혜의 완성이 선결되지 않으면 안 된다.

참고문헌

• 고영섭, 원효탐색, 연기사, 2001
• 금강대 불교문화연구소, 불교의 이해, 무우수, 2008
• 김미숙, 인도불교사, 살림출판사, 2007
• 나라 야스아키 저, 정호영 역, 인도불교, 민족사, 1990
• 다까사끼, 사사끼, 이노구찌, 쯔가모도 저, 권오민 역, 인도불교사, 경서
  원, 1985
• 대한불교 조계종 포교원, 불교개론, 조계종 포교원, 2012
• 목경찬, 연기법으로 읽는 불교, 불광출판사, 2014
• 법정, 그물에 걸리지 않는 바람처럼, 샘터, 1993
• 법정, 숫타니파타, 이레, 2007
• 불교교재편찬위원회, 불교사상의 이해, 불지사, 1997
• 불교교재편찬위원회, 불교와의 첫 만남, 2015
• 안양규, 부파불교연구 자료집.
• 이병욱, 인도철학사, 운주사, 2004
• 이자랑, 이필원, 도표로 읽는 불교입문, 민족사, 2016
• 해주, 불교교리강좌, 불광출판부, 1993
• 히라카와 아키라 저, 이호근 역, 인도불교의 역사, 민족사, 1991

3. 공사상(空思想)

1) 영화 매트릭스의 공의 이해

'매트릭스' 영화는 매우 여러 의미를 다중적으로 함축하고 있는 영화이다. 여기서는 불교의 공사상과 관련해서 살펴보기로 한다.

영화 속 네오는 낮에는 소프트웨어회사의 프로그래머로, 밤에는 컴퓨터 해커로 살아간다. 트리니티는 네오를 모피어스에게 인도하고, 모피어스는 네오에게 지금까지 살아온 세상이 매트릭스에 의해 조종되는 가짜 세상이라 일러준다.

모피어스는 말한다.

> 매트릭스는 모든 곳에 있어. 바로 이 방 안에도, TV 안에도 있지. 출근할 때도 느껴지고, 교회에 갈 때도, 세금을 낼 때도, 진실을 보지 못하도록 눈을 가리는 세계란 말이지.
> 네가 노예란 진실, 너도 다른 사람과 마찬가지로 모든 감각이 마비된 채 감옥에서 태어났지. 네 마음의 감옥. 불행히도 매트릭스가 뭔지 말로는 설명할 수 없어. 직접 보아야만 해.

모피어스는 말한다. "매트릭스는 일종의 시스템이다."

사람들은 시스템에 잘 길들여져서 오히려 시스템을 보호하려고 한다.

현실이 아닌 꿈속 같은 세상에서 살고 있지만, 그것이 이 현실인 양 착각하고 있는 것이다. 하지만 매트릭스 안에서 모든 것은 가짜다.

매트릭스는 통제 시스템으로, 우리가 노예란 진실을 보지 못하도록 통제되고 조작되는 세상이다.

지금 우리가 살고 있는 세상은 과연 진짜 세상일까? 가짜 세상일까? 이 세상은 실제로 존재하는 것일까?

불교의 입장에서 보면, 우리가 살고 있는 세상은 고정불변하여 실재하는 세계가 아니라, 매순간 변화하는 임의의 가상의 세계라고 한다.

모피어스가 말했듯이, 우리가 무엇을 하는지 문제의 본질을 직시하지 못한 채 미망에 사로잡혀 있는 상태는 종종 꿈을 꿀 때와 비교되곤 한다. 현실세계의 진정한 본성을 모르기 때문에 세계를 왜곡된 방식으로 지각하고 경험하게 된다는 것이다.

만일 우리가 느끼고, 맛보고, 냄새를 맡거나 볼 수 있는 것을 현실이라고 말한다면 현실은 그저 뇌에 의해 해석된 전기 신호들에 불과하고, 세계는 우리가 매트릭스라고 부르는 신경들 간 상호작용 시뮬레이션으로만 존재한다는 것이다. 우리는 꿈 세계에 살고 있는 것이다.

매트릭스는 통제 시스템이라고 했는데, 우리 현실 속의 보고 느껴지는 차별이라 볼 수 있다. 높고 낮음, 아름다움과 추함, 많고 적음의 이러한 차별에 익숙해져 있는 체계라 할 수 있다.

가상으로 만들어진 허구의 현실이며 대부분의 자기가 살고 있는 이 세계가 허구라는 것을 인식하는 것, 이것이 공의 세계라 할 수 있다.

내가 살고 있는 이 세계의 진짜 모습은 어떤 것인가라는 본질적 질문을 우리들 스스로 던진다.

매트릭스는 네오가 살고 있는 20세기 말의 전체 세계였고, 진짜의 2099년의 세계는 인간이 컴퓨터문명의 에너지원으로 전락한 종말 이후의 세계이다. 이것은 현실을 직시, 있는 그대로의 모습을 파악하여 현상계 차별이 허구임을 깨닫는 공의 세계라 할 수 있다.

우리 자신은 독립적으로 살아가는 존재이며 내가 보고 느끼고 맛보는 이 세계는 절대 불변의 진짜 세상이라고 믿고 싶어 할지 모르겠지만, 현실 속에서 우리는 감각기관과 또 다른 삶의 그물에 깊게 의존하고 있는 것이다.

그동안 진짜 세계라고 믿어 의심치 않던 거울 저편의 세계가 통합되면서 네오는 현실 세계에 눈을 뜬다.

모피어스는 계속해서 네오를 독려한다. 생각해서 알지 말고, 느끼고 믿으라고, 중요한 것은 행동하는 자기 자신이라고 말한다.

그리고 영화 속 동자승은 마음대로 숟가락을 휘었다 폈다하면서 말하기를, "스푼은 없다. 스푼을 휘려고 하지 말아요. 그건 불가능해요. 대신 진실을 깨달아야 해요. 스푼은 없어요. 휘는 것은 자신의 마음이죠. 당신의 마음이 휘면, 스푼도 휘어져요."

불교에서는 모든 존재 대상을 마음에 따라 달라지는 가변적이고 상대적인 것으로 파악한다.

스푼은 없다는 것을 공의 입장에서 이해한다면, 스푼을 어떻게 사용하는가에 따라 달리 명칭한다는 것이다. 식사할 때는 스푼, 폭력 수단으로 쓰일 때는 흉기가 될 수도 있다. 이처럼 스푼의 본질은 공하다는 것이다.

영화의 클라이맥스에서 스미스요원이 메트릭스 안 네오의 아바타를 죽이자, 네오의 뇌는 이 운명을 받아들여 실제 몸에서도 생체기능이 멈춘다.

하지만 사랑과 확신이 담긴 트리니티의 키스를 받고 되살아난다.

이제는 뼛속 깊이 본능적으로 자각하게 된다. 네오는 이제 부활뿐 아니라 초인적인 힘도 행사할 수 있는 자신의 아바타에 대한 통제력을 획득한 것이다.

현실과 가상이라는 이분법에서 그치는 것이 아니라 우주의 본질이 바로 하나라는 장엄한 깨달음으로 치닫고 있는 것이다.

이것은 현실과 가명의 세계 두 이변을 초월한 중도의 세계에 이른 것이라 하겠다.

네오가 인공지능을 향해 자비로운 경고를 하면서 영화는 끝난다.

너희가 거기 있다는 것을 알고 있다. 나는 너희가 있음을 느낀다. 너희는 우리를 두려워한다. 변화가 두려운 거야. 나는 미래에 대해 모른다. 이것이 어떻게 끝날지 너에게 알려주기 위해서 여기에 온 것은 아니었다. 어떻게 시작될지를 말해주기 위해 여기에 온 것이다. 이제 전화를 끊고 사람들에게 전부 다 보여주겠다. 진짜 세상을 보여주겠다. 사람들에게 너희가 없는 세계, 통제와 구속이 없는 세계, 경계나 국경이 없는 세계, 무엇이든 가능한 세계를 보여줄 것이다. 그 다음에 어떻게 할지는 알아서 하라고.

2) 공사상의 핵심

공(空)이란 용어는 불교사상의 근본적인 개념을 나타내는 말로 특히 반야경(般若經)을 비롯한 대승경전에서 강조되고 있다. 공의 원어는 sunya로서 '부풀어 오른', '속이 텅빈', '공허한' 등의 의미를 나타내는 말이다. 이것이 불교에 도입되어 공으로 한역되었다.

『반야경』의 공사상을 이론적으로 체계화한 사람이 용수(龍樹)이다. 용수는 남인도 사람으로서 불교와 타 종교에 정통한 사람이었는데, 나중에 중국에서는 '팔종의 조사'라고까지 추앙되었다.

용수보살전에 의하면, 용수는 남인도 바라문 출신이었다. 천성이 총명하여, 어릴 적에 네 가지 베다의 문장을 암송하고 뜻을 이해하였다고 한다. 젊은 시절 쾌락에 집착하여 친구들과 방탕한 생활을 하다가 친구의 죽음을 목도하고 크게 뉘우치고 불교에 귀의하였다고 전한다. 대승불교의 모든 사상은 용수로부터 비롯된 것이라 해도 과언은 아니다.

이 용수의 대표적인 저술인 『중론(中論, 中頌 Madhyamakakārikā)』을 중심으로 한 사상을 중관(中觀) 사상이라고 한다. 중관학은 용수에 의해 창안된 불교학의 한 분야이다.

용수의 Madhyamakakārikā(중송)은 구마라집에 의해 한역된 이래 보통 중론, 중관론이라고 불리워 왔다.

구마라집 한역본에, 승예(352~418)의 서문에 의하면, 중(中)으로서 이름함은 진실을 밝힘이요, 논(論)이라 불리는 것은 남김없이 말하고자 하는 것이라고 해석한 이래 중론이라 호칭한 것이다.

중론의 목적은 석존의 근본 가르침인 연기가 곧 팔불중도이며 그것이 곧 희론이 적멸한 공임을 해명하려는 것이다.

영화 화엄경 속 선재동자는 다음과 같이 공에 대해 말한다.

> 세상은 자신을 잃어 가면서 세상이 된다. 하늘은 구름을 잃어 허공
> 이 되고 강은 강을 잃어 바다가 되고 꽃은 꽃을 잃어 열매가 된다.

선재는 탐내고 어리석은 마음을 떠나 마음을 비워 허공이 되었다.

구름도 영원할 수 없고 강도 영원할 수 없다. 강은 흘러서 바다가 되고, 꽃은 시들어 열매를 맺고 더 시간이 지나면 사라진다.

이처럼 본래 스스로의 고유한 성품이 있지 않다는 것을 공이라 한다.

용수는 연기의 인연 관계를 떠나 있는 것을 자성이라 부르고, 자성이란 존재하지 않는 까닭에 무자성이며 공이라 한다.

무자성(無自性), 즉 자성이 존재하지 않는다는 것은, 이 세상에 존재하는 모든 사물 가운데 영원한 것은 아무 것도 없다는 뜻이다. 그래서 그것을 공이라고 표현한다. 그런데 이때의 공은 있다, 없다라는 상대적인 개념을 벗어난 것이다. 일면 초월적인 것이기 때문에 우리들의 피상적인 인식의 대상이 될 수 없다. 말이나 글로써 이 경지를 표현할 수 없는 절대 진여의 세계라 할 수 있다.

공은 본래 스스로의 성품(自性)을 가지고 있지 않다는 무자성(無自性)을 의미한다고 하였는데 쉽게 예를 들어보자.

큰 방도 원래 있지 않고 작은 방도 원래 있지 않다. 큰 방은 작은 방을

전제로 한 것이고, 작은 방도 큰 방을 전제로 해서 있는 것이다. 본래의 큰 방, 본래의 작은 방은 있을 수 없다.

원래 있지 않다는 것을 실체가 없다거나 무자성하다, 공하다고 표현한다.

큼과 작음, 아름다움과 추함, 부유함과 가난함, 똑똑함과 바보스러움, 더러움과 깨끗함, 긍정과 부정, 중생과 부처, 생사와 열반, 주장과 논파, 같음과 다름, 중심과 가장자리 등 이러한 개념들은 상대관계에 있는 개념이다. 이러한 언어 개념들은 연기 관계 속에서 성립한다. 그 어느 것도 홀로는 성립할 수 없다.

불은 반드시 연료와의 연기 관계 속에서 발생한다. 성냥불은 성냥개비가 있어야 하고, 라이터불은 라이터기름이 있어야 하고, 장작불은 장작이 있어야 한다.

연료 또한 불을 떠나 있을 수 없다. 장작도 불이 붙기 전에는 연료라 할 수 없고, 짚단도 불이 붙기 전에는 연료라 할 수 없다. 장작을 폭력 수단으로 쓸 때는 흉기가 되고, 집을 짓는 데 쓰면 건축자재가 된다. 짚단도 짚신으로, 새끼줄로 쓰일 수 있다. 이렇듯 중관학에서는 언어 개념이 실체가 없는 공임을 논증한다.

언어 개념들이 모여 판단을 이룬다고 하는데, 판단 역시 네 가지 사유 형태(사구四句)로 분석하여 오류가 있음을 논증한다.

'모든 것은 인식수단에 의해 파악된다'는 불교 논리학의 판단을 놓고 보자.

모든 것이 인식수단에 의해 파악된다고 할 경우, 그런 인식수단 역시 모든 것에 포함되기에 그런 인식수단을 파악하는 제2의 인식수단이 필요하게 되고, 제2의 인식수단 역시 모든 것에 포함되기에 그것을 인식하는 제3의 인식수단이 필요하다. 이러한 무한소급의 오류가 발생한다.

인식수단만은 그것을 인식하는 다른 인식수단 없이 스스로 성립한다고 주장한다면, 모든 것은 인식수단에 의해 파악된다고 하는 애초의 주장이 일관성을 잃는다.

이와 같이 진리적 내용을 담은 판단이라 하더라도 언어 문자로 표현한 이상에는 이처럼 오류가 발생한다는 것이고, 따라서 판단 역시 공하다는 논증이다.

문자를 세우지 마라(不立文字)는 선가 격언의 판단이지만 이것 역시 오류가 발생한다.

불립문자라는 격언이 보편타당한 진리이지만 자가당착에 빠진 말이다. 문자를 세우지 말라고 하면서 불립문자라는 문자는 세우고 있는 것이다.

모든 집착을 다 내려놓아라(放下着), 이것 또한 모든 집착을 다 내려놓아라 하면서도 모든 집착을 다 내려놓아라는 말은 가슴 깊이 새기고 있는 것이다. 이것 역시 자가당착에 빠진다.

판단이 모여 추론을 형성한다고 하는데, 추론 역시 전적으로 타당하지 않다고 논증한다.

'삼보가 파괴된다. 모든 것이 공하기 때문이다'는 상대 논적의 추론에 대하여, 용수는 '삼보가 파괴된다. 모든 것이 공하지 않기 때문이다'라고 주장한다.

상대의 추론에 상반되는 추론을 제기함으로써 그 추론의 주장이 전적으로 타당하지 않음을 논증하는 것이다.

중관학에서는 개념, 판단, 추론의 사유의 3단계 과정 모두를 비판한다. 개념은 실체가 없다, 판단은 사실과 무관하다, 추론은 상반된 추론이 가능하다고 기존의 논리학을 비판하기 때문에 중관학을 반논리학이라고 한다.

3) 팔불중도

붓다의 중도사상을 새로운 시대 상황에서 이론적으로 재구성한 용수는 『중론』에서 팔불중도를 설하고 있다.

용수는 중론의 귀경게에서 공의 의미를 여덟 가지 부정을 통해서 밝히고 있다. 이것을 팔불중도라고 한다.

팔불중도는 생멸·단상·일이·거래 등 여덟 가지의 이변 양극단에 치우치는 편견의 모든 희론을 비판 부정하여 중도실상을 밝힌 것으로서, 팔불의 파사(破邪)가 바로 현정(顯正)의 중도라는 것을 말하는 것이다.

불생불멸(不生不滅) … 생하는 것도 아니며, 멸하는 것도 아니다.
부단불상(不斷不常) … 단절된 것도 아니며, 항상하는 것도 아니다.
불일불이(不一不異) … 동일한 것도 아니며, 다른 것도 아니다.
불거불래(不去不來) … 가는 것도 아니고, 오는 것도 아니다.

불생·불멸·불상·부단·불일·불이·불거·불래의 팔불은 극단적인 이변에 치우친 견해를 부정하는 것이다. 유와 무, 부정과 긍정의 양극단을 넘어선 중도를 의미한다.

용수 중론을 주석한 청목의 해석에 따라 살펴보자.

태초의 곡식이 없었다면 지금의 그런 곡식은 있을 수 없다. 만일
태초의 곡식이 없이 지금의 곡식이 있는 것이라면 응당 생이 있다

고 해야 하리라. 그러나 그렇지 않다. 그러므로 불생이다.

태초의 곡식이 완전히 소멸했다면 지금은 곡식이 없어야 할 텐데

실로 곡식이 있다. 그러므로 불멸이다.

깨달은 자의 입장에서는 생에도 치우치지 않고 멸에도 치우치지 않는다. 모든 사물의 생은 인연이 화합하여 나타난 것이며 멸하는 것도 인연이 다되어 사라지는 것일 뿐이다. 그래서 '불생불멸'이라는 마음가짐을 가지는 것이다. 그래서 중도다.

바람에 의해서 파도가 생기고 사라지지만, 바다의 입장에서 보면, 파도는 생겨나는 것도 아니고, 사라지는 것도 아니다. 단지 출렁거릴 따름이다.

곡식은 곡식으로 항상하지 않고 싹은 싹으로 항상하지 않는다. 곡식

에 외적인 조건을 가하면 싹이 튼다. 그러므로 불상이다. 곡식과 싹

이 단절되어 있다면 곡식에서 싹이 날 수가 없다. 그러므로 부단이다.

단견에 떨어진다는 것은 이 세상의 모든 것은 아무 것도 없는 것이라는 생각이고, 상견이라는 것은 이 세상의 모든 존재가 그대로 영원히 있다는 입장이다.

'부단불상'의 입장은 이 세상의 모든 것은 인연 따라서 생멸하는 것이라고 보는 것이다. 모든 것은 연기로 인해서 성립하는 것이므로 인연 따라서 생겼다가 사라진다. 그러므로 있다고 할 수도 없고 없다고 할 수도

없는 것이다. '불생불멸'과 마찬가지 논리이다. 그러므로 공이라고 하는 것이다.

> 곡식은 곡식이고 싹은 싹이다. 곡식과 싹은 동일한 것이 아니다.
> 그러므로 불일이다.
> 곡식에서 싹이 나오기 때문에 곡식과 싹이 다른 것도 아니다. 불가
> 분의 관계를 가지고 있는 것이다.
> 그러므로 불이이다.

이 세상의 모든 것은 전부 동일한 것이라고 보는 것이 일견이다. 반대로 이 세상의 모든 것은 전부가 다 별개라고 보는 것이 이견(異見)이다.

불일불이의 입장은 모든 것은 진리의 본체에서 보면 동일한 원리이지만 현상계의 사물이 서로 다른 것이 일시적인 것이 아니라 영원히 다른 현상인 것처럼 집착하는 견해를 부정하는 것이다.

> 곡식에서 트는 싹은 어디에서 오는 것이 아니다. 오는 것이라면 나
> 무에 새가 날아와 깃들 듯이 다른 곳에서 와야 한다. 그러므로 불
> 래이다.
> 만일 나가는 것이라면 뱀이 굴에서 나가듯이 싹이 씨앗에서 나가
> 는 것이 보여야 하리라. 그러므로 불거이다.

불래는 모든 유정들이 육도의 윤회를 하는 도중에 이 세상에 왔음에도

불구하고 영원히 온 것처럼 고집하는 것을 부정한다.

불거는 마음을 닦고 번뇌를 끊음으로써 윤회를 해탈하여 본원의 진여 세계로 돌아감을 망각한 중생들을 깨우쳐 준다.

4) 연기 · 공 · 가명 · 중도

용수보살은『중론』의「관사제품」의 짧은 게송에서 중도를 설명하면서 공의 의미를 밝히고 있다.

중인연생법 아설즉시공(衆因緣生法 我說卽是空)
역위시가명 역시중도의(亦爲是假名 亦是中道義)

갖가지의 인연으로 생겨난 법을 나는 그것을 공이라고 말한다.
또한 그것은 가명이라 하고 또한 그것은 중도의 뜻이다.

용수는 인연으로 생겨난 법, 즉 연기를 공이라고 규정하고, 또한 가명이며 중도라고 하고 있다.

연기=공=가명=중도라는 주장이다.

이 세상 모든 것들이 공하다면 어떻게 그 공의 세계를 체득할 수 있을까. 용수는 공(空) · 가(假) · 중(中) 삼제(三諦)의 논리를 제시한다.

꽃은 아름답다. 그러나 그 꽃의 아름다움은 영원히 지속될 수 없다. 젊은 시절도 영원하지는 않는다. 이 세상의 모든 것들은 변하고 흘러간다. 사물이 공임을 파악해야 한다.

예컨대 한 떨기 아름다운 꽃이 피었다고 가정하자. 그 꽃의 본성은 결코 아름다움만은 아니다. 지금 향기로운 자태를 드러내고 있지만 그 인연이 다하면 꽃은 시들고 언젠가는 사라진다. 그 꽃은 아름다움만도 아니고 추한 것만도 아니다. 꽃은 그 본성이 공한 것이다.

　아름다움도 영원하지 않고 추함도 영원하지 않는다. 하지만 아름다움과 추함에 집착해서 분별을 한다. 아름답다고 즐거워하고 추하다고 괴로워 한다.

　꽃의 본성이 공한 것처럼, 내가 학교에선 선생이 되고 집에서는 자식이 되기도 하고, 학원에 다니면 학생이 되듯이 나의 본성은 고정된 실체가 없는 공한 것이다.

　오직 인과 연에 따라 흘러간다. 이렇게 인연에 따라 생겨난 모든 것을 용수는 공이라고 하였다. 이때의 공이란 아무것도 존재하지 않는다고 하는 허무의 생각이 아니다.

　꽃의 본성은 공하지만 그 순간의 꽃은 아름답기도 하고 추하기도 하는 것이다. 이것을 임의로, 거짓의 이름(가명)으로서, 아름다운 꽃 추한 꽃은 실재한다고 하는 것이다.

　영화 속, 매트릭스의 세계라 할 수 있다. 현상계 차별을 인정하는 가명임을 깨닫는 것이다. 하지만 이 세상의 모든 것들은 헛된 것이라는 점을 먼저 깨달아야 한다. 꽃의 속성이 아름다움에만 있는 것이 아니므로, 그 아름다움에만 집착하는 것은 올바른 태도가 못된다. 그 양면성을 함께 보아야 한다.

　지금 눈앞에 펼쳐진 아름다운 꽃의 모습이 영원할 수 없기 때문에, 지금 이 모습은 거짓이라는 것을 간파해야 한다. 잠시 우리들의 눈앞에 아름다움의 인연을 만들어 놓았을 뿐, 언젠가는 아름답지 못한 추한 모습으로 변한다는 것을 깨달아야 한다.

이 세상의 모든 것들은 변하고 있다. 변하는 것 속에서 변하지 않는 실체를 인정하려는 그릇된 생각을 가져서는 안 된다. 이것이 가의 원리이다. 요컨대, 공이기 때문에 가(假)라고 하는 것이다. 지금 우리들 눈앞에 전개되고 있는 현상적인 모든 것들은 결코 영원하지 못하다.

그런데 이 세상은 철저한 공의 세계와 그렇지 않는 세속의 세계가 함께 존재한다. 세속의 세계는 분명히 우리들의 주변에 상존하고 있다. 그리고 세속의 세계에는 분명히 생멸도 있으며 거래도 있다. 그러나 공의 세계에는 생멸이 있을 수 없다. 그러므로 이 진과 속이 서로 어울려서 이 세계를 이룩하고 살아간다고 할 수 있다.

우리가 비록 이 세속을 살아가지만 궁극적으로 추구해야 될 세계는 열반의 세계이다. 용수에 따르자면 공의 세계이다. 그 진실한 세계를 구현하기 위한 실천적인 삶의 태도가 필요하다.

이 세상의 모든 것들이 인연으로 이루어져서 공이라고 한다면, 우리는 실천적인 의지로써 중도를 표방해야 할 것이다. 이 세상이 영원하다고 하는 것에 집착해서도 안 되고, 동시에 이 세상이 영원할 수 없기에 서글프다고 하는 생각에도 집착해서는 안 된다. 마찬가지로 중도에도 집착하지 않는 것, 그것이 바로 중도의 참된 의미이다.

꽃의 아름다움에도 집착하지 않고, 추하게 시들어도 서러운 마음을 내지 않는 것, 양 극단을 벗어나 초월한 경계가 중도인 것이다. 아름다움과 추함의 중간, 어중간하게 아름답고 추한 것이 아니라, 아름다운 것도 초월하고 추한 것도 초월한 경계를 말하는 것이다.

좋게 보거나 예쁘게 보는 것도 편견이고, 더 나아가서 나쁘게 보거나 밉게 보는 것도 치우친 생각이다. 좋다는 감정은 그 이면에 좋지 않은 것에 비해서 그렇다는 개념이고, 나쁘다는 감정도 역시 그 이면에는 좋은 것에 반해서 나쁘다는 개념이므로 그렇다. 좋은 것에 대한 애착, 나쁜 것에 대한 혐오, 이러한 치우친 생각을 벗어나는 것이 중도다.

그래서 용수는 공과 가, 그 다음에 중의 원리를 말하였던 것이다. 공이고 가이기 때문에, 가 아닌 것에 집착해서도 안 되지만 가인 것에도 집착해서도 안 된다. 그 양면성을 모두 벗어날 줄 아는 것이 진실한 중도의 세계라는 것이다.

용수는 이 세상의 모든 것이 여러 가지 인연의 화합으로써 성립된 것이므로 연기를 주장하고, 그 하나하나에 어떠한 불변하는 고유의 자성이 있지 않기 때문에 공이라 하였다.

모든 것이 그 본질은 공하지만 현상계에는 아름다움도 있고 추함도 있다. 임의로서는 존재하기 때문에 가명이라 밝힌 것이다. 하지만 가명의 단계에서 본질의 중도의 세계로 넘어 간다. 아름다움에도, 추함에도 집착하지 않는 양 극단을 초월하는 실상의 세계, 중도를 밝히고 있는 것이다.

4. 승랑의 이제합명중도 전개

　용수의 공사상은 동아시아에 전해져 삼론학을 형성한다.

　삼론학은 용수의『중론』·『십이문론』과 제자 아리야데바의『백론』이 세 가지 논서에 의거한 교학이라는 의미다.

　중국적 중관학인 삼론학은 수나라 길장(549~623)에 의해 집대성된다. 길장은 자신의 저술 도처에서 자신의 학문이 고구려 출신의 승랑(450~530 경)에게서 유래한 것임을 역설하고 있다.

　여기서는 삼론을 교학의 중심에 위치시킨 신삼론학의 시조라 할 수 있는 고구려 승랑의 공사상을 살펴본다.

1) 이제합명중도의 개념 이해

　이제합명중도(二諦合明中道)는 두 가지 진리인 세간 통용 진리[世諦, 世俗諦]와 출세간적 진리[眞諦, 勝義諦, 第一義諦]를 종합하여 그 어디에도 치우치지 않는 '제삼제'(第三諦)라는 이름의 진리성을 밝혀내는 중도를 말한다. 이제합명중도는 고구려의 승랑(僧朗)이 중도의 진리를 드러내는 방법으로 주장한 것으로서, 승랑(僧朗) 상승(相承)의 삼론학파(三論學派)의 삼종중도론(三種中道論) 속에서 전개한다. 삼종중도론은 세제중도(世諦中道)·진제중도(眞諦中道)·이제합명중도라고 하는 세 가지 중도를 밝히는 주장이다.

　이제의 진리성 각각을 밝혀내는 두 가지 중도론[이제각론중도]과 승랑이 이 이제를 종합하여 새로 건립한 '제삼제'의 진리성을 밝혀내는 중도론

[이제합명중도]를 합쳐서, '삼종중도론'이라 이름하였다.

세제중도나 진제중도는 세제(世諦)와 진제(眞諦)의 '참다운 진리성'을 뜻하는 것이고, 이제합명중도도 이제(二諦)를 지양(止揚)·합론(合論)하여 건립한 제삼제의 참다운 진리성을 가리키는 말이다. 이와 같은 '세 가지 불교 정법'을 논증하는 것이 바로 삼종중도론이다.[1]

길장의『중관론소』(中觀論疏)에서는 삼종중도를 다음과 같이 정의한다.

세제는 가생(假生)·가멸(假滅)이다. 가생이라면 생이 아니다. 가멸이라면 멸이 아니다. 불생불멸(不生不滅)을 세제중도라 한다. 비불생비불멸(非不生非不滅)을 진제중도라 한다. 이제합명중도는 비생멸비불생멸(非生滅非不生滅) 바로 이것이 합명중도(合明中道)다.

승랑을 계승한 삼론학파의 삼종중도는 주로 성실학파(成實學派)의 중도를 비판하면서 전개한다.

성실학파가 주장하는 생멸은 인연상대(因緣相待)로서의 생(生)과 멸(滅)이 아니다. 생은 스스로의 성품을 가진 생으로서 멸에 의존한 생이 아닌 자체적인 생[自生], 즉 실생(實生)으로 본다. 멸은 스스로의 성품을 가진 멸로서 생에 의존한 멸이 아닌 자체적인 멸[自滅], 즉 실멸(實滅)로 본다.

따라서 삼론학파는 성실학파의 실생(實生)·실멸(實滅)의 주장은 두 극단이므로 중도가 아니라고 비판하고 있다.

1) 金仁德,「僧朗 相承 三論學의 三種中道論(1)」『한국불교학』제24집, 한국불교학회, 14면.

이에 대하여 삼론의 중도는 연기 관계 속에서 전개한다.

삼론가의 생멸은 인연상대의 생멸이다. 생은 멸에 의한 생, 멸은 생에 의한 멸이다. 생은 스스로의 생(自生)이 아니지만 단지 세제이기 때문에 생을 가설한다. 멸은 스스로의 멸(自滅)이 아니지만 단지 세제이기 때문에 멸을 가설한다. 가생이면 불생이고 가멸이면 불멸이다. 불생불멸을 세제중도라 한다.

세제의 생멸에 대해서 진제의 불생멸을 밝힌다. 공(空)을 의지한 유(有)로서 세제로 삼으므로 세제는 가생가멸(假生假滅)이다. 유(有)를 의지한 공(空)으로서 진제로 삼으므로 진제는 불생불멸이다. 이 불생불멸은 실체적인 불생불멸이 아니다. 세제의 가생을 상대(相待)하여 진제의 가불생(假不生)을 밝힌다. 세제의 가멸(假滅)에 상대(相待)하여 진제의 가불멸(假不滅)을 밝힌다. 비불생비불멸(非不生非不滅)을 진제중도라 한다.

이제합명중도는 무생멸(無生滅)의 생멸(生滅)을 세제(世諦)로 삼고, 생멸(生滅)의 무생멸(無生滅)을 진제로 삼는다. 무생멸을 의존한 생멸이 어찌 이것이 실체적인 생멸이겠는가? 생멸을 의존한 무생멸이 어찌 이것이 실체적인 무생멸이겠는가? 그러므로 비생멸비무생멸(非生滅非無生滅)을 이제합명중도라 한다.

성실학파는 생멸을 자체적인 생멸, 즉 실체적인 생멸로 보고 있다. 하지만 승랑의 사상을 계승한 삼론학파의 길장은 자체적인 생멸을 논파하고 인연상대의 입장에서 생멸을 논증한다. 생멸은 실체적인 생멸이 아니므로 이것은 가생가멸(假生假滅)이며, 가생멸(假生滅)은 실체의 생멸이 아니기 때문에 세제의 입장에서 보면 불생불멸이다.

세제중도란 가유(假有)의 입장에서 자성의 생멸을 비판하여 불생불멸을 밝힌 것이다.

따라서 세제중도의 불생불멸에서 '불생'과 '불멸'의 의미는 세제의 '가생'(假生)과 '가멸'(假滅)을 부정하는 것이 아니라, '실생'(實生)·'실멸'(實滅)이라는 실체적 '생'·'멸'을 부정한 것이다. 그러므로 세제중도에서 표현하는 불생불멸의 '생'과 '멸'은 세제에서 가생가멸(假生假滅)이라고 할 때의 가명(假名)으로 생하는 '생'과 가명(假名)으로 멸하는 '멸'의 의미와는 다르다.

현상적 생멸을 말할 때, 이에 상응하는 실체적인 생멸이 존재한다고 추리할 수 있을 것이다.

이런 편견을 시정하기 위해 세제중도가 도출된 것이다.

길장은 또 세제 가유(假有)의 생멸(生滅)에 상대하여 진제(眞諦)의 불생멸(不生滅)을 밝힌다.

진제의 불생멸도 그 자체의 불생멸이 아니다. 세제 가유(假有)의 가생멸(假生滅)이 불생멸임을 진제중도로 설명한다.

진제중도는 가불생멸을 비판하여 불생불멸을 밝힌 것이다. 이것은 공(空)의 불생불멸을 비판한 것이다. 그러므로 길장은 가유(假有)의 가생멸(假生滅)과 공(空)의 가불생멸(假不生滅)로 이제의 중도를 드러낸 것이다.

진제중도는 세제중도의 실체적인 '생'과 '멸'을 파하여 밝혀진 '불생'·'불멸'의 의미에 다시 실체성을 부여하는 '실불생'(實不生)·'실불멸'(實不滅)을 파하면서 논증된 것이다.

불생불멸은 이미 생멸을 통해 성립한 개념이다. 일종의 상대적 개념이다. 따라서 불생불멸은 세제중도인 동시에 가(假)의 진제라고 하는 것이다. 즉 진제 안에서는 이 불생불멸도 가(假)의 의미일 수밖에 없는 것이다.

그러나 일부 이를 바탕으로 극단적인 실체적 불생개념을 도출할 수 있다. 이것은 가생멸이란 관계에서 실체개념을 유추하는 잘못과도 같다. 이런 잘못을 시정하기 위해 세제중도가 도출되는 과정을 이미 보았다.

이와 같이 불생불멸을 생멸에서 도출할 때(世諦中道) 어떤 사람은 다시 불생불멸의 실체성을 다시 관념짓게 된다.

따라서 불생불멸의 실체성을 다시 부정하기 위해 비불생비불멸(非不生非不滅)이라고 표현하여 이를 시정할 수 있는 것이다.

이것은 '불생'·'불멸' 자체의 실체성을 부정한다는 입장에서 중도를 드러낸 것이다. 실체적 생을 부정한 '불생'이 다시 하나의 개념이 되어 '불생'이라는 실체적 개념이 존재하는 것처럼 오해되는 것을 시정하기 위해 다시 비(非)라는 표현을 덧붙여 불생을 부정하는 입장이다. 그러므로 진제중도의 비불생비불멸(非不生非不滅)에서 '불생'과 '불멸'의 의미는 세제중도가 불생불멸이라고 할 때의 '불생'과 '불멸'의 의미와는 달리 쓰였음을 알 수 있다.

이제합명중도의 비생멸비불생멸(非生滅非不生滅)은 앞의 불생불멸(不生不滅)을 비생멸(非生滅)로 표현하고 비불생비불멸(非不生非不滅)을 비불생멸(非不生滅)로 표현한 것으로 이해할 수 있다.

현상적인 생멸을 실체적 생멸로 받아들이는 오류를 지적하여 실체적 생멸을 부정하면서 불생불멸을 세제중도로 도출하였다. 불생불멸의 실체성을 다시 관념짓는 잘못을 시정하기 위해 비불생비불멸(非不生非不滅)

을 진제중도로 도출하였다. 그러나 중도는 세제중도 · 진제중도 따로 존재하는 것이 아니다. 단지 중생의 실체적 '생멸'(生滅) · '불생불멸'(不生不滅)의 관념을 깨우치고자 방편적으로 세제중도 · 진제중도를 설한 것이지, 본체(本體)의 중도는 둘이 아니다.

무생멸의 생멸은 그 자체로 있는 것이 아니며 생멸의 무생멸도 그 자체로 있는 것이 아니므로 길장은 다시 이 둘을 인연상대, 즉 이제상즉의 관계로 두어 비생멸비무생멸(非生滅非無生滅)로써 이제합명중도를 밝혔다. 이것은 가유(假有)와 가공(假空)을 비판한 것이다.

이와 같이 이제합명중도는 세간 세속적 진리인 세제(無生滅의 生滅)와 출세간적 진리인 진제(生滅의 無生滅)를 초월한 절대적 진리성을 밝혀내는 단계로서 중도불이(中道不二)의 체중(體中)을 밝히고 있다. 진속(眞俗) 이제(二諦)의 두 진리를 합친 제3의 진리를 '제삼제'라고 이름하면서, 이것을 중도론으로 변증해내는 승랑의 '이제합명중도론'이 여기에서 밝혀지는 것이다.

2) 중도의 역사적 전개 및 용례

이러한 승랑을 계승한 삼론학파의 삼종중도론은 어떠한 역사적 과정 속에서 성립하게 되었을까? 이것은 붓다의 중도사상의 전개 발전과정을 살펴봄으로써 자연히 드러날 것이다.

(1) 아함(阿含)의 중도설

아함에서는 팔정도와 십이인연을 중도로서 설하고 있다.

① 고락중도설(苦樂中道說)

『초전법륜경』에서는 팔정도를 중도로서 제시하고 있다. 쾌락주의와 고행주의의 가치관을 모두 부정하여 어느 한쪽에도 치우치지 않는 팔정도의 중도사상이 드러나 있다.

고락중도설은 붓다가 걸어갔던 성도의 길이자 수행자가 마땅이 취해야 할 길로서 실천적인 중도설이라 할 수 있다.[2]

---

2) 金東華, 『佛敎學槪論』(서울:寶蓮閣, 1984), 108면.

② 자작타작중도설(自作他作中道說)

붓다는 '고(苦)는 자작(自作)인가, 타작(他作)인가, 자타작(自他作)인가, 비자비타무인작(非自非他無因作)인가'라는 물음에 대하여 무기(無記)의 태도를 취한다. 네 가지 견해는 각각 우빠니샤드 · 숙명론 · 자이나교 · 유물론의 주장이다. 붓다는 이들 사견을 모두 배척하고 십이연기설의 중도 이치를 통해 고의 생기와 소멸 과정을 체계적으로 정립하여 설명하고 있다.

십이연기설은 존재의 본질을 추구하는 무의미한 철학을 버리고 중도의 올바른 방법으로 세계를 바라보게 한다.

여기서는 십이연기가 중도에 의한 정도(正道)의 근거로서 제시되고 있다.

③ 단상중도설(斷常中道說)

단상중도는 상견(常見)과 단견(斷見)을 떠난 중도를 밝히는 붓다의 사상적 견해이다.

무아설(無我說)의 입장에서 본다면 자아의 상주(常住) · 단멸(斷滅)의 문제는 무의미할 수밖에 없다. 그러나 붓다의 무아설은 단순한 부정이 아니라 그 근저에 연기설이라는 이론적 토대가 자리잡고 있는 것이다.

여래는 단상(斷常)의 이변을 떠나 중도에 의해 설한다고 한 다음 십이연기설을 설하고 있음에도 알 수 있다. 단상중도도 십이연기설에 의해 중도의 세계를 설하고 있는 것이다.

④ 일이중도설(一異中道說)

자아가 상주불멸하는가, 단멸하는 것인가 하는 문제는 영혼[命]과 육체 [身]의 일이(一異)의 문제와 밀접한 관계가 있다.

『잡아함경』에서, 여래는 영혼과 육체가 동일하거나 다르다고 하는 견 해 모두 파척한다. 영혼과 육신이 동일한 것이라면 육신의 죽음과 함께 영혼도 사라지기 때문에 생사에서 해탈이란 불가능하며, 육신은 죽어도 영혼은 죽지 않는다고 해도 마찬가지로 해탈이 불가능하여 두 경우에 범 행(梵行)을 하는 것은 무의미하다고 설하고 있다.

이러한 모순은 적취설(積聚說)이나 전변설(轉變說)의 그릇된 사고방식에 서 비롯된 것이다. 일이중도설도 십이연기설에 의해 일이(一異)의 이변을 지양하는 중도의 세계를 설하고 있다.

⑤ 유무중도설(有無中道說)

실천적 측면에서 설해진 고락중도는 그 내용이 팔정도였다. 그리고 팔 정도의 실천적인 면에 있어서 그 출발이 되는 정견이 문제되었을 때 이 론적 측면에서 설해진 자작타작중도(自作他作中道), 단상중도(斷常中道), 일 이중도(一異中道) 등은 그 내용이 연기법이었다. 유무중도(有無中道)는 이들 이론적 측면에서 설해진 중도를 총괄하는 중도라 할 수 있다.

왜냐하면 자작타작(自作他作), 단상(斷常), 일이(一異)의 모순대립은 본질 적으로 유무(有無)의 모순대립에서 비롯된 것이기 때문이다. 자작타작의 대립은 상주하는 고(苦)의 작자(作者)에 대한 유무 이견(二見)의 모순대립이고, 단상(斷常)의 모순대립은 불멸하는 자아의 존재에 대한 유무 이견의 모순대립이며, 일이(一異)의 모순대립은 영혼이라는 존재에 대한 이견의 모순대립인 것이다.

붓다는 외도의 모든 사상을 유무(有無) 이견(二見)으로 분류하고 있으며, 이 같은 사상은 아무리 배우고 익혀도 결국 그 법을 따를 수가 없으므로 이들 사견을 버려야 한다고 강조하고 있다.[3]

『잡아함경』에 의하면, 유견(有見)과 무견(無見)의 두 사견 때문에 괴로움을 받는다고 한다. 세간의 집(集)과 멸(滅)을 여실히 정관(正觀)하면 세간이 없다거나 있다라는 사견이 일어나지 않는다. 그리하여 여래는 이러한 이변을 떠나서 중도를 설하고 있다. 이것이 유무중도설이다.

여기서는 세간을 유·무라고 할 수 없는 근거로서 십이연기설을 제시하여 중도를 설명하고 있다. 우리의 의식에 어떤 인식된 내용이 일어날 때 우리는 이것을 있다[有]고 하며, 그 내용이 우리의 의식에서 사라지면 없다[無]고 한다. 하지만 이를 중도실상(中道實相)에서 정관(正觀)하면 모든 것은 연기한 것이므로 있다고도, 없다고도 할 수 없는 것[非有非無]이다.

십이연기의 집(集)·멸(滅)을 통한 중도의 입장에서 보는 괴로움은 무명에서 연기한 망념인 것이다.

---

3) 李仲杓, 『아함의 중도체계』(서울:불광출판부, 1991) 70~71면.

(2) 반야경(般若經)의 중도설[4]

『대품반야경』(大品般若經)에 의하면, 일체법은 인연이 화합하여 생겨난 것이므로 없는 것은 아니며[非無], 인연화합으로 생겨난 것이 연기이므로, 연기된 것은 그 실체가 공하여 있는 것이 아니므로[非有] 불생불멸인데, 단지 이름[名字]을 빌어 있기 때문에[假有], 반야바라밀(般若波羅蜜)이니, 보살이니 분별한다는 것임을 드러내고 있다.

이것은 『대품반야경』이 『아함경』의 유무중도설을 계승하여 비유비무(非有非無)의 중도(中道)를 설하고 있음을 알 수 있다.

십팔공(十八空)을 설하는 데서도 중도사상이 나타나는데, 여기서는 인식기관과 인식대상이 비상비멸(非常非滅)이기 때문에 공(空)한 것임을 내외공 (內外空)이라고 밝히고 있다.

연기라는 용어를 빌리지 않고서 단지 '성품이 스스로 그러하기에'[性自爾]라는 표현만으로도 충분히 인식기관과 인식대상이 실체가 없어서 비상비멸(非常非滅)임을 잘 드러내고 있다.

내공(內空), 외공(外空), 내외공(內外空)은 비상비멸(非常非滅)의 중도를 드러내고 있으며, 또 이것은 아함(阿含)의 단상중도설을 계승 발전시킨 것이라 할 수 있다.

『대품반야경』에서는 부파(部派)의 논서보다는 더욱 발전된 이제설을 전

---

4) 金八敬, 「大品般若經의 中道說과 般若波羅蜜에 관한 연구」, (『彌天 睦楨培博士華甲記念 論叢 未來佛敎의 向方』, 미천 목정배박사 은법학인회, 1997.)를 참조하여 정리하였다.

개시키고 있다. 세속제와 제일의제가 불이(不異)임을 성공(性空)에 근거하여 드러내고 있다.

세제와 제일의제는 존재 일반에 평등한 보편성으로서의 본질이라는 측면에서는 동일한 연기실상을 담아내고 있다는 점에서 불이(不異)이지만, 현상적 측면에서는 상호 변별적인 개념과 범주화된 언어 체계의 매개에 의해 세제는 유상(有相)이고 유언설(有言說)인 반면에 제일의제는 무상(無相)이고 무언설(無言說)로서 서로 대립되므로 불일(不一)이다. 따라서 세제와 제일의제는 불일불이(不一不異)의 중도를 드러내고 있다고 할 수 있다.

한편 『대품반야경』에서는 중도의 실천행으로서 반야바라밀을 제시한다. 명(名)·수(受)·법(法)의 삼가(三假)를 요달할 수 있는 실천행으로서 반야바라밀을 제시하고 있다. 바로 반야바라밀의 수행은 곧 중도의 실천이됨을 의미한다고 할 수 있다.

경의 서품(序品)에서는 십팔공(十八空)을 요달할 수 있는 실천행으로서 반야바라밀을 제시하고 있다. 십팔공(十八空)은 비상비멸(非常非滅)·비유비무(非有非無)·불일불이(不一不異)·불생불멸의 중도를 설하고 있는데, 이러한 중도의 뜻을 내포하고 있는 십팔공을 알기 위해서는 반야바라밀의 수행이 선행되어야 한다는 것을 밝히고 있다. 이것은 반야바라밀의 실천이 곧 중도를 행하는 것임을 보여준다.

(3) 용수 중관의 중도설과 삼론의 중도설

『대지도론』(大智度論)에 의하면, 용수는 팔정도를 세 부분으로 나누어 올바른 견해[正見]·올바른 사고방식[正思惟]을 혜분(慧分), 올바른 말[正語]·올바른 행동[正業]·올바른 직업[正命]을 계분(戒分), 깨달음을 향한 부단한 노력[正精進]·올바른 기억[正念]·올바른 수행[正定]을 정분(定分)이라 하여 팔정도를 삼학(三學)에 배당하고 있다.

이것은 올바른 견해[正見]의 완성을 지향하는 중도관(中道觀)을 나타내는 것이다.

용수는 『중론』 등에서 중도사상을 부연하고 있다.

앞에서 설명한 『중론』의 삼제게(三諦偈), "갖가지의 인연으로 생겨난 법을 나는 그것을 공이라고 말한다. 또한 그것은 가명이라 하고 또한 그것은 중도의 뜻이다."라고 하는 이 삼제게를 청목(靑目)은 다음과 같이 주석한다.

현상계 모든 것은 인연 화합의 가명으로 생겨난 것으로서, 자체적인 생이 아니므로 실체는 없는 것이다. 실체가 없는 가상(假相)에 대해서 이름[名字]를 붙이는 것은 중생제도를 위한 가명(假名)인 것이다. 가상(假相)도 없고 실체도 없기 때문에, 이것을 무(無)라고 하고, 공(空)이라고도 한다. 이미 공무(空無)라고 하는 이상, 공무(空無)의 관념을 가지고 있는 것도 미혹된 것이다. 무공(無空)이므로 관념의 대상도 없다. 이것은 공(空), 이것은 유(有)라고 할 수 없다고 한다.

여기서는 비유비공(非有非空)의 중도사상이 드러나고 있다.[5]

이것을 또 용수(龍樹)의 이제론(二諦論)에서 말하자면 유(有)의 가명(假名)을 속제(俗諦)라 하고, 공(空)의 무체(無體)를 진제라고 한다. 그러므로 이 진속 (眞俗) 이제(二諦) 불이(不二)의 중도가 제일의제(第一義諦)이다.

『중론』의 이제게(二諦偈)에서 "이제를 분별하여 알 수 없다면 심오한 불법에서 진실한 뜻을 알지 못한다."고 하였다.

여기서 세속제와 제일의제를 이제(二諦)로 하고 있는데 제일의제는 공역부공(空亦復空)의 중도이다.

그리고 『대지도론』과 『중론』에서는 팔불게를 들고 있다. 이 팔불설(八不說)은 일체를 부정하고, 언설의 망상 분별을 벗어나서 중도실상을 현현한다. 팔불의 파사(破邪)가 바로 현정(顯正)의 중도라는 것이다. 이것이 앞에서 살펴본 팔불중도설(八不中道說)이다.

용수 『중론』의 다른 주석서들에서는 팔불을 다음과 같이 해석하고 있다.

용수(龍樹)가 주석한 『무외소』(無畏疏, Mūlamadhyamaka-vṛtti-akutobhayā)의 해석에서는 귀경게(歸敬偈)에 드러난 '연기'가 '무멸무생'(無滅無生) 등으로 표현된 '팔불' 바로 그것임을 밝히고 있다.[6]

결국 연기설은 팔불이고 희론(戲論)을 멸하여 적정열반(寂靜涅槃)을 증득

5) 金芿石, 「僧朗을 相承한 中國三論의 眞理性」 『불교학보』 제1집, 1963, 6면.
6) 全在星, 「中論 귀경게 무외소의 연구」, 『가산학보』 1호, 214~217면, 223~224면. 원문 참조.

케 하는 것이며, 이것이 붓다의 교설 중 가장 옳은 정법임을 지적하고, 불교의 본질적인 참다운 진리성[眞諦]을 밝히고 있다.

청목(靑目, Pingala 300~350경)주석『중론』에 따르면, 초기불교의 연기와 대승교의(大乘敎義)의 '불생불멸', '필경공'(畢竟空)이 무인(無因)·사인(邪因)·단상(斷常) 등의 삿된 견해를 없애고 정법인 불법(佛法)을 알리기 위해 교설되었음을 알 수 있다. 이는 붓다가 교설하신 '연기의 진리성'에 입각해서 '일체법은 불생불멸이며 불상부단 등이다'라고 선언한 대승정신에 따라 '팔불'이 선언되었던 것이라고 볼 수 있다.[7]

대승법으로서 인연의 특질은 불생불멸 등의 팔불이며 요약해서 필경공(畢竟空) 무소유(無所有)이다. 그럼에도 불구하고 이것을 바르게 이해하지 못하고 헛되게 공상(空相)을 여러 가지로 집착해서 과오를 범하기 때문에 팔불을 설해서 이러한 집착을 없애는 것이라고 보고 있다. 따라서 청목의 주석에서는 연기로 희론적멸(戱論寂滅)하게 하는 주체가 팔불이며 동시에 필경공(畢竟空) 무소유인 동시에 이러한 제일의(第一義)의 세계에 관한 헛된 분별과 집착을 없애는 수단이 팔불이다.[8]

청변(淸辯, Bhāvaviveka, 490~570경)의『반야등론석』(般若燈論釋Prajñāpradīpa-mūlamadhyamaka-vṛtti)에서는 어리석은 중생들이 기멸(起滅), 단상(斷常) 등의 희론(戱論)에 휩싸여 있는 것을 보고, 붓다가 '불기불멸'(不起不滅) 등을

---

7) 金仁德, 前揭書, 443면.
8) 泰本融,「八不中道를 둘러싼 諸問題」『印度學 佛敎學 硏究』제18권 2호, 1970. 53면.

설하셨고 또 이 '불기'(不起) 등은 연기설 중 가장 빼어난 것임을 강조하고
있다. 아울러 악함과 삿된 견해를 끊기 위해 자기가 깨달은 반야사상의
진리를 드러내고, 용수도 '불기'(不起) 등의 문구로써 여래(如來)의 진실도
리[如實道理]를 밝히고자 귀경게와 같은 시송을 읊었음을 지적하고 있다.

무착(Asanga, 無着, 310~390경)의『순중론』(順中論, 원제명은「順中論義入大般若
波羅蜜經初品法門」)에서는, 팔불의 인연에 의해서 모든 희론이 멸해지고, 이
러한 팔불게(八不偈)가『중론』의 근본이라는 것을 밝힌다.『대반열반경』(大
般涅槃經)을 인용하면서 상사반야바라밀(相似般若波羅蜜)과 진실반야바라밀
(眞實般若波羅蜜)을 특히 문제로 하고 있다.
　도리(道理) 곧 불교의 근본교리에 수순하여 대승반야사상을 깨닫고, 중
생들의 모든 희론·취착들을 없애기 위해『중론』이 쓰여졌다고 규명한다.
　여기서는 반야바라밀이 바로 팔불이며, 게다가 도리(道理)상의 아함(阿
含)이라고 하고 있다. 가장 중요한 것은 팔불이 반야바라밀의 실천을 통
하여 바르게 깨달을 수 있다고 하는 점이다.

안혜(安慧)의『대승중관석론』(大乘中觀釋論)에서는 진속 이제의 개념과 관
련해서『중론』제작의 동기와 목적을 규명하고, 다만심(多慢心)을 없애기
위해서 연기법이 설해졌다. 또한 이 연기[緣生]의 내용은 다름 아닌 이른
바 '무멸'(無滅) 등의 글귀 바로 그것이요, 이로써 최승의 연기법이 가장 현
명하게 밝혀진다고 지적하고 있다.
　따라서 논의 처음에 세존을 찬탄하면서 '불멸불생(不滅不生)·부단불상

(不斷不常)' 등 팔불(八不)이 읊어졌다고 해석하고 있다.

불호(佛護)의 근본중론주(根本中論註) [(Buddhapālita-mūlamādhymakavṛtti)는 'dBu-ma-Rtsa-bahi hGrel-pa Buddha-palita'라는 제목으로 장역(藏譯)만 현존]에서는 용수가 사물의 자성이 없음을 보여주려고 논을 지었다고 주석하고,9) 팔불이 바로 모든 희론을 적멸시키는 것으로서 승의제(勝義諦)의 연기라고 밝히고 있다. 모든 희론이 적멸하여 열반으로 가는 지름길이 연기이고, 그 길을 인도하는 것이 팔불이므로 팔불이 곧 연기를 드러내는 것임을 알 수 있다.

월칭(月稱)의 Prasannapdā에서는, 대승 반야사상을 배운 용수가 대비방편(大悲方便)을 발휘할 여래지(如來智)를 얻게 될 초발심(初發心)과 비민심(悲愍心)을 지니고 일반 사람들을 깨우치기 위해, 그리고 모든 번뇌를 물리치고 악취(惡趣)로부터 보호하기 위해『중론』을 지었음을 알 수 있다.

그리고『중론』에서 설하고자 하는 내용(abhidheya, 지시대상)은 연기이며, 그 연기는 팔불의 특수상[特殊相, viśeṣaṇa, 차별하는 속성]에 의해 한정지어진(viśiṣṭaḥ, 구별된)다고 밝히고 있다.

따라서 연기를 팔불[不滅 등의 8가지]의 특수상으로 한정짓는다는 것은 그릇된 일체법의 생기설(生起說)이 주로 생(生)·멸(滅)·상(常)·단(斷)·일(一)·이(異)·래(來)·거(去)의 존재라고 하기 때문인 것이다.

---

9) 朴仁成,「中論 '觀因緣品'에 대한 靑目의 주석과 佛護의 주석 비교 연구」『東院論集』제7

이러한 그릇된 일체법의 생기설은 바로 팔불에 의해서 논파되기 때문에 연기를 팔불에 한정짓는다는 것은 팔불에 의해서 연기의 뜻이 가장 잘 드러나는 것임을 주장하기 위해서, 월칭은 '팔불의 특수상에 의해 한정지어진 연기'로 규정하였던 것이다.

용수의 팔불중도는 중국 삼론학에도 계승되었는데, 용수계의 삼론일파는 일체를 부정하고 언망려절(言亡慮絶)의 언어도단(言語道斷), 심행처멸(心行處滅)하는 곳에서 중도의 체(體)를 드러내고 있다. 중국 삼론학의 시원(始源)은 구마라집(鳩摩羅什, 344~413) 삼장(三藏)의 중관 논서 한역에 따른다.

중관 논서(中觀論書)가 한역되던 초기에는 라집문하인 승예(僧叡)·승조(僧肇)·담영(曇影)·승도(僧導)·도생(道生)·도융(道融) 등에 의해 장안을 중심으로 연구가 행해졌으며, 이러한 장안의 삼론학을 '장안고삼론'(長安古三論)이라고 부른다. 초기의 삼론학은 그 뒤 강남(江南)에도 전파되었다.

그러나 강남에 전해진 삼론학은 삼론(三論)과 성실(成實)을 겸학하여 삼론의 본래의 뜻이 퇴색되었다. 뿐만 아니라 삼론보다는 『성실론』(成實論)의 연구가 성행하여 강남의 불교는 성실학파에 의해 주도되었다. 성실학파에 의해 삼론의 진정한 뜻이 단절되어 있을 때 삼론을 성실론과 분리하여 대승중관(大乘中觀)의 본의(本義)를 드러낸 분이 고구려 승랑이다. 승랑은 진속 이제의 진리성을 합치면서도 새로운 제3의 진리성, 즉 둘이면

집, 1994, 21면. 원문참조.

서 둘이 아닌 불이중도(不二中道)적인 제삼제(第三諦)를 설정하고 또 이것의
진리성을 밝혀내고자, '이제합명중도론'을 형성 전개하였다. 그리하여 승
랑을 계승한 삼론학파에 의해서 삼종중도론이 성립하기에 이른다.

승랑에 의해 시작된 중국 '신삼론'(新三論)은 지관사(止觀寺) 승전(僧詮)에
의해 계승되고, 승전 문하 흥황사(興皇寺) 법랑(法朗, 507~581)에게 전수되
고, 가상사(嘉祥寺) 길장(吉藏, 549~623)에게 이르는 '섭령흥황상승'(攝嶺興皇
相承)의 전통연계 속에서 가상대사(嘉祥大師) 길장에 의해 집대성된다.

길장은 용수의 팔불중도사상을 계승하여 팔불과 이제로서 중도를 밝혀
대승의 공사상을 재천명하고 있다.

길장은 『중관론소』(中觀論疏)에서 귀경게인 팔불게(八不偈)를 '초첩(初牒)
의 팔불', 「관인연품」(觀因緣品)의 제1게 · 제2게를 '중첩(重牒)의 팔불'로 나
누는 독특한 방식으로 팔불을 해석하여, 팔불의 정관(正觀)으로 중도를 밝
히고 있다. 초첩의 팔불은 『중론』을 저술한 취의를 밝히는 것으로서 팔불
을 교(敎)의 체(體)와 용(用)에 배대시키면서 팔불의 의미를 세 가지 측면의
설명형식인 '삼종방언(三種方言)' 안에서 삼종중도론을 펼치고 있다. '중첩
의 팔불'의 해석에서는 유소득의 생멸단상을 파하여 남김이 없으니[中後
假], 인연가명의 이제로서 이유이무(而有而無)의 중도[中假義]를 밝히는 성
가중(成假中)의 입장에서 팔불을 해석하고 있다.

여기서는 특히 실생과 가생을 파하는 의미를 삼론의 입장에서 해석하
여 이제 모두 본래 무생(無生)으로써 중도를 논증하였다. 이제는 본래 무
실생 (無實生) · 무가생(無假生)이라는 것이다. 이것이 길장이 팔불중도를
논증하는 기본 방식이다.

(4) 세친 유식의 중도설

세친계(世親系)의 법상가(法相家)에서는 그 소의경전(所依經典)인 『해심밀경』(解深密經)에서 붓다가 초시(初時)에 유(有)를 설하고, 제이시(第二時)에 공(空)을 설하고, 제삼시(第三時)에 중(中)을 설했다고 하는 그 설법의 차제에 의하여 교판(教判)을 세우고 있다. 초시의 유(有)는 소승, 제이시의 공(空)은 『반야경』, 제삼시의 중도를 설한 것은 『해심밀경』을 비롯해서 법화(法華)·화엄(華嚴) 등의 대승경전은 모두 여기에 속하며, 법상종(法相宗)에서는 이러한 경전은 모두 유식중도(唯識中道)를 설한 것이라고 한다.

법상종에서는 삼론종에서 말하는 반야의 공관은 삼무성(三無性)의 방면에서만 본 것이며, 법상유식(法相唯識)의 설은 삼성삼무성(三性三無性)의 양방면으로부터 진리를 밝힌 것이다.[10]

삼성(三性)은 제법의 현상을 말하는 것이고, 삼무성(三無性)은 제법의 본체를 말하는 것이다. 삼성은 유(有)라 하여도 단유(單有)가 아니라, 삼무성의 공(空)에 즉한 유(有)요, 또 삼무성은 공(空)이라 하되 그것은 단공(單空)이 아니라 삼성의 유(有)에 즉한 공(空)이다.

이와 같이 삼성설과 삼무성설은 일체 제법의 비유비공(非有非空)의 중도의 뜻을 밝히는데 그 진의가 있는 것이다.

『성유식론』(成唯識論) 권7에 의하면, "아(我)와 법(法)은 비유(非有)요, 공(空)과 식(識)은 비무(非無)이다. 유(有)를 여의고 무(無)를 여의니 중도다"라고

---

10) 金芿石, 前揭書, 10면.

하고, "이변(二邊)을 떠나면 유식의 뜻이 이루어져 중도를 이룬다"고 한다.

후세 유식학파에서는 이 중도의 뜻에 관하여 언전(言詮) 리언(離言)의 이중중도의(二重中道義)를 논한다.

언전중도(言詮中道)는 언어에 의하여 중도의 뜻을 드러내는 의미로서 삼성대망(三性對望)의 중도를 의미한다. 삼성대망(三性對望)의 중도는 삼성을 대망시켜 볼 때에 변계(遍計)는 그 체성(體性)이 없는 공(空)이다. 의타(依他)는 환상과 같은 가유(假有)의 법이다. 원성(圓成)은 불변(不變)의 진여(眞如)이다. 이 변계의 공과 의타 원성의 유를 상대하면 이는 공유상대(空有相對)이지만 이 삼성은 사물을 세 가지 관점에서 보는 것이므로, 공(空)이 그 법의 실상이라 할 수도 없는 동시에 유(有)가 그 법의 실상이라고도 할 수 없는 것이다. 이것이 비공비유(非空非有)의 중도요, 그 법의 실상이다.

이와 같이 공(空)·유(有)·중(中)을 설해서 절대중도(絕對中道)를 식(識)의 본성(本性)으로서의 진여에 귀결하는 것이 삼성대망(三性對望)의 중도라 하는 것이다.

리언중도(離言中道)는 일체 제법의 진실상인 중도 그 자체는 자신의 언어와 사려를 초월한 존재로서 이것은 일법중도(一法中道)라고 한다. 일법중도(一法中道)는 삼성이 상망(相望)하는 관계를 떠나서 삼성 각자가 법이자연(法爾自然)으로 중도의(中道義)를 본래 갖추고 있음을 말하는 것으로 일성중도(一性中道)라고도 한다. 삼성은 일법(一法)상의 헛된 집착[遍計]과 연기[依他]와 실성[圓成]과의 세 가지 뜻이 함께하는 것이므로 이것을 다르게 구별하여 볼 것이 아니다. 삼성이 이미 일법의 교리이므로 중도의 뜻이 성립된다면 삼성 각각의 성품에도 중도의 뜻이 구족되어 있는 까닭일 것이다.

변계(遍計)는 당정현상(當情現相)에 즉해서 체성이 없기 때문에 중도의 뜻
이 성립한다. 의타(依他)는 인연생이므로 자성(自性)이 없는 가유(假有)이
고, 실체가 없는 것이다. 실체가 없지만 연생(緣生)의 법으로서 생멸상속
(生滅相續)하므로 공하여 없는 것[空無]은 아니다. 그러므로 중도의 뜻이 성
립한다. 원성(圓成)은 항상하여 변하지 않는 실체이므로 유요, 망상을 떠
나 실체를 얻을 수가 없으므로 공이다. 이와 같은 유공의(有空義)에 의하
여 중도의 뜻이 성립한다.

이 두 가지 중도설 가운데서는 삼성대망의 중도의가 중도설의 본의이
다.[11]

---

11) 金東華, 『佛敎學槪論』(서울:보련각, 1954), 373~376면.

(5) 천태의 중도설

이상과 같은 대승의 중도론은 삼론계의 이제(二諦)에 기인한 중도와 법상계의 삼성론(三性論)에 기인한 중도론으로 되어 있지만, 중국에서 일어난 천태종의 중도론은 그 계통은 삼론에 속하고 삼론으로부터 발전해 온 것이다. 천태종 중도론의 근거는 『중론』에 나오는 소위 삼제게(三諦偈)이다. 이 삼제게에서는 무(無)·가명(假名)·중도(中道)로 되어 있는 것을 천태에서 취의해서 공(空)·가명(假名)·중도(中道)로 하여 공제(空諦)·가제(假諦)·중제(中諦)라 하고, 소위 공(空)·가(假)·중(中) 삼제가 성립한 것이다.

용수의 『대지도론』이나 청목의 주석에는 삼론 삼제게의 무(無)가 다 공(空)으로 되어 있다. 삼론에서는 유(有)·공(空)·중(中)이라 차제하고 있으나, 천태는 공·가·중으로 차제하고 있다.

천태의 중도론은 절대(絶對)의 실상진여(實相眞如)를 중도라고 한다. 『법화현의』에 의하면, 실상의 이명(異名)으로서 묘유(妙有)·진선묘색(眞善妙色)·실제여여(實際如如)·필경공(畢竟空)·열반허공불성(涅槃虛空佛性)·여래장(如來藏)·중실리심(中實理心)·비유비무중도(非有非無中道)·제일의제(第一義諦)·미묘적멸(微妙寂滅) 등 12가지 이름을 들어 진공묘유의 중도로서 제법실상의 뜻을 밝히고 있다.

제법실상은 삼제원융으로 드러난다. 중제(中諦) 외에 공(空)·가(假) 이제(二諦)가 있다고 한다면, 중제(中諦)는 상대적인 것이 되고 절대가 될 수 없으므로, 이제(二諦)는 바로 중제(中諦)의 절대(絶對)이다. 동시에 공제(空諦)도 이제(二諦)에 상즉한 중도(中道)의 공(空)이며, 가제(假諦)도 중도(中道)에 상즉한 가(假)이다. 그래서 공(空)·가(假)·중(中)으로 차제를 한 것이다.

그런데 여기서 삼제는 진여실상(眞如實相)의 일방적 성질(德)을 보이는데 불과하므로 공제(空諦)를 파상(破相)의 덕(德), 가제(假諦)를 진여입법(眞如立法)의 덕(德), 중제(中諦)를 진여절대(眞如絶對)의 덕(德)이라 하여 삼제즉일제(三諦卽一諦)의 중도라고 한다. 그러므로 일체만유(一切萬有)는 다 중도실상의 현현으로서, 그대로 초월(超越)의 공(空), 절대(絶對)의 진여(眞如)이다.[12]

이것이 바로 원융삼제사상(圓融三諦思想)으로 『마하지관』에서는 원돈지관(圓頓止觀)을 설명한다.

> 원돈(圓頓)이란 처음에 실상을 연으로 하여 대상을 관하면, 즉 중도이고 진실아닌 것이 없다. 법계를 연으로 하여 법계를 하나로 생각하기 때문에, 하나의 색, 하나의 향기가 중도 아닌 것이 없다.…… 무명, 번뇌는 곧 보리이기 때문에 집(集)도 끊어야 할 것이 없고, 집착도 삿된 것도 모두 중도이기 때문에 도도 닦아야 할 것이 없고, 생사 즉 열반이기 때문에 멸도 증득할 것이 없다.……순일한 실상만 있고 실상 외에 다른 법도 없다. 법성이 고요한 것을 지(止)라 하고 고요히 항상 비추는 것을 관(觀)이라 한다. 처음과 뒤를 말할지라도 둘은 아니고 구별되는 것도 아니다. 이것을 원돈지관(圓頓止觀)이라 한다.

---

12) 金芿石, 前揭書, 11면~12면.

바로 여기에서 천태에서 말하는 '일색일향무비중도(一色一香無非中道)의 현상' 즉 실상론(實相論)이 성립함을 알 수 있다.

이상에서 아함의 중도설은 팔정도와 십이인연을 중도로서 설하였다. 팔정도·십이연기 등 중요한 교설들이 중도라는 이론적인 면에서도 실천적인 하나의 체계 속에서 서로 연결되고 있다.

『대품반야경』에서는 삼가설(三假說)·십팔공설(十八空說)·이제설(二諦說)·반야바라밀(般若波羅蜜) 등의 핵심 교설들이 중도의 체계로서 하나로 통일되고 있음을 볼 수 있다.

반야경의 중도설은 아함의 중도설과 용수의 팔불중도설을 연결시키는 교량적 역할을 하고 있음을 알 수 있다.[13]

용수의 팔불중도는 중국 삼론학에도 계승되어 삼종중도론을 성립시켰다. 이러한 대승의 중도론은 삼론계의 이제에 기인한 중도와 법상가의 삼성론(三性論)에 기인한 중도론으로 이해되어 왔고, 천태(天台)의 중도론은 삼론으로부터 발전한 것이며 절대(絕對)의 실상진여(實相眞如)를 중도라고 설하고 있음을 알 수 있다.

---

13) 『中論』 팔불게의 영향하에 『般若經』이 편집되었다는 주장도 있다. 壬生台舜 편, 『龍樹敎學의 硏究』(東京: 대장출판주식회사, 1983), 201~205면 참조

3) 승랑의 이제합명중도 성립[14]

그렇다면 승랑(僧朗) 계승의 삼론가에서는 왜 제삼제(第三諦)를 새롭게 건립하여 '이제합명중도'를 논증하게 되었을까. 먼저 이제합명중도를 세워 '삼종중도론'을 전개하는 목적부터 살펴보기로 하자.

(1) 삼종중도론의 목적

『대승현론』에서는 삼종방언[15]의 삼종중도론을 전개하는 목적을 다음과 같이 설명한다.

첫 방언(方言)은 정성생(定性生)을 파척하여 불생을 밝혀내고, 둘째

---

14) 이하 내용은 金仁德, 「僧朗 相承 三論學의 三種中道論(1)」(『한국불교학』 제24집), 李仲杓, 「三論學의 三種中道와 三種方言에 대한 一考」(『한국불교학』 제9집) 두 논문을 주로 참고하여 정리하였다.

15) 길장은 설명하는 방법에 따라 문체는 바뀌었지만 의미는 동일한 것을 방언이라 표현하여 방법과 같은 의미로 사용한다. 또한 일상적 의미가 아니라 어떤 진리를 설명하기 위한 방편으로 사용하는 언어라는 뜻으로 이해한다. 따라서 방언은 상황이나 중생의 근기에 따라 다르게 그들을 교화하기 위한 방편으로 시설된 교설임을 알 수 있다. 삼론 자체에서 방언이라는 용어가 사용될 때는 진리를 현시하기 위한 다양한 언어의 형식이라는 뜻으로 사용된다. 삼론학의 모든 서술은 방언이라 할 수 있지만, 길장이 이 가운데서 특히 초장의 방언이라고 하여, 이것을 모든 방언의 첫 자리에 놓았던 것은 이것이 모든 방언을 총괄하는 기본적인 형식을 갖추었기 때문인 것으로 추정된다. (金仿石, 「고구려 僧朗과 三論學」『백성욱박사송수기념 불교학논문집』 53면. 李仲杓, 「三論學의 三種中道와 三種方言에 대한 一考」『한국불교학』 제9집 128면~131면. 韓明淑, 「길장의 三論思想 연구」 고려대학교 박사학위논문 133면~134면)

방언은 가생을 파척하여 불생을 밝혀낸다. … 셋째 방언은 본래가 불생이기에 불생이라고 말한다.

첫 방언은 모든 논사들의 계탁함에서 비롯되었다. 곧 외도(外道)들이 갖는 고정된 성품으로 실유하는[定性實有] 여덟 가지 미혹을 파척하여 중도를 밝히고[破性明中], 불교 안의 모든 법사(法師)가 갖는 실유성(實有性)의 생각도 없앤다. 둘째 방언은 모든 법사들이 삼종중도를 이루지 못하는 데서 비롯되었다. 곧 삼종중도를 이루지 못하는 불교 안의 논사들을 구출한다.

또한 '제2 방언'에서는 다음과 같이 세 가지로 밝히고 있다.

팔불에 의해 삼종중도를 밝혀내는 까닭은 세 가지이다. 첫째는 여래가 득도한 이래 열반에 이르기까지 언제나 중도를 설하였음을 밝혀내기 위함이다. 중도가 비록 무궁할지라도 세 가지로 요약해 설명하면 그 모두가 포섭되므로, 이 게송에 의해 세 가지 중도를 변증하여 불교의 가르침을 모두 다 들어 밝혀낸다.

둘째는 이 논서가 이미 '중론'이라고 불리우므로 팔불로써 중도를 밝혀내고, 중도가 비록 여러 가지 많을지라도 세 가지에 지나지 않으므로 이 게송에 의해 '세 가지 중도'를 논증한다.

셋째는 불교를 배워도 '세 가지 중도'를 이루지 못해 치우친 극단에 떨어져 있는 사람들에게 '중도의 뜻'을 이루도록 하고자 세 가지 중도를 설명한다.

따라서 팔불에 의해 삼종중도론을 전개하는 까닭은, '연기 · 무아 · 중도'라는 불교의 근본 진리성을 밝혀내기 위해서이고, 『중론』에서 주장하는 중도를 변증해 내는 데에 있으며, 또 불교를 배워도 삼종중도를 이루지 못하는 사람들에게 중도의 진리성을 올바르게 알려 주는 데에 있음을 알 수 있다.

(2) 이제합명중도의 형성과정

삼종중도론은 승랑의 '중가체용의'(中假體用義)에 바탕하여 종래의 견해 · 학설[由來義]를 상대하는 네 단계[四重階級]를 거쳐 하나하나 형성 전개된다. 그 가운데 이제합명중도는 사중계급의 넷째 단계에 이르러서야 비로소 형성됨이 다음과 같이 밝혀진다.

> 제1 방언에는 네 단계가 있다.
> 첫째 단계에서는, 실체성[自性]을 지닌 '유(有) · 무(無)'는 찾아 볼 수 없으므로 '비유비무'(非有非無)라고 말하고, 이것을 중도라고 이름한다.
> 둘째 단계에서는, 외인(外人)이 '비유비무'를 듣고서는 진속(眞俗) 이제(二諦)도 존재하지 않는다고 말하면서 단견(斷見)을 일으키므로 '유이고 무임'[而有而無]을 설명하여, 이것으로 이제(二諦)로 삼아 그 단절된 마음[斷心]을 거둬들이게 한다.
> 셋째 단계에서는, '유이고 무임'[而有而無]은 중도유무(中道有無)이지

자성(自性)의 유무(有無)와 같지 않음을 밝히고자, 이제의 '용중'(用中)을 밝혀내고 그 양성(兩性)을 규탄한다.

넷째 단계에서는, 가명의 이제 둘을 '중도불이'(中道不二)로 돌리고자 '체중'(體中)을 밝힌다.

이것들이 섭령흥황(攝嶺興皇)의 시말(始末)이며, 종래인의 사상 견해에 상대[對由來義]하여 이 네 단계가 있는 것이다. 이것들을 알면 승랑이 수립한 '중가체용의'[中假體用意]를 이해하게 된다.

첫째 단계 ; 『중론』은 횡적으로 생멸 등의 여덟 가지 미혹을 파척[橫破八迷]하고 종적으로 여덟 가지 미혹 하나하나를 완전히 없앤다.[竪窮五句] 이처럼 전도(顚倒) 병이 모두 세척되고 필경 없어지면, 이것이 바로 '치우침이 없는 올바른 진실'[中實]이므로 '불생불멸' 내지 '불상부단'이라고 밝혀내는 단계이다.

둘째 단계 ; 위 첫 단계의 '비유비무'나 '불생불멸'의 설명을 들은 사람들 중에는 진속 이제의 진리성 마저 존재하지 않는 것으로 보는 단견을 일으키므로 이들을 상대하여, 그것들은 중생교화를 위해 가명(假名) 가칭(假稱)되었다는 점과 이제라는 진리성을 내포하고 있음을 밝혀주고, 아울러 이 이제로써 그 단견을 거둬들이도록 해주는 단계이다.

횡적(橫的)으로는 '생·멸' 등이 파척되고 수적(竪的)으로는 '불생·불멸' 등이 없어진 것을 중도실상[中實]이라고 한다면, 그 생·멸이나 불생멸[불생·불멸]은 가명으로 가칭된 것에 지나지 않는다. 이 가명가칭된 '생·멸'과 '불생멸'(不生滅, 곧 無生滅)이 이제인 것이므로, '무생멸을 의존한 생멸'이 세제요, '생멸을 의존한 무생멸'이 제일의제로 됨을 밝히는 내용이다. 이 다음의 종래인의 사상 견해에 상대[對由來義]하는 셋째와 넷째 단계에 이르러서야 비로소 승랑 상승(相承)의 세 가지 중도론이 형성 전개되고 있다.

셋째 단계 ; 이유이무(而有而無)로서 중도를 밝히는 것은 중도는 인연의 유무로서 실체인 자성의 유무의 뜻과는 같지 않음을 드러내고자 이제의 용중(用中)을 밝혀서 양성을 모두 멸하는 단계이다. 세제의 '생 · 멸'은 가명으로 설해진 것이므로 진실한 세제가 아니다. 진제도 마찬가지로 가명의 '불생 · 불멸'로써는 참다운 진제라 할 수 없다. 그러므로 이 셋째 단계에서는 진속(眞俗) 이제(二諦) 각각의 참다운 진리성을 세제중도와 진제중도라는 이름으로 밝혀지고 있는 것이다.

> 가생(假生)은 생이라 말할 수 없고 불생이라고도 말할 수 없다. 이것이 바로 세제중도이다. 가불생(假不生)은 불생이라고 말할 수 없고 비불생(非不生)이라고도 말할 수 없는 것, 이를 진제중도라 이름한다. 이것은 이제 각각의 중도를 논하는 것[二諦各論中道]이다.

넷째 단계 ; 세속적 진리인 세제와 출세간적 진리인 진제를 합친 절대적 진리성을 밝혀내는 단계이다. 가유무 두 가지를 아울러서 중도불이의 체중을 밝히고 있다. 진속 이제의 두 진리를 합친 제3의 진리를 '제삼제'(第三諦)라고 이름하면서, 이것을 중도론으로 변증해내는 '이제합명중도론'을 밝히고 있다.

> 그러나 세제의 생멸은 '무생멸의 생멸'이고, 제일의의 무생멸은 '생
> 멸의 무생멸'이다. 이 '무생멸의 생멸'을 어찌 '생멸'이라고 할 수 있
> 으며, 또 '생멸의 무생멸'을 어찌 '무생멸'이라고 하겠는가.
> 그러므로 생멸도 아니고 무생멸도 아닌 것, 이것을 이제합명중도
> 라 이름한다.

팔불의 '불생불멸'에 대해 단견(斷見) 단심(斷心)을 갖는 사람들을 상대하
여 설명했던 위 둘째 단계의 가명으로 설해진 이제(二諦)는 참다운 진리성
을 나타낸다고 할 수 없다. 그러므로 그 가명(假名)의 이제(二諦)를 넘어서
는 진리성을 '이제합명중도'라고 이름하면서 밝혀내고 있는 것이다.

둘째 단계에서의 세제는 '무생멸인 생멸'로, 진제는 '생멸인 무생멸'로
가명으로 설해진 것들이므로, 참으로 진정한 진리성이 밝혀졌다고 할 수
없다. 이러한 가명 가칭의 이제에서 보이는 결함과 모순성을 넘어서는 새
로운 자리에서 제3의 절대적 진리성이 밝혀지고 있는 것이다.

(3) 이제합명중도의 건립 기반

승랑을 계승한 삼론가의 삼종중도론은 종래의 견해 · 학설[由來義]을 상대하는 네 단계[四重階級]를 거쳐 하나하나 형성 전개되었고 이제합명중도는 사중계급의 넷째 단계에서 형성되었다. 여기서는 삼종중도를 성립시킨 사중계급(四重階級)의 근거가 되는 승랑의 '중가체용의'(中假體用義)와 '제삼제'(第三諦)를 수립한 까닭을 살펴보기로 하자.

① 중가체용의(中假體用義)

『중관논소』에 의하면, 섭산대사(攝山大師) 즉 승랑이『중론』사제품(四諦品)의 '삼시게'(三是偈)와 이에 대한 청목(靑目)의 해석 내용에 의거하여, 중도[中] · 가명[假]과 본체[體] · 작용[用]이라는 네 가지 개념을 사용하기 시작했음을 밝히고, 또 유무(有無)의 양변을 떠난 중도는 본체'성[體]을 뜻하고 그 유무(有無)는 중생 교화를 위해 가설된 것으로써 응용성[用]을 뜻함을 설명하고 있다. 가명(假名)은 종래의 유자성(有自性)적 견해를 갖는 외인(外人)들을 상대해서 설명되는 것이며, 중도는 불교를 배우고도 치우친 병[偏病]에 빠져있는 사람들을 다스리기 위한 것이다. 중도(中道)와 가명(假名)은 체(體) · 용(用)의 의미 또는 본(本) · 말(末)의 상관관계를 갖는 것인데도, 이를 모르는 종래의 사람들에게 가명은 중도의 응용이요, 즉 지말 · 작용인 것임을 밝혀주고, 또 중도는 가명의 본원이요 본성임을 설명한다. 이러한 설명을 통해 단계적으로 중도에 향하고 깨달음을 얻도록 이끌어 준다는 것을 밝히고 있다.

이와 같이 중도와 가명을 체용이나 본말의 내용 관계로 해석함으로써, 삼론가 특유한 사중계급의 설정이 가능해졌던 사실이 다음과 같은 길장의 설명을 통해서도 밝혀진다.

> 처음(四重階級 중 첫단계)에 유(有)·무(無)를 무자성(無自性)인 것들[非有非無]임을 밝히는 중도는 가명에 앞서는 중도를 뜻함[假前中義]이고, 그 다음에 유이기도 무이기도 함[而有而無]을 밝혀 이제(二諦)로 삼게 한 것은 중도에 뒤서는 가명을 뜻함[中後假義]이며, 그 다음의 이제를 각론 및 합명(合明)하는 중도[二諦表中道]는 가명(假名)에 뒤서는 중도를 뜻함[假後中義]이다.……
> 중도에 앞서는 가명[中前假者]은 본체인 중도를 말하기 앞서 가명을 밝히는 것, 즉 유무(有無)로부터 비유비무(非有非無)에 들게 하는 것이며, 작용으로부터 본체로 들어가게 하는 것[從用入體]이다. 중도에 뒤서는 가명[中後假者]은 체중(體中)을 밝히는 것, 즉 비유비무(非有非無)를 유무(有無)로 가설하는 것이며, 본체에서 작용을 일으키는 것[從體起用]이다.

또한 길장의『대승현론』에서는 승랑의 중가체용의를 다음과 같이 소개하고 있다.

> 승랑[攝嶺師]께서 말씀하시기를 가(假)를 밝히기 전에 중(中)를 밝히

면 이것은 체중(體中)이고, 가(假)를 밝힌 후 중(中)을 밝히면 용중
(用中)이다. 중(中)을 밝히기 전에 가(假)만을 밝히면 이것은 용가(用
假)이고, 중(中)을 밝힌 후 가(假)를 밝히면 체가(體假)이다. 따라서
'비유비무(中) 이유이무(假)'라 하면 [가(假)에 앞서 중(中)을 밝혔기 때문
에] 체중(體中)이요, '가유(假有)는 유(有)라 할 수 없고 가무(假無)는
무(無)라 할 수 없으므로(가를 먼저 밝힌 후) 비유비무(非有非無)'라 하
면 이것은 용중(用中)이다. '비유비무(中)인 것이 이유이무(假)'라 하
면 [중(中)을 밝힌 후 가(假)를 밝혔기 때문에] 이것은 체가(體假)요, [중
(中)은 밝히지 않고 '가유(假有)는 불명유(不名有)이고 가무(假無)는 불
명무(不名無)'라 하면(가만을 밝히면) 이것은 용가(用假)이다. 따라서
용(用)·중(中)·가(假)는 모두 능표지교(能表之敎)에 속하고 가(假)도
없고 중(中)도 없어야 비로소 소표지리(所表之理)가 된다.

중가체용의(中假體用義)의 내용을 잘 살펴보면 여기에 이제시교론(二諦是
敎論)·중도위이제체론(中道爲二諦體論)·이제상즉의(二諦相卽義) 등의 교의
가 함축되어 있음을 알 수 있다.

먼저 용가(用假)를 살펴보면 가유(假有-속제)는 유라 할 수 없고 가무(假
無-진제)는 무(無)라 할 수 없다고 하여 이제(二諦)가 경(境)이나 리(理)가 아
닌 교(敎)임을 시준하고 있다. 체가(體假)는 비유비무(非有非無-중)를 이유
이무(而有而無-이제)라 한다고 하여 이제(二諦)의 체(體)가 중도임을 보여 주
고 있으며, 가유(假有)는 유(有)라 할 수 없고 가무(假無)는 무(無)라 할 수 없
기 때문에 비유비무(非有非無)라 한 용중(用中)은 진제(眞諦-가무)와 속제(俗

諦-가유)가 중도(中道-비유비무)에서 상즉함을 보여준다. 따라서 중가체용의는 이제시교론과 중도위체설 그리고 이제상즉의를 종합하여 체중을 밝힌 교설이라 할 수 있다.

② 제삼제(第三諦) 건립(建立)

승랑은 무엇 때문에 제삼제라는 진리 개념을 새로 설정하고 이것의 진리성을 논증하는 이제합명중도론을 펼치게 되었는가를 살펴보도록 하자.

제삼제가 승랑대사에 의해 새롭게 수립되었음을 전하는 기록은 『대승현론』에서 다음과 같이 보인다.

승랑 당시에는 이제(二諦)의 본체성(本體性) 규명에 관한 견해를 달리하는 오가(五家)가 있었는데, 그 가운데에는 성실가(成實家)의 개선(開善) 지장(智藏 458~523)도 중도를 이제의 본체성으로 삼고 있었으나, "중도는 이제와 동일한 것으로서 무명무상(無名無相)이라 하고 있으므로, 이제를 섭수하는데 그친다"라고 비판하면서, 길장(吉藏)은 "개선(開善)이 승랑의 말씀을 듣기는 했으나 그 가르침 내용 뜻을 파악하지 못하고 있음"을 지적하고, 삼론가(今家)에는 그들에게 없는 '제삼제'(第三諦)가 정립되고 있음을 밝히고, 이제(二諦)를 천연지리(天然之理)로 보는 그들과는 달리 교화방편(敎化方便)으로 보는 차이점 등을 설명하고 있다.

승랑의 '중도위이제체론'(中道爲二諦體論)은 이제(二諦)를 정리(定理)라고 생각하고 있던 당시의 불교계에 혁신적인 의미로 받아들여졌지만 그 깊은 의미를 깨닫기가 쉽지 않았기 때문에 개선(開善) 등은 문자만 얻어 들었지 의미는 체득하지 못하였던 것이다.

승작(僧綽)은 이제(二諦)는 중도를 체(體)로 한다는 승랑의 학설에서 이제 각체(二諦各體)의 삼종중도를 세우고, 지장(智藏)은 이제상즉(二諦相卽)의 학설을 적용하여, 이제는 상즉하므로 그 체는 하나라는 입장에서 이제일체 (二諦一體)의 삼종중도를 세운 것이다.

그러나 이들은 팔불(八不)을 이제의 체가 되는 중도로 생각하고, 중가체 용의(中假體用義)를 팔불(八不)과 이제(二諦)의 관계로 이해하여, 팔불의 언어적 표현을 벗어나지 못한 채 비유비무(非有非無)를 체중(體中)으로 삼았다. 즉, 승작의 경우는 비유비무(非有非無)로 진제중도와 이제합명중도라고 하고 있고, 지장의 경우는 삼종중도를 모두 비유비무(非有非無)라고 하고 있다. 이것은 중가체용의(中假體用義)의 비유비무(非有非無)를 체중으로 오해한 데서 비롯된 것이다.

그러나 중가체용의에 의하면 비유비무(非有非無)도 능표지교(能表之敎)에 지나지 않는다. 즉, 비유비무(非有非無-無假) 이유이무(而有而無-無中)하여 언망여절(言忘慮絶)한 것이 소표지리(所表之理)인 체중(體中)이다.

이와 같이 잘못 이해되고 있는 중가체용의에 대하여 삼론학에서는 체중을 보다 명확하게 표현할 필요를 느꼈을 것이다. 삼론학의 삼종중도는 이러한 필요에 의해 성립을 보게 된 것으로 생각된다. 왜냐하면 삼론학의 삼종중도는 중가체용의(中假體用義)에서 체중(體中)이라고 한 비유비무 (非有非無) 이유이무(而有而無)의 변형된 형태라고 할 수 있기 때문이다.

팔불은 이제를 밝히는 것이라는 입장에서 이제를 팔불로 표현한 것이다. 따라서 중가체용의에서 말하는 '가유불명유'(假有不名有)를 삼종중도의 표현으로 바꾸면 가생불가언생(假生不可言生) 가멸불가언멸(假滅不可言滅)이 되어 세제중도인 불생불멸(不生不滅)이 되고, '가무불명무'(假無不名無)는 가불생비불생(假不生非不生) 가불멸비불멸(假不滅非不滅)이 되어 진제중도인 비불생비불멸(非不生非不滅)이 된다. 그리고 비유비무(非有非無)는 비생멸비무생멸(非生滅非無生滅)이 되어 이제합명중도가 된다.

　이와 같이 승랑의 학설을 올바로 이해하지 못한 가운데 성립한 성론사의 삼종중도는 삼론학의 비판을 받게된다. 이제는 중도를 체로 한다는 것이 이제시교(二諦是敎)의 입장이기 때문에 진제도 가명이다. 그리고 삼론학의 입장에서 보면 팔불(八不)은 이제(二諦)를 밝히는 것이지 이제(二諦)의 체(體)가 아니다. 따라서 이제(二諦)의 체(體)는 따로 세워야 한다는 것이니, 이것이 삼론학에서 제삼제를 건립한 까닭이다. 즉 이제(二諦)의 체(體)는 제삼제(第三諦)인 중도제일의제(中道第一義諦)라는 것이 삼론학의 주장이다.

　그리하여 승랑은 진속 이제의 진리성을 합치면서도 새로운 제3의 진리성을, 즉 둘이면서 둘이 아닌 불이중도적인 제삼제를 설정하고 또 이것의 진리성을 밝혀내고자, '이제합명중도론'을 형성 전개하였다고 할 수 있다. 이제(二諦)는 불이중도(不二中道)를 깨닫게 하는 것이므로 승랑은 불이중도(不二中道)를 이제(二諦)의 체성(體性)으로 삼게 되었다고 밝히고 있는 것이다.

(4) 이제합명중도의 의의

고구려 승랑은 중국에 건너가 삼론을 연구하고 선양하여 후일 중국의 삼론학파 내지 삼론종 개창(開創)의 연원이 된 고승이다. 성실학파에 의해 삼론의 진정한 뜻이 단절되어 있을 때 삼론을 성실론과 분리하여 대승중관(大乘中觀)의 참뜻을 드러낸 분이 바로 승랑이다. 승랑에 의해 중국 땅에서 시작된 삼론교학은 '파사현정'(破邪顯正)으로 시종 일관하는 특징을 갖는다. 삼론학은 불교의 정법 진리를 올바로 밝혀내고자 독특하게 세 가지의 중도론을 전개하였다.

이 삼종중도론은 승랑의 '중가체용의'(中假體用義)에 바탕하여 종래의 견해 학설[由來義]를 상대하는 네 단계[四重階級]를 거쳐 하나하나 형성 전개된다. 그 가운데 이제합명중도는 사중계급의 넷째 단계에 이르러서야 비로소 형성되었다.

넷째 단계에서, 진속 이제익 두 진리를 합친 제3의 진리를 '제삼제'라고 이름하면서, 이것을 중도론으로 변증해내는 '이제합명중도론'을 밝히고 있다.

성실학파에 의해 잘못 이해되고 있는 중가체용의에 대하여 삼론학에서는 체중을 보다 명확하게 표현할 필요성에서 이제(二諦)의 체(體)는 중도제일의제(中道第一義諦)임을 따로 세워야 하였다. 이것이 승랑이 제삼제를 건립한 까닭이다.

승랑은 진속 이제의 진리성을 합치면서도 새로운 제3의 진리성, 불이중도적인 제삼제를 설정하고 또 이것의 진리성을 밝혀내고자, '이제합명중도론'을 형성 전개하였다고 할 수 있다.

참고문헌

• 고영섭, 원효탐색, 연기사, 2005

• 김성철, 중관사상, 민족사, 2006

• 김성철역주, 중론, 경서원, 1993

• 불교교재편찬위원회, 불교사상의 이해, 불지사, 1997

• 월호, 영화로 떠나는 불교여행, 이치, 2005

• 이만, 불교 문학과 사상, 부흥기획 출판부, 2001

• 정병조, 불교입문, 불지사, 1994

• 중촌원 저, 이재호 역, 용수의 삶과 사상. 불교시대사, 1993

5. 유식사상(唯識思想)

1) 유식학의 의미와 전개

(1) 유식의 의미

붓다의 가르침 가운데, 특히 마음만을 연구의 대상으로 삼고 마음의 여러 가지 작용과 기능에 대해 상세히 설명하고 있는 가르침이 바로 유식학이다.

유식은 인도말로 Vijñapti(마음에 비추어진 표상) mātra(단지-뿐)라고 한다. 존재하는 것은 마음뿐이라는 뜻이다. 이를 유식무경(唯識無境), 유식소변(唯識所變)이라고 한다. 외적 사물은 마음이 변하여 나타난 그림자에 불과하다는 것이다.

사물을 볼 때 눈앞에 실재는 실제 그런 고정적인 것이 존재하는 것이 아니라 우리 마음의 상태에 따라서 그 대상의 모습이 다르게 나타난다.

대학입시에 합격했을 때 보는 그 대학의 정문과 불합격했을 때의 대학의 정문은 분명히 달라 보인다.

남산에 올라가 본 사람과 올라가 보지 못한 사람의 남산을 보는 눈은 다를 것이다.

외계에 객관적으로 실재하는 산을 보는 것이 아니라, 산의 관념이 외계에 투영되어 실재하는 것처럼 보일뿐, 각자 달리 보고 있는 것이다.

내 앞에 펼쳐진 세상을 없다고 부정하는 것이 아니라, 내가 본 것처럼 그렇게 있지 않다는 것이다.

대상은 그 자체로 정해져 있는 것이 아니라, 심식의 인식작용에 의해서 다르게 인식되기 때문에, 정해진 대상은 없고, 인식되는 것만이 있을 뿐이다.

유식에서는 이처럼 마음 상태에 따라서 대상이 달리 보이는데, 그 마음의 상태를 세 가지 모습으로 설명하고 있다.

첫째, 자기 인식을 실체·고정화하여 실체가 없는 것을 마치 실체가 있는 것처럼 잘못 착각하는 경우다. [변계소집성 遍計所執性]

편견, 선입견 등의 감정을 가지고 편벽되게 대상을 봄으로써, 자기가 보고 있는 것을 실재시하여 괴로움을 일으키는 착각이나 환상 같은 존재를 말한다.

둘째, 모든 존재는 독립적으로 항상하는 것이 아니라 서로 다른 조건과 환경 등이 인연이 되어 성립한다는 것이다. [의타기성依他起性]

거기에는 독립적인 고정불변하는 실체는 있을 수 없다.

셋째, 위와 같은 두 가지 성질들을 모두 떠나서 진실한 것, 그 자체를 말하는 것이다. [원성실성圓成實性]

변계소집성과 의타기성을 떠나서 사물을 있는 그대로 보고 아는 것이다.

(2) 유식학의 전개

유식사상는 용수의 중관사상과 더불어 대승불교의 가장 큰 양대산맥이다. 용수의 공사상은 연기에 의해서 생겨난 모든 존재는 고정불변한 실체가 없다는 것이다. 하지만 어리석은 이들은 공을 잘못 해석하여 허무론적 견해로 착각한다. 모든 것을 공이라고 한다면 모든 것이 공하다고 하는 진리 역시 공해야 한다고 생각한다.

유식사상은 이와 같은 허무론적인 견해를 가진 반야 공사상에 대한 반성에서 나온 것이라 볼 수 있다.

유식학은 무착(無着, 310~390), 세친(世親, 320~400) 등에 의해 성립되었다.

무착은 미륵보살로부터 직접 가르침을 전수받고『섭대승론(攝大乘論)』을 저술하여 유식학파의 기초를 세웠다.

그의 동생인 세친은『구사론』을 저술하여 아비다르마(부파불교) 교학을 정리했을 뿐 아니라『성업론(成業論)』,『유식이십론(唯識二十論)』,『유식삼십송(唯識三十頌)』 등의 저작을 통해 유식학의 철학적 체계를 구축했다.

세친의 가르침은 안혜(510~570경), 호법(530~561), 진나 등에 의해서 계승되었다.

특히『유식삼십송』에 대한 인도 내에서의 다양한 해석은 현장(600~664)에 의해 호법의 해석을 위주로 한『성유식론(成唯識論)』으로 편집되어, 이후 동아시아 법상종의 가장 중요한 문헌이 되었다.

세친 이후의 인도 유식불교는 크게 두 가지로 나누어진다. 무상유식(無相唯識)과 유상유식(有相唯識)이다.

　무상유식이란 우리 인식의 허망성을 지적하는 가르침이다. 똑 같은 영화를 보고 나서도 어떤 사람은 영화가 잘된 작품이라고 하고 어떤 사람은 형편없다고 하는 경우가 있다. 영화를 따로 틀어준 것이 아닌데도 말이다. 바로 여기에 인간의 인식이 헛된 것이라는 것을 알 수 있다. 우리의 인식 자체가 어떤 사물을 평가할 때 주관적인 인식을 가지고 평가하기 때문에 허망성을 인정하지 않을 수 없다는 것이다. 이것이 무상유식의 기본적인 입장이다.

　유상유식은 무상유식과는 반대의 입장을 취한다. 물론 유상유식에서도 인간의 인식의 허망함을 인정하지 않는 것은 아니다. 그러나 사물을 인식할 수 있는 주관이 허망하다고 해도 이것을 벗어나서는 사물을 인식할 수 없다. 따라서 어느 경우에 있어서도 다소간 주관적인 색채가 있다고 하더라도 우리들 인식의 주체가 되는 근본 의식이라는 마음을 인정하지 않으면 안 된다는 것이 유상유식이다.

　무상유식을 이룩한 대가는 안혜이다. 유상유식은 호법에 의해 펼쳐졌다.

　유식학은 인도는 물론 중국을 거쳐 한국에도 도입하게 되었으며, 특히 신라시대에 많이 연구되었다.

2) 마음의 구조

　유식학은 인간의 심성을 가장 세분화하여 분석하는 학문으로, 인간의 마음을 8가지 마음으로 분류한다. 그 가운데 아뢰야식이 중심이 되어 선악의 행동이 나타나고 그 행동이 원인이 되어 선악의 현실이 새롭게 창조된다는 진리를 설명하는 학설이다.

(1) 전오식(前五識)

　인간을 구성하는 마음이 움직이고 있는 기본적인 감각대상을 전오식이라고 한다. 전오식은 눈으로 보는 마음(眼識), 귀로 듣는 마음(耳識), 코로 맡는 마음(鼻識), 입으로 맛보는 마음(舌識), 몸으로 느끼는 마음(身識)의 다섯 가지이다. 전오식은 직관적으로 대상을 인식한다.

　붉은 꽃을 볼 경우, 그것이 장미라고 판단되기 전에 직관적으로 붉은 색채의 모양이 잡히는 것이다.

　이 다섯 가지의 감각기관은 그 자체로는 어떠한 판별의 능력이 없다. 우리가 본다고 하는 것도 상당히 주관적이다. 자기가 좋아하는 사람의 글은 잘 보이지만 싫어하는 사람의 글은 잘 보이지 않는다. 똑같은 노력으로 똑같은 눈으로 보는데 어떤 것은 잘 읽혀지고 어떤 것은 잘 읽혀지지 않는다. 똑같은 영화를 보더라도 걸작이라 혹은 졸작이라 평하는 것을 보면, 이것은 눈 자체가 어떤 기능이 있기 때문이 아니라는 증거이다. 귀도 마찬가지다. 자기를 욕하는 소리는 아주 크게 들리지만 칭찬하는 소리는 잘 들리지 않는다. 이것은 코, 입, 몸에 대한 것도 마찬가지다.

그래서 전오식을 움직이는 어떤 마음이 있지 않겠느냐는 추론적인 사실을 밝혀내는데 이것을 유식에서 제육의식이라고 한다. 이 제육의식이 전오식을 통괄하고 명령하고 있는 것이다.

전오식이 가장 표층적이고 단순한 마음임에도 불구하고, 거기에 깊은 인격성이 그대로 모두 나타난다. 오래간만에 만난 친구는 껴안고 손을 잡지만, 싫은 사람의 피부가 닿는 것은 참을 수 없다. 피부와 피부가 닿는다는 점에서는 차이가 없는데도 말이다. 그것은 피부 그 자체의 감각이 아니며 그 뒤에 있는 의식이나 인격이 관련되어 있다고 생각하지 않을 수 없다. 그것이 노골적으로 솔직하게 나타난 것이 전오식이다.

표층의 마음인 전오식은 활동이 끊어질 수도 있다. 전오식의 경우, 어떤 명화가 눈앞에 있어도 방이 캄캄하면 보이지 않고, 아무리 맛 좋은 음식을 본다하여도 먹지 않는 동안은 미각과는 관계가 없다. 전오식이 작용하지 않는 경우가 자주 있다는 것은 의식의 마음 작용이 보고 듣고 이 같은 감각 작용을 지탱하고 있다는 것을 뜻한다.

의식은 말나식이라는 자아중심적인 생각에 지탱되어 있고, 말나식은 또한 가장 깊은 곳에 있는 마음, 아뢰야식이 지배하고 있다.

이것은 우리들이 본다, 듣는다와 같은 감각작용도 그 사람의 지성이나 교양이나 성격 등 가장 표층에서 일어난 단순한 작용이라고 생각된다 하더라도 사실은 깊게 그 사람 전체에 관련되어 있다는 것을 말한다. 자기가 갖고 있는 마음의 체제에 따라서 우리들의 인식은 변한다는 것이다.

이와 같이 전오식은 의식, 말나식, 아뢰야식의 심적 부분을 작용하는 장소로 하고 있다.

(2) 제육의식

제육의식은 전오식이 색채를 보고, 소리를 듣고, 향기를 맡을 때 언제나 동시에 작용하여 판단을 내림으로써 참된 인식을 성립하게 한다.

제육의식은 지성, 감정, 의지, 상상력 등을 종합적으로 포괄하고 있다. 보통 마음이라 부르는 것이 제육의식이다.

전오식은 대상의 자성만을 분별하지만 의식은 자성도 분별(自性分別)하고, 과거를 회상하고 미래를 생각하며(隨念分別), 착각과 더불어 오류를 범하기도(計度分別) 한다.

전오식의 대상이 각각 한정되어 있는 데 비해서 제육의식은 모든 것을 대상으로 하기 때문에 광연의식(廣緣意識)이라고 부른다.

제육의식은 전오식과 함께 작용하는 경우도 있고, 전오식과 관계없이 독자적으로 작용하는 경우도 있다.

전오식과 함께 작용하는 오구의식(五俱意識)의 경우, 제육의식은 객관세계의 사물을 관찰할 때 단독으로 하는 것이 아니라 항상 앞에 안식 등 오종의 심식에 가담하여 그 대상을 분별한다.

'이것이 꽃이다'라는 인식에는 안식의 붉은 색채를 받아들이는 작용이 있으며, 그것을 꽃이라고 판단하는 제육의식이 함께 작용한다.

전오식과 관계없이 작용하는 경우, 오후의식(五後意識)과 독두의식(獨頭意識)이 있다.

오후의식은 전오식이 일어난 다음에 그 대상을 상기하여 일어나는 의식이다. 전오식과 관계없이 단독으로, 전오식과 함께 보고 들었던 일들을 그 후에 이것이 무엇을 의미하는가를 생각하는 것이다.

독두의식은 정중의식(定中意識), 독산의식(獨散意識), 몽중의식(夢中意識)으로 나뉜다.

정중의식은 좌선, 염불 등, 의식이 집중 통일된 맑고 깨끗한 상태의 의식을 말한다.

독산의식은 의식이 전오식과도 좌선과도 관계없이 혼자서 작용하는 것으로, 환상에 빠지며 과대망상에 떨어지는 것이다.

몽중의식은 말 그대로 꿈속에서의 의식 활동이다.

그리고, 제육의식에는 의식이 작용하지 않는 다섯 가지의 경우가 있다. 이를 오위무심(五位無心)이라 한다.

오위는 무상천(無想天), 무상정(無想定), 멸진정(滅盡定), 극민절(極悶絶), 극수면(極睡眠)이다.

무상천은 색계, 제사선(第四禪) 가운데의 하나인 광과천(廣果天)의 세계로서, 거기에 있는 천인은 오랫동안 의식활동이 정지되어 있다.

무상정은 무상천의 경지에 도달하기 위해서 수행하는 선정이다. 이것도 제육의식이 작용하지 않는다.

멸진정은 무상정보다 한층 더 의식활동이 깊게 멈추어진 상태이다.

극민절은 기절한 상태이다.

극수면은 숙면 상태에서는 제육의식은 작용하지 않는다.

오위무심은 제육의식이 말나식과 아뢰야식과의 구별되는 결정적인 중요한 조건이라 할 수 있다.

이처럼 제육의식은 전오식에 비하면 작용하는 시간은 훨씬 많지만, 깊이 잠들어 있을 때나 술에 취해서 앞뒤를 분간할 수 없을 때에는 작용한다고 할 수 없다. 제팔아뢰야식, 제칠말나식이 계속적인데 비하면 단속적이다.

이상에서, 제육의식은 지(知), 정(情), 의(意), 상상력 등의 작용을 가지고, 인식을 정확하고 깊게 하는 것도 이 마음이고, 추상적인 사색을 담당하는 것도 제육의식이다. 정신력 같은 것은 제육의식의 가장 제육의식다운 것이라고 할 수 있다.

현재의 사물을 헤아리고(現量), 여러 가지를 비교 판단하고(比量), 잘못 판단하기도(非量) 하는 등 광범히 하게 작용한다.

공, 무아를 가르치며 연기의 사상을 이해하는 것도 이 마음이다.

보편적이고 객관적인 진리를 추구하고, 예술을 낳게 한 것도, 인간에게 윤리적 행위를 지키게 하는 것도 이 의식이다.

가장 능동적으로 끝없이 넓어져 가는 마음이 제육의식의 위대함이다.

(3) 제칠식 – 말나식(末那識)

유식논사는 제육의식이 평소의 의식생활을 이끌지만, 평상시 의식 외에 또 다른 마음이 지배한다는 사실을 깨닫는다. 평소 의식활동에 나타나지 않는 나쁜 마음이 어디에 잠재해 있다가 어느 순간 나타나기 때문이다.

제육의식은 제칠식에 의해서 조종당하고 있다고 한다. 제칠식을 말나식이라고 하는데, 인도말 마나스(manas)를 음사한 것이다. 제칠식을 사량식(思量識)이라고도 하는데 이것은 생각한다는 의미다. 그것도 나를 위주로 생각하는 것이다. 이것은 자기에게 유리하게, 자기를 중심으로, 자기의 입장에서, 사물을 보며 생각하고 판단을 내린다.

제칠식에 의해서 육식이 결정되고 육식에 의해 전오식이 결정되기 때문에 자연히 인간의 모든 행위와 규범 자체가 나를 위주로 생각하지 않을 수 없게 되어 있는 것이다.

유명한 비유로서 '일수사견(一水四見)'이라는 말이 있다. 이것은 사물은 보는 입장에 따라 변한다는 뜻이다. 우리는 물을 보면 물론 물이라고 생각하고 차갑다든지 마시는 것이라고 안다. 그러나 물고기에게 물은 거주처이고, 배고픈 아귀들에게 물은 고름으로 보인다고 한다. 그리고 천상의 신들은 물을 보배 궁전으로 본다.

따라서 우리가 겉으로 보기에는 내가 저것을 만들어 놓은 것 같지는 않지만 저것을 평가하는 근원은 바로 나라고 하는 자의식에 있다는 것이다.

착한 일을 할 때는 자기 자신은 착한 마음이 가득 차 있는 것 같지만, 유식의 인간관찰에서는 그러한 선의의 밑바닥에도, 모르는 사이에 자신만의 생각(我意)이 작용하고 있다. 이 자의식에 의해서 대상을 자기에게 유리하게 고쳐간다. 그러한 작용이 곧 말나식이다.

말나식이 자아의식이나 자기를 앞에 내세우는 경우에는 상당히 강한 능동성을 가지며, 상대에게도 강렬한 인상을 준다.

말나식의 곤란한 점은 아주 작은 작용이며 눈에 띄지 않는 깊은 곳에서 언제나 작용하고 있다는 점이다. 그것을 항심사량(恒心思量)이라 한다.

말나식은 밖에서 들어오는 정보도 그대로는 통과시키지 않는다. 전오식−제육의식으로 받아들인 정보는 여기에서 일단 자기 중심의 사고를 거쳐서 자기만의 색깔이 칠해지는 것이다.

따라서 부처와 범부의 차이는 이 말라식의 작용에 따른 것이다.

① 말나식의 대상

말나식의 대상은 제팔아뢰야식이다. 더 정확하게 말하면, 아뢰야식의 견분이다. 견분은 객관의 형상을 보는 작용이다.

인간은 무엇인가를 대상으로 하며, 그 대상에 대해서 작용하면서 살고 있다. 이것이 유식의 인간인식이다. 그 작용하고 있는 최선단이 견분이고, 말나식이 대상으로써 애착을 가지며 마음에 두고 있는 것도 그 아뢰야식의 견분이다. 아뢰야식은 한시도 멈추는 일이 없으며 힘찬 물줄기처럼 활동하고 있는 자기이다.

반해서 말나식은 그 사나운 물결 같은 자기의 실상에 눈을 감고 오히려 상주불변의 자아상을 만들어서, 그 허상에 애착을 품으며 마음을 두고 있는 것이다.

제칠말나식은 아뢰야식에 의지하여 항상 끊임없이 아뢰야식을 상대로 사량 집착하여 근본번뇌를 일으킨다. 아뢰야식의 견분을 나라고 집착하여 자아의식을 일으키는 것이다.

② 말나식의 다섯 가지 작용

유식학에서 말나식과 함께 작용하는 심소(마음의 작용)는 열여덟 가지가 있다고 한다. 그중에 말나식을 가장 말나식답게 특징 지우는 것은 다섯 가지 심소이다. 아치(我癡), 아견(我見), 아만(我慢), 아애(我愛)[사번뇌], 혜(慧)이다.

아치란 공하고 무아인 자기 참 모습을 깨닫지 못하고 있는 것이다.

그것이 근본에 있기 때문에, 자기 위주의 주장만을 절대적인 것이라 하고, 겸손하게 남의 주장을 듣지 않는 아견이 생기며, 남에게 교만하거나 거만해지는 아만이 생겨나게 된다.

그리고 자기가 마음대로 만들어낸 허상의 자아상을 한결같이 집착하는 아애가 그 밑바닥에 언제나 있는 것이다.

자기에 대한 애착심은 인간의 가장 근본적인 괴로움인 죽음에 대한 공포를 야기시킨다. 이러한 아치, 아견, 아만, 아애의 근본 4번뇌는 의식 등 다른 식에게 많은 지말적인 번뇌를 일으키게 하는 영향을 주기도 한다. 그리하여 생사윤회하는 괴로움의 원동력이 되는 것이다.

사번뇌와 함께 또 하나 중요한 것은 혜의 심소이다.

혜란 골라서 분별한다는 뜻이다. 대상을 선택하며 나누는 마음의 작용이다. 말나식과 한 몸이 되어 자기와 다른 사람과를 분명하게 골라서 분별하는 것이다. 자기와 타인을 골라내며 자기와 타인을 분명히 하면서 자기의 이익을 골라서 취하는 것이다. 그것이 심층에 있으며, 또 언제나 작용한다는 점이다. 자기 스스로 눈치채지 못하는 자기로서는 제법 선의의 것이라고 믿고 있는 때에도, 정의감에 불타고 있을 때에도, 이 말나식은 보이지 않는 곳에서 작용하며, 자기의 이익을 계산하고 있다는 것이다. 무의식 중에 있는 자아애, 이것이 말나식의 작용이다.

이처럼, 제칠식은 아뢰야식으로 국한된 세계를 또다시 이기적으로 자기를 중심으로 하면서 대상을 왜곡하며 애착한다.

③ 독영경(獨影境)

제칠식의 훌륭한 점은 그 이기적 에너지가 변해서 자애(慈愛)의 근원이 된다는 점이다.

말나식이 수행에 의해서 진리와 존재의 평등성과 무아인 진실한 자기의 참모습을 각성하는 것이다. 그 순간 자기만에 치우친 눈이 크게 백팔십도 회전하며, 모든 것에 대한 평등한 눈이 열린다. 이기심이 자애로 변하는 것이다. 제칠 말나식이 이처럼 깊은 자아의식을 가지고 있기 때문에 이 자아의식을 극대화 시켰을 경우에는 독영경(獨影境)으로 발전시킬 수 있다.

독영경은 자신이 진실로 마음속에 갈구하고 있는 바를 외부로 투영하므로, 그 외부에서 나의 간절한 소망을 들어줄 수도 있게 만든다고 하는 의미이다. 시끄러운 버스나 기차 속에서도 잠을 잘 수 있다는 것은 잠을 자는 사람이 마음속으로 원래 버스나 기차 안은 시끄러운 곳이라고 마음을 먹어버리니까 오히려 초연히 잠을 잘수 있는 것이다. 이것이 독영경의 구체적인 예이다. 우리가 마음먹기에 따라서 외부를 변화시켜버릴 수도 있다는 의미인 것이다.

우리가 고통을 당했을 때 관세음보살에게 빌면 그것을 극복할 수 있다고 한다. 이것을 조금 깊게 생각하면, 내가 관세음보살이 되는 것이라고 볼 수 있다. 그래서 다른 모든 고통을 받는 중생들에게 자비를 베풀어 준다고 하는 의미가 되는 것이다.

이와 같이 제칠 말나식은 우리들 이외의 모든 객관 대상을 자기 위주로 변화시키는 특성을 가지고 있기는 하지만 이것을 잘 개발하면 진실한 자기 자신을 발현해 나갈 수 있는 것이다.

(4) 제팔식(아뢰야식)

제팔 아뢰야식(阿賴耶識)은 윤회하는 주체를 추구하는 과정에서 등장한다. 우리가 지은 업은 반드시 존재 내면에 세력을 남긴다. 잠재적 에너지 형태, 업력에 의해서 삼계 육도를 윤회한다. 그러한 업력은 아뢰야식에 보존되어 윤회를 반복케 한다.

기억, 인식, 경전을 읽는 것, 사물을 학습하는 것, 은혜를 잊지 않는 것, 원한을 품고 있는 것, 의식의 지속 문제, 과거 행위의 영향이 현재에 미치는 것, 현재의 행위가 미래에 영향을 주는 것, 생사윤회의 주체, 인격의 연속, 생명의 연속, 지속성의 문제 등에 대한 유식의 답변이 아뢰야식이라 할 수 있다.

소승불교에서는 6식설만으로 인식활동의 원리를 설명할 수 있다고 보았으나, 그 보존성, 단절 문제 등으로 대승불교에서는 인간의 궁극적 실체로서 어느 때, 어느 곳을 막론하고 변화하지 않고 상존할 수 있는 그 어떤 것을 상정하게 되었다. 혼백이 되어서도, 어머니 뱃속에 있을 때에도 그 활동을 계속하는 윤회의 주체로서 등장한 것이다.

이처럼 윤회하는 주체를 추구해간 정점에서 발견된 것이 아뢰야식이다. 아뢰야(ālaya)란 감추다, 간직하다라는 뜻으로 장식(藏識)이라 불렀다. 전오식, 제육의식을 넘어선 밑층의 영역으로서 과거의 경험, 현재나 미래를 낳게 하는 힘이 되기 때문에 종자라고도 부른다.

① 무부무기(無覆無記)

인간을 볼 때 가장 중요한 것은 존재 그 자체를 그대로 파악하는 것이다. 어떤 가치 기준을 내세운다든지, 선입견이나 기성개념으로 계산하는 것이 아니다. 유식이 그런 뜻에서 아뢰야식을 무부무기라고 하는 것은 매우 훌륭한 인간관찰이라 할 수 있다.

무기라는 것은 현재의 존재가 그 과거의 행위에 절대적으로 구속되어 있는 것이 아님을 뜻한다. 지금 자기의 행위에 의해서 과거의 악업이 용서되고, 오늘의 자기에게 전환의 가능성이 주어져 있는 것이라고 말할 수 있다. 아무리 착한 행위를 쌓아도 존재 그 자체는 무부무기이므로 언제든지 악으로 변하는 가능성이 숨겨져 있다는 것이다.

그래서 아뢰야식은 그 자체로서는 선도 아니고 악도 아니며 아주 무한한 가능성을 가진 심층적인 자기 자신이라고 한다.

그런데 또 다른 의미에서는 선도 아니고 악도 아니기 때문에 잘 개발하

면 소위 부처가 될 수 있는 것이고 잘못 개발하면 형편없는 중생의 삶을
살게 된다는 의미다.

② 훈습

자기 스스로의 성찰을 깊게 함으로써, 유식은 자기의 밑바닥에 있는 심
연과 같은 자기를 발견한다. 그 아뢰야식은 구체적으로는 과거 경험의 흔
적을 간직한 것이다.

우리는 언제 어떻게 변하는지 모르게, 자기가 쌓아올린 경험에 의해서
어떤 하나의 향기와 같은 것을 인격에 갖추어 간다. 그러한 경험에 의한
소질을 제팔아뢰야식에 쌓이게 되는데 이것을 훈습(熏習)이라고 한다. 법
당에 오래 있으면 몸에 향내가 배듯이 자신도 모르게 행위 자체가 자꾸
쌓여간다는 것이다. 자신이 좋은 업을 지으면 착한 선근이 증장하고, 악
한 업을 지으면 나쁜 업이 쌓여가게 되는 것이다. 그뿐 아니라 전생부터
쌓여온 훈습이라는 것이 있다. 이러한 업에 훈습되어 있는 자기, 이런 것
들이 제팔 아뢰야식에 잠재가 되어 있는 것이다.

훈습을 견분훈(見分熏), 상분훈(相分熏)으로 나눈다.

상분훈은 보고 듣고 생각한 대상이 훈습되는 것을 말한다. 인식의 내
용이라 할 수 있다.

견분훈은 그것에 대해서 본다든지 듣는다든지 하는 주체 작용의 훈습
이다. 파악하는 작용 그 자체, 능연의 작용 그 자체의 훈습이다.

상분훈은 좋은 그림을 보았을 때, 그 그림의 색채나 구도 같은 것을 기

억하는 것이다. 꽃을 보면, 그 꽃의 색채나 형체가 종자로서 훈습된다. 이것이 상분훈이다.

견분훈은 좋은 그림을 본 감동이다. 꽃을 본 감동이 종자가 되어 훈습되는 것이 견분훈이다.

③ 종자

종자란 과거 경험의 흔적, 즉 자취이다. 우리들의 인격의 바닥에, 경험이 발자취를 남겨 두는 것, 그것을 종자라고 부른다.

아뢰야식 가운데, 결국 인격성의 밑바닥에서 종자가 훈습되는 것이다. 본질적으로는 아뢰야식, 기능적으로는 종자라는 것이다. 아뢰야식과 종자는 한 몸이며 떨어지지 않는 것이다. 잠재가 되어 있으려면 그 속에 종자가 있어야 한다. 씨앗이 없으면 잠재된 뿌리가 없는 것이다. 따라서 잠재되어 있는 종자를 제팔아뢰야식이라고 하는 것이다.

아뢰야식은 모든 업력 종자를 보존하면서 선악 업력을 다른 식에 공급하여 발동케 하며 모든 선악의 행동을 나타나게 하는 기능을 가지고 있다.

그래서 미래와의 관계에서 아뢰야식을 볼 때, 종자식이라 부르는 것이다. 오늘의 나는 과거의 나의 경험이 쌓인 것이며, 과거의 나의 결과이다. 그 내가 현재의 내가 되며, 미래의 나의 토대가 된다.

아뢰야식의 종자는 두 가지로 나눌 수 있다. 선천적인 종자와 경험적인 종자이다.

선천적인 종자는 인간이 타고난 소질이나 능력을 말하는 것이다. 따라서 선천적인 종자는 우리들의 의사와는 관계없이 잠재되어 있는 것이다.

반면에 경험적 종자는 후천적인 것이다. 이것은 경험에 의해, 내 의지에 의해 변화될 수 있는 것을 의미한다. 제팔 아뢰야식에는 이런 선천적인 소질과 후천적인 경험이 쌓여 있다.

성유식론에 의하면, 인간의 능력과 소질은 환경에 의한 것과 선천적인 것, 두 측면을 다 가지고 있다고 한다.

선천적 소질을 중요시하여 인간의 힘도 능력도 선천적으로 갖추어져 있는 것이며, 경험은 다만 본래 있던 것을 더 크게 하는 것에 지나지 않는다는 입장을 본유설이라 하고, 인도 호월(護月)의 주장이 그 대표적 실례이다.

인도의 난타(難陀)는 신훈설을 주장하였다. 인간의 능력이나 소질은 경험을 통해서만 흡수된다고 생각하였다. 훈습에 의해서 획득된다는 것이다. 본유설이 인간 소질의 한계에 주목한 것이라면, 신훈설은 인간이 애써 쌓아올린 역사의 발전이나 인간의 가능성에 빛을 던져준 것이라 할 수 있다.

호법(護法)은 선천성과 경험성 모두를 수용한 절충설을 주장한다.

인간에게는 선천적으로 갖추고 있는 것과 생활을 통해 획득하여 가는 경우가 있다. 두 면이 갖추어진 것이 현실의 인간이라는 인간관을 확립한 것이다. 호법이 신훈설만을 거론할 수 없었던 가장 큰 이유는 무루종자의 문제였다. 무루종자란 부처의 가능성, 여래와 같은 맑고 깨끗한 성질을 말한다.

인간은 각각의 그릇과 능력을 갖고 있다. 그러한 존재의 한계성을 본유종자라고 할 수 있다. 본유종자의 가장 큰 문제는 맑고 깨끗한 무루종자를 본래부터 갖고 있는가 어떤가 하는 점이다. 나쁜 인간이 선한 인간으로 변해가는 것은 본유의 무루종자가 있기 때문이라는 것이 본유종자의 가장 절실한 대답이라 할 수 있을 것이다. 선천적으로 본유한 것으로서 갖추어져 있다고 생각한 것이다. 아무리 닦아도 가능성이 있는 것이 아니면 아름다워지지 않는다.

본유종자설은 이러한 한계를 보여주며, 하나의 가능성을 보여주는 것이라 할 수 있다.

신훈종자는 그 본유의 가능성을 더 크고 강하게 하는 힘이라고 할 수 있다.

④ 종자 훈습의 구조

인간이 살고 있다는 것은 훈습하는 자기, 훈습을 받아들이는 자기, 훈습에 바탕을 두고 행위하는 자기가 동시에 강력하게 작용한다는 것을 뜻한다. 이것을 종자생현행(種子生現行), 현행훈종자(現行熏種子), 종자생종자(種子生種子)라고 표현한다.

세상은 제팔식에 간직된 종자로부터 끊임없이 펼쳐지고[종자생현행], 펼쳐진 세상은 펼쳐지자마자 바로 다시 종자로 제팔식 가운데 저장되고[현행훈종자], 저장된 종자는 제팔식 가운데 끊임없이 이어진다[종자생종자]. 그리고 다시 조건이 갖춰지면 또 현행하고 또 훈습되고, 또 이어진다. 이렇게 하여 우리의 삶은 돌고 돌게 된다.

현행훈종자

현행훈종자는 훈습하는 자기와 훈습을 받아들이는 자기의 관계이다.

모든 행위는 없어지지 않고 훈습을 거쳐서 다시 종자로서 저장되고 다음의 현행을 일으키는 과정에서 어떤 역할을 하게 된다.

우리의 활동, 즉 현행들이 아뢰야식의 종자를 훈습한다는 말이다.

종자생종자

우리는 끊임없이 행위를 지속하고 있기 때문에 한번 훈습된 종자라도 있는 그대로 유지될 수가 없다. 저장된 종자는 다시 새로운 종자로 변모하면서, 끊임없는 변화의 과정을 지속하여 새로운 종자로 거듭 태어난다.

종자생현행

종자생현행은 훈습을 받아들이는 자기와 훈습에 바탕을 두고 행위하는 자기의 관계이다.

아뢰야식은 종자를 훈습한다. 경험이 쌓인 것이다. 그런 점에서는 과거와의 관계상의 이해라고 할 수 있고, 수동적인 경우다. 그것에 반해, 곰보가 보조개로 변해 간다는 것은 미래를 향한 능동적인 측면이다. 그것을 종자식이라 부른다.

현행으로 저장된 종자의 지속적인 훈습에 의해서 새로운 종자가 생겨나는 과정을 거쳐서 결국은 현재의 종자가 현재의 상황에 대하여 현행이라는 현실적인 행동으로 다시금 드러나게 되는 것이다. 이렇게 현실적 행위로 종자가 나타나는 것을 말한다.

훈습되어 있는 종자가 능동적, 적극적으로 작용한다는 면을 강조한 것이다. 그것이 종자가 현행을 낳는다는 것이다. 종자생현행이다.

마음속에 숨어 있는 것이 대상으로서 나타나며, 그것을 마음이 본다고 말해도 좋을 것이다.

아뢰야식은 과거의 집적으로서의 오늘의 자기였다. 무엇을 보고, 무엇을 들으며, 무엇을 생각하며 살고 있는가. 거기에 그 사람의 앞뒤의 모든 것이 선명하게 나타난다.

삼계유심(三界唯心), 만법유식(萬法唯識), 만법불이식(萬法不離識) 등의 말은 그러한 것을 말한다.

⑤ 생명유지의 성질

아뢰야식에는 사람의 생존을 지탱하며 유지해가는 한 면이 있다.

부모와 자식은 별개의 개체이면서도 생명 그 자체는, 연속을 부정할 수 없다. 그런 측면에서 말하면 생명이기도 한 아뢰야식은 어떤 때는 부모, 어떤 때는 자식으로, 윤회 전생하고 있다고도 할 수 있는 것이다.

만일 실재하는 내가 없다면 기억이니 업이니 생사윤회 같은 사실을 어떻게 설명하면 될까라는 물음에서 출발하였지만 유식은 그러한 인간의 연속성의 한 면을 아뢰야식으로써 해결해 나가려고 했다

우리는 이 식을 중심으로 살고 있으며 아뢰야식은 현재 생명체로서 내외의 현실을 전개시키는 주체가 된다. 동시에 아뢰야식은 윤회의 주체가 된다. 우리가 이 세상에 태어날 때도 과거세의 업력을 보존한 이 식이 최초로 태어난 것이며 내생으로 떠날 때도 금생의 업력을 보존하고 있다가 육체로부터 최후에 떠난다. 그리하여 어디론가 강한 업력에 따라 새로운 삶을 다시 이어간다.

3) 마음의 정화와 유식수행

(1) 마음의 정화

유식에서는 번뇌로운 여덟 가지 식을 정화하여 지혜와 청정한 마음으로 돌아가 대열반을 성취하는 것이 궁극 목적이다.

8식의 성품은 무기성으로 선악의 상대적인 심성이며 항상 오류를 범할 수 있고, 또 아집에 사로잡힌 심성을 뜻한다. 그러나 이들 심성은 영원하고 불변한 번뇌심이 아니라 넓은 의미에서 볼 때, 일시적인 번뇌심으로 본다. 이러한 범부심이 정화되면 이들 마음의 본 바탕이며 실성에 해당하는 진여성이 나타나는 것이다.

그러므로 현재 인간은 선과 악이 대립되는 마음의 소유자로서 온갖 번뇌를 야기하면서 본래 소유한 진리로운 마음을 덮어버린 상태에 놓여 있다고 보는 것이 유식학의 입장이다.

대방등여래장경에 의하면 붓다는 다음과 같이 말씀하셨다.

> 나는 불안(佛眼)으로 일체의 중생을 관찰해보니 중생의 탐욕과 성냄과 우치한 마음가운데에 여래의 지혜와 여래의 눈과 여래의 몸이 있으며 이 여래는 부동자세로 결가부좌하고 있었느리라.
> 선남자야, 일체의 중생은 어느 세계에 있더라도 번뇌로운 몸 가운데에 여래장이 항상 번뇌에 오염되지 않고 진리로운 덕상을 구비하고 있는 것이 나와 하나도 다름이 없는 것과 같다

이것은 곧 우리 인간성은 여래장과 같은 것으로서 부처와 다름없는 지혜로움과 지혜의 눈과 몸을 구족하고 있다는 것을 가르쳐 준 것이다. 인간의 마음에는 선과 악을 야기하는 범부심이 있는 가운데 그 마음의 실성(實性)은 지혜로우며 선과 악을 초월한 절대적인 진실성이 있다는 것이다. 이는 진여성과 불성과도 통하며 이를 아마라식(阿摩羅識)이라고도 한다.

그러므로 인간은 본래 착한 본질과 무한한 가능성을 가지고 있고, 모든 진리와 통할 수 있으며 열반과 해탈을 실현할 수 있는 본성을 항상 보존하고 있는 것이다.

(2) 유식의 수행

우리들의 마음 속에는 심층적인 자기 마음이란 것이 잠재되어 있다. 그리고 그 심층적인 자기 마음은 무한한 가능성을 지니고 있다. 이것은 제칠 말나식에 영향을 준다. 그런데 제칠 말나식은 심층적인 자기 자신을 왜곡해서 자아의식 위주로 생각하므로 이것에 조종받는 제육식은 탐(貪)·진(瞋)·치(癡)·만(慢)·의(疑)·견(見)이라고 하는 그릇된 방향으로 움직이게 된다. 그래서 전오식도 역시 모든 것을 자기 위주로 생각하게 된다. 이러한 마음의 구조를 잘 가다듬어서 자기 자신을 자기에 의해서 정화시켜가는 것이 유식불교의 목적이다.

따라서 제팔 아뢰야식의 마음의 바다를 찾는 것이 진실한 유식불교에서의 수행이라고 할 수 있다.

유식설은 오염된 상태로 있는 이 마음을 수행에 의해 청정한 상태로 바꿈으로써 해탈할 수 있다고 믿는다.

오염된 마음을 전환하여 청정한 진여 본성의 마음으로 변환하는 것을 전의(轉依)라고 한다. 전의는 의타기성이 변계소집성을 멀리 여의고 원성실성을 얻는 것을 말한다. 제팔식 내지 팔식을 허망에서 진실성으로 전환시키는 것을 의미한다.

그래서 유식에서는 망식을 정화하고 전환하여 지혜를 증득하는 전식득지(轉識得智)를 강조한다. 이 전식득지의 지혜를 네 가지 종류로 설명한다.

성소작지(成所作智)는 전오식이 정화되면 나타나는 지혜로서 모든 사람에게 이익을 주기 위해 변화를 드러내 보이는 지혜이다.

그리고 묘관찰지(妙觀察智)는 제6의식의 번뇌가 정화되면 나타나는 지혜로서 모든 존재의 참된 모습을 그대로 관찰하는 지혜이다.

평등성지(平等性智)는 제7말나식의 번뇌가 정화되면 나타나는 지혜로서 나와 남을 평등하게 보는 지혜이다.

대원경지(大圓鏡智)는 제8아뢰야식이 정화되면 나타나는 지혜로서 모든 법을 통달하여 세상을 거울처럼 밝게 비추어 보는 지혜이다.

중생의 8식을 부처님의 4지로 전환시켜 법신이 자재함을 유식의 구경으로 삼고 있는 것이다.

이처럼 유식성인 진여를 회복하여 성불하는 것이 유식사상의 핵심이다. 그러기 위해서는 자리이타의 보살행을 실천해야 한다.

그 수행의 절차는 자량위(資糧位), 가행위(加行位), 통달위(通達位), 수습위(修習位), 구경위(究竟位) 등 오위(五位)로 나누어 설명한다.

3아승지겁 동안 십바라밀을 닦아서 십주(十住), 십행(十行), 십회향(十回向)의 삼현(三賢)과 십지(十地)의 수행단계를 닦아야 부처님의 지혜를 성취할 수 있다.

참고문헌

• 금강대 불교문화연구소, 불교의 이해, 무우수, 2008

• 목경찬, 유식불교의 이해, 불광출판사, 2012

• 대원불교자료집

• 대한불교조계종 포교원, 불교개론, 조계종출판사, 2012

• 불교교재편찬위원회, 불교사상의 이해, 불지사, 1997

• 오형근, 유식학 입문, 불광출판사, 1992

• 이철헌, 대승불교의 가르침, 문중, 2008

• 장익, 불교 유식학 강의, 정우서적, 2012

• 정병조, 불교입문, 불지사, 1994

• 태전구기 저, 정병조 역, 불교의 심층심리, 현음사, 1983

6. 천태사상(天台思想)

1) 천태사상의 역사

천태사상은 화엄사상과 더불어 가장 특색있는 불교사상이다.

지의(智顗, 538~597)가 공사상을 바탕으로 조직하고 체계화한 법화사상의 전개라 할 수 있다.

천태종(天台宗)이라는 호칭은 당 중기 형계 담연(湛然)에 의해 사용된 것으로, 천태 지의에 의해 세워진 종파이다.

천태종의 개조는 북제(北齊)의 혜문(慧文)선사라고 한다. 하지만, 혜문선사에 관한 신빙성 있는 기록은『마하지관』,『당고승전』에 조금 보일 뿐이다. 혜문선사는 오로지『대지도론』에 의거하였고, 그러한 그의 선법이 천태의 학풍으로 되었다고 한다.

제2조는 혜사(慧思, 515~577)선사이며, 혜문선사에게서 일심삼관(一心三觀)의 심요를 전수받고 법화삼매(法華三昧)에 의해서 크게 깨달았다고 전해진다. 혜사의 사상적 특징 가운데 하나는 말법(末法)사상이다. 현존하는 저서로는『입서원문(立誓願文)』,『제법무쟁삼매법문(諸法無諍三昧法門)』,『수자의삼매(隨自意三昧)』,『안락행의(安樂行義)』등이 있다.『제법무쟁삼매법문』에서는, 공을 깨닫는 도지(道智), 중생의 소질을 아는 도종지(道種智), 신통을 일으켜 중생을 구제하는 일체종지(一切種智), 이 세 가지 지혜가 밝혀지고, 이것이 혜사 사상의 기본토대임을 알 수 있다.

혜사의 뒤를 이어 천태교학을 대성한 이가 바로 제3조인 천태 지의이다.

지의(538~597)는 형주의 화양현에서 태어났으며, 양나라가 망한 다음 해인 18세에 출가하기에 이른다. 이어 혜광 율사에게 구족계를 받고 율과 대승을 익힌 뒤 대현산에서 법화삼부경을 연구한다.

23세에 광주의 대소산을 들어가 혜사에게 사사하였으며, 거기서 법화삼매를 오도(悟道)하였다.

이후 지의는 혜사의 곁을 떠나 진나라의 수도인 금릉에서 학풍을 드날리기 시작하였으며, 38세 이후에는 천태산에 들어가 11년간 수행하였다. 지의가 돌연 입산한 것은 수행자는 늘었으나 깨닫는 사람은 적었고, 입산 전년에 북제 무제의 불교 박해가 있었기 때문이다.

584년에는 칙명을 받아 금릉을 나와 『대지도론(大智度論)』과 『인왕경(仁王經)』을 강의했다.

진나라 황실의 간청으로 585년, 48세 때 천태산에서 금릉으로 다시 내려왔다. 이때부터 약 10년 동안 천태삼대부인 『법화문구』, 『법화현의』, 『마하지관』을 강의하였다. 이 시기에 천태의 사상이 꽃피었다.

589년 진(陳)이 멸망하자 형주로 가서 여산에 머물다가 진왕 광(晉王廣)으로부터 지자(智者)라는 호를 하사받았다. 이후 광산(匡山)의 옥천사에 머물면서 법화현의(法華玄義)와 마하지관(摩訶止觀)을 강의했다. 58세가 되던 해인 595년에 금릉에 나아가 진왕을 위해서 『정명소(淨名疏)』를 짓고, 다음 해에 입적하였다.

지의의 저술은 대단히 많지만 현존하는 대표적인 것으로는 『법화현의(法華玄義)』, 『법화문구(法華文句)』, 『마하지관(摩訶止觀)』, 『유마경략소(維摩經略疏)』, 『유마경현소(維摩經玄疏)』, 『차제선문(次第禪門)』, 『사교의(四敎儀)』, 『관심론(觀心論)』,『법화삼매참의(法華三昧懺儀)』 등이 있다.

지의의 법을 이어 후계자가 된 사람은 장안 관정(灌頂, 561~632)이다. 27세(583) 때 지의를 사사한 후 그 문하에서 삼대부를 청강하고 탁월한 기억력과 유려한 문장력으로 스승의 강의를 정리 편찬하였다.

지의가 입적한 후에는 그 유지를 받들어 천태산에 국청사를 창건하고 저작활동을 하다가 72세로 입적하였다. 지의의 가르침이 오늘까지 전승된 것은 관정의 공이 크다. 저서에는『열반경소(涅槃經疏)』,『열반경현의(涅槃經玄義)』,『국청백록(國淸百錄)』 등이 있다.

지의 이후로는 천태 6조인 당나라의 형계 담연(711~782)이 천태교학을 체계화하고 이론을 정비하여 하나의 종파로 발전시켰다.

송나라 사명 지례(960~1028)가 중흥한 외에 종파로서는 융성하지 못했으나, 그 사상은 각종의 불교학에 크게 미치고 보편화되어 이른바 중국 제일의 불교철학이라 칭한다.

특히 우리로서는 고려의 제관이 송나라로 천태불교의 전적들을 역수출하여 당 말 오대시대의 정치적 혼란, 불교 억압 정책으로 존립 위기의 불교를 부흥케 하였다.

제관의『천태사교의』는 천태학의 입문서로서, 방대하고 난해한 천태 교학의 정수를 체계화하였다. 이 책은 오대불교의 역사적 요망에 의해 나타난 교학적 산물로서 천태교학의 쇠퇴를 벗어나 중흥을 선도한 것으로 그 의미가 크다. 이 책에 대한 중국과 일본의 73종류의 주석서가 있고, 그 주석에 대한 주석도 130종류가 넘는다고 한다.

또한 대각국사 의천(義天, 1055~1101)은 천태종을 도입하여 고려 사회의

사상적인 통일을 성취하고자 하였다.

2) 천태의 교상판석(教相判釋)

중국이 불교를 받아들인 것은 단순히 인도불교의 모방이나 전승이 아니라 불교를 중국 민족화 하였다. 이것이 중국불교의 위대성이다.

불교경전이 중국에 수입될 때, 어떤 계획 아래서 이루어진 것이 아니고 산발적으로 뒤섞여진 채 중국에 들어왔다. 그리하여 경전들을 남북조시대부터 계획적으로 정리하고 분류하였다. 어느 경전이 붓다의 근본적인 뜻을 나타내고 있는가를 결정하는 것이 주안점이다. 붓다가 설한 시기, 그 대상, 설법한 목적, 방법, 그리고 사상의 깊고 얕음 등을 연구하고 비판하여 불타의 본 뜻을 말씀한 경전을 설정하고 이를 기본으로 하여 다른 경전의 지위를 판정하였다. 이것을 교상판석이라 한다.

교상판석은 중국의 모든 종파의 개조에 의하여 이루어졌고, 이 교상판석을 가장 잘 대표하는 것이 천태종의 개조인 천태지의에 의해 이루어졌다. 법화사상의 가치를 높이 평가한 지의는 불교의 모든 경교(經教)를 붓다가 설법한 차례와 순서에 따라 다섯 단계 즉 오시(五時)로 배열하였다. 여기에 설법의 방법과 형식에 따라 분류한 화의사교(化儀四教)와 법의 내용인 일체 교리를 분류한 화법사교(化法四教)의 팔교(八教)를 결부시켜 '오시팔교(五時八教)'로 지칭되는 교상판석을 완성시켰다.

오시(五時)란 붓다의 가르침을 전한 것을 5시기로 구분한 것으로, 화엄시(華嚴時), 아함시(阿含時), 방등시(方等時), 반야시(般若時), 법화열반시(法華

涅槃時)를 말한다.

화엄시(華嚴時)는 붓다가 도를 이루고 나서 21일 동안 화엄경을 가르친 시기다. 화엄경은 붓다가 직접 깨달은 법을 조금도 수식하지 않고 순수한 형태로 직접 설한 것이다.

아함시(阿含時)는 붓다가 화엄경을 설하고 나서 12년 동안 소승의 가르침인 4가지 아함경을 설한 시기다. 최초의 설법장소가 녹야원(鹿野苑)이었으므로 녹야시라고도 한다. 아함경은 이해력이 가장 낮은 사람을 위한 경전으로 간주되며 붓다 최초의 설법에 해당한다.

방등시(方等時)는 붓다가 유마경, 능가경 등의 여러 방등(方等)경전을 아함 이후 8년 동안 설한 것을 말한다. 방등경(方等經)은 소승의 사고방식을 신랄하게 비판하면서 대승으로 이끌어간 것이다.

내용적으로 소승불교를 배척하고 대승불교를 찬탄했으며 소승을 부끄럽게 여기고 대승을 흠모한 것이다.

반야시(般若時)는 붓다가 각종 반야경을 방등(方等) 후 22년 동안 설한 것을 말한다. 공(空)의 근본 진리를 해명함으로써 소승을 대승으로 길들인 것이다.

법화열반시(法華涅槃時)는 붓다가 법화경과 열반경을 반야시 이후 8년 동안 설한 것을 말한다. 법화경은 통일적인 진리 내지는 세계를 설명하고 있으며, 열반경은 붓다가 입멸할 즈음에 하루 밤낮 동안 설했던 것으로 내용적으로 법화경과 동등한 위치를 갖는다.

지의는 오시(五時)를 통(通)과 별(別)로 구분해서 보았는데, 통오시(通五時)란 오시는 시간상 구별이 아니라 설법내용의 분류이며 오시 상호간에 오시의 설법이 포함된다는 것이다. 별오시(別五時)란 시간상의 차제를 분류한 것이다.

팔교(八敎)는 화의사교와 화법사교이다. 화의사교(化儀四敎)는 설법의 방법과 형식에 따라 돈교(頓敎), 점교(漸敎), 비밀교(秘密敎), 부정교(不定敎)로 분류한 것이고, 화법사교(化法四敎)는 붓다가 설한 법의 내용인 일체 교리를 장교(藏敎), 통교(通敎), 별교(別敎), 원교(圓敎)로 분류한 것이다.

화의사교를 살펴보면 돈교(頓敎)는 단도 직입적으로, 점진, 유인의 방법을 사용하지 않고 단번에 대승의 심오한 법을 설하는 것을 말하며 화엄시에 해당한다.

점교(漸敎)는 내용이 쉬운 것에서 어려운 것으로 점점 그 수준을 높여서 가르치는 것으로 5시 중에서 아함시, 방등시, 반야시, 법화 열반시가 여기에 속한다.

비밀교(秘密敎)는 비밀부정교(秘密不定敎)의 약칭이며 듣는 사람이 서로 어떻게 이해하고 있는지 알지 못한 채 가르침을 이해하는 것으로 모든 경전에 지칭된다.

부정교(不定敎)는 현로부정교(顯露不定敎)의 약칭이며 듣는 사람의 근기에 따라 의미가 일정하지 않은 것으로 소승과 대승의 모든 경전에 대하여 지칭할 수 있다.

화법사교는 지의의 독창적인 교판설로서 명칭과 내용 모두 지의가 창안하여, 중생의 소질과 능력에 따라 붓다의 가르친 내용을 4가지로 구분한 것이다.

장교(藏敎)는 경(經), 율(律), 론(論)의 삼장교(三藏敎)라는 의미로 소승불교를 가리킨다. 이는 불교 교리를 이해하는 초보적인 단계로 특히 공(空)을 파악하는 방법에 강한 비판이 제기되고 있다.

부파불교에서는, 사물은 변하지만 그 근거가 되는 진리나 본체는 삼세에 걸쳐 실재한다는 '삼세실유 법체항유(三世實有 法體恒有)'를 주장했다. 사물을 요소적으로 분석해감으로써 결과적으로 공을 주장하였으므로 석공관(析空觀)이라고 평하게 되었다. 공을 일방적으로 해석하고 그것에 정체했다고 하여 편공(偏空), 허무공견(虛無空見)이라고 비판받았으며, 진리로 인도하는 방법이 졸렬하다고 하여 졸도관(拙度觀)이라고도 지칭된다.

통교(通敎)는 공통의 교법(敎法)이라는 뜻으로, 앞의 장교에도 통하고 뒤의 별교, 원교에도 통하며 또 성문(聲聞), 연각(緣覺), 보살(菩薩)의 삼승(三乘)에 공통되는 교리이다. 즉 대승과 소승에 공통되는 교리이다.

장교가 존재에 대한 분석과 실체에 대한 부정에만 머문 데 비해서 통교에서는 공이라고 하는 존재 원리를 철학의 방법으로 주장한 점이 다르다. 사물 그대로에 합치하여 전체적으로 공이라고 하여 당체즉공(當體卽空)의 이치를 깨닫도록 하는 것이다. 생멸에 관해서 생을 고집하지도 멸을 고집하지도 않는다. 생과 멸을 초월한다는 의미에서 무생무멸(無生無滅)이며 간략하게 무생관(無生觀)이라 지칭된다. 장교의 졸도관에 대하여 이것은 교도관(巧度觀)이라고 지칭된다. 대승의 경전 가운데 특히 반야경이 통교를 대표한다.

별교(別敎)는 성문·연각과는 다르고 원교와도 다르다는 뜻으로서 보살에게만 통하는 대승법문을 가리킨다. 공을 체득한 통교의 보살 중에 현상가운데서 중도를 보지 못한 보살이 수행하여 단계적인 깨달음을 거쳐

가는 가르침을 별교라고 칭한다. 공(空)으로부터 가(假)로 나아가며, 현실의 한량없는 모습에 대한 자유자재의 대응을 설하여 다시 중(中)을 향해 나아간다. 하지만 별교에 있어서 공(空), 가(假), 중(中)은 점차적이고 낮은 단계로서 원융상즉(圓融相卽)까지는 이르지 못한다. 중(中)은 공(空), 가(假)에 대해 특별한 것이고 목적적이다. 그런 의미에서 단중(但中)이라고 평해진다. 이러한 점에서 별교라고 지칭되는 것이다. 대표적인 경전으로 화엄경을 들 수 있다.

원교(圓敎)는 원만한 가르침이라는 의미이며, 진리 내지 세계를 총합적으로 보는 입장이다. 공·가·중에 상대해서 말하면 별교처럼 차제의 삼관이 아니고 원융상즉의 일심삼관(一心三觀)이다. 공·가·중 어느 한 쪽에 치우치지 않고 참으로 적당함을 얻어서 진공묘유(眞空妙有)의 경계이다. 인간적 작위를 넘어선 무작(無作)의 경지에서 있는 그대로의 진리를 말한다. 생사 즉 열반이고, 번뇌 즉 보리이며, 범부 즉 부처라는 것이 원교의 가르침이다. 이 원교에 가장 적합한 경전으로 법화경이 거론된다.

3) 일념삼천설(一念三千說)

경전을 오시팔교로 교판하고 제5시와 일승원교에 속하는 『법화경』의 절대성을 입증하기 위하여 세운 독자적인 교설이 천태의 사상체계이다. 천태교학은 존재의 양상을 밝히고 있는데, 그 근본적인 세계론으로 일념삼천사상을 주장한다.

제법실상의 사상을 원융논리로 설명한 것 가운데 마지막 귀결이 일념삼천설이다.

일념삼천이란 일 찰나의 한 마음에 삼천의 우주만유가 상즉·상관하여 혼연일체가 되어 있음을 표현한 것이다. 만물이 상호 원융무애하여 한 법이 다른 법을 포섭하고 만물이 서로 갖춘 것을 나타내는 묘법이다.

불교에서는 윤회하는 고통의 세계를 6도라고 하는데, 이 여섯 세계를 떠난 곳에 깨달음이 열린다고 흔히 생각한다.

대승불교에서는 여기에 또 성문·연각·보살로 나누고 있다. 이 성문승·연각승·보살승의 삼승 위에 천태는 불승인 또 하나의 세계를 더하여 열 세계를 상정하고 있다.

그런데 이 10계는 각각 별개의 세계가 아니라 각 세계에 다른 10계가 갖춰져 있다고 한다. 이것이 십계호구 사상이다.

우리의 삶을 보면, 화가 나서 싸울 때는 수라세계의 중생과 같고, 어느 때는 보살과 같은 대자비심을 일으켜서 이웃을 돕기도 한다. 순간순간 그 마음이 달라짐을 발견할 수 있다.

아무리 착한 사람이라도 착한 마음과 똑같이 악한 마음이 내재해 있고,

아무리 악한 인간이라도 악심과 동시에 선심이 있다는 뜻이다. 가능성으로서 10계를 다 갖고 있다.

이처럼 십계는 고립된 것이 아니고 서로 관련하여 최하의 지옥계에도 그 자체에 아귀계로부터 불계까지 존재하고, 불계에도 보살계로부터 지옥계까지 10계가 존재한다는 것이다.

우리들이 타락하여 지옥계를 창조하거나 향상하여 불세계를 실현하는 것도 우리들 중에 지옥이 되고 부처가 될 소질을 구비하고 있기 때문이고, 더 나아가 지옥계에 있을 때도 아귀 내지 불계의 소질을 갖추고, 부처가 될 때에도 보살 내지 지옥계의 소질을 구비하고 있는 것이다.

이렇게 십계 상호간에 십계가 갖춰지므로 백계의 세계가 이루어진다. 이 백계에 십여시가 덧붙여져서 천세계가 된다. 십여시(十如是)란 『법화경』 「방편품」에 나오는 여시상(如是相), 여시성(如是性), 여시체(如是體), 여시력(如是力), 여시작(如是作), 여시인(如是因), 여시연(如是緣), 여시과(如是果), 여시보(如是報), 여시본말구경(如是本末究竟)을 말한다.

온갖 법은 이러한 외면의 형상, 내면의 본성, 사물의 주체, 잠재적 힘과 작용, 구조, 직접적 원인, 간접적 원인, 직접적 원인의 결과, 간접적 연의 과보, 그리고 이 형상에게 결과까지를 궁구하는 평등원리 등 십여시를 다 갖추었다는 것이다.

이 일천세계에 다시 삼종세간을 곱한다. 삼종세간은 세계를 구성하는 요소로서 물질인 오음(오음세간), 거기에 거주하는 주체적 인간(중생세간), 환경인 국토(국토세간)이다.

그리하여 삼천세계가 나오게 된다.

삼천세계는 널리 만유를 총괄 망라함과 동시에 하나의 사물이라도 각각 삼천의 제법을 수납하고 있기 때문에 삼천을 서로 갖추고 서로 원융하다는 것이고, 우주의 만유는 상호 절대 무한의 가치를 가진 것이며 삼천의 제법이 각각 실상을 나타내고 있는 것이다. 어느 것이든지 삼제원융의 진리를 구비하고 있고 눈앞에 있는 현상 그대로가 실상이다.

천태의 원융사상은 여기서 그 극치를 달한다. 그것은 하나의 사물에 만유를 구비하고 만물이 서로 원융무애하여 동질·동량이며, 그것이 모두 삼제를 원만하게 갖추고 있어 동등하고 같은 가치인 것을 나타냄으로써 개물은 어느 것이든지 그 자체가 원만원족하고 치우치지 않고 원묘하다는 것이다.

4) 일심삼관(一心三觀)·사종삼매(四種三昧)

북제 혜문선사가 대지도론의 "세 지혜를 한 마음 중에서 얻는다"고 하는 글에 의해서 일심삼관의 요지를 깨달은 것이 천태지관을 실천하는 시초라고 한다.

천태의 실천론은 지관 두 글자로 요약된다.

이 지관의 방법에는 삼종지관(三種止觀)이 있고, 그 대표적인 원돈지관(圓頓止觀)에는 사종삼매(四種三昧), 십승관법(十乘觀法), 일심삼관(一心三觀) 등의 정수행과 이십오 방편(二十五 方便)의 방편행이 있다. 여기서는 일심삼관과 사종삼매를 살펴본다.

일심삼관이란 원융삼관이라고도 하는데 일심을 대상으로 하고 삼제(공제·가제·중제)가 원융함을 관하여, 삼관상이 일심 중에 성립함을 관찰하는 것이다. 일체 존재의 실상을 원융삼제(圓融三諦)의 관법으로 발견해 가는 것이다.

천태교리의 골격을 형성하고 있는 것으로서, 천태법화사상의 체계가 '공(空)'이라는 관념에 있다는 것이다.

공은 불교의 모든 사상과 교리의 밑바탕에 끊임없이 흐르고 있다. 『법화경』에서도 마찬가지로 곳곳에서 유·무를 초월, 불이·공을 강조하고 있다. 일체의 상대적, 한정적, 고정적 제약을 제거해 버린 절대적, 무한정의 세계를 표현한 것이다.

천태지의는 공가중 세 가지의 카테고리를 수립하였다. 이것은 용수보살 『중론』의 관사제품에서, '연기가 곧 공이고 가명이며 중도'라는 구절과

『보살영락본업경』의 '종가입공(從假入空) · 종공입가(從空入假) · 중도제일의(中道第一義)'의 3관을 응용한 것이다.

현실의 모든 사물은 연기되어 존재한다. 이것이 있기에 저것이 있는 것이다.

자신과 타인, 어버이와 자식, 선과 악, 아름다움과 추함 등은 고정불변한 것이 아니고 서로 의지하고 연기 관계 속에서 성립한다. 그러므로 가명의 존재인 것이다.

따라서 그것을 버리고 본성이 공(空)임을 파악하지 않으면 안된다. 이것이 가에서 공으로 들어가는 '종가입공'이다. 여기서는 파괴되는 가의 참다운 모습, 깨달아 들어가는 공의 진리, 그 둘을 관하기 때문에 '이제관'이라고도 한다.

하지만, 공에 들어가도 공으로 머물러서도 안 된다. 공도 역시 공하다.

이리하여 '종가입공'은 공에 머무는 것이 아니라 공의 진실에 집착하는 공견을 버리고 다시 공(空)으로부터 가(假)로 들어가게 된다. 바로 '종공입가'이다. 이 종공입가는 가를 공으로 관하고 공도 공으로 관하며, 또한 가를 깨뜨려 공을 사용하고, 공을 깨트려 가를 사용하기 때문에 평등관이라고도 한다.

종가입공관과 종공입가관은 어디까지나 방편일 뿐 정관은 아니다. 공과 가는 이변 중 하나일 뿐이다.

공가상즉의 중이야말로 사물의 실상이기 때문에 종가입공에도 머무르지 않고 종공입가에도 머무르지 않고 두 변이 함께 존재하고 함께 작용한다고 보는 것이 사물을 바르게 보는 것이다. 이것을 '중도제일의'라고 한다.

용수는 『중론』 관사제품에서 다음과 같이 주장하고 있다.

"공성이 성립한 곳에 일체가 성립한다. 공성이 성립하지 않는 곳에 일체는 성립하지 않는다."

일체개공이 곧 일체개성(一切皆成)이라는 뜻인데, 이러한 의미에서 천태지의는 원돈지관 내지는 일심삼관을 강조하였다.

보통사람은 현실의 거짓에 집착하여 가가 공이라는 것을 알지 못하기 때문에 공이 강조되었다. 그런데 소승은 이 공에 집착하여 그것이 가에서 나온 것임을 망각하였다. 그리하여 대승보살이 등장하여 가를 강조하고 그 속으로 들어갔다.

그러나 대승인에게도 위험성이 있었으니, 그것은 가에 깊이 침잠할수록 공을 망각해 버린다는 것이었다. 그리하여 가에서 공을 잊지 않는다고 하는 점으로부터 중(中)이 강조되었다.

천태지의는 이러한 공·가·중의 원융과 상즉의 인식(원돈지관·일심삼관)을 『법화경』에서 터득해 내었고, 그에 의거하여 모든 가르침과 경전을 가치에 따라 배열하여 후세에 '5시8교'로서 정형화된 교상판석을 정립하기에 이르렀다.

사종삼매(四種三昧)란 원돈지관(圓頓止觀)의 외형적 분류로서, 마음을 하나의 대상에 오로지 집중하여 바른 지혜를 얻기 위한 실천 방법으로 신체의 서고 앉는 동작에 따라 네 가지로 나눈 것이다. 사종삼매는 천태사상의 종합적 성격이 잘 드러나고 있다.

상좌삼매(常坐三昧)는 일행삼매(一行三昧)라고도 한다. 조용한 곳에 머물면서 한 부처님을 향하여 결가부좌하고 부처의 명호를 부른다. 일체의 망상분별을 버리고 제법실상의 이법을 관찰하여 체득한다.

상행삼매(常行三昧)는 반주삼매(般舟三昧)라고도 한다. 선정 중에 시방제불이 나타나는 것을 볼 수 있다고 한다. 몸을 청정히 하고, 끊임없이 아미타불의 명호를 부르며, 아미타불의 32상을 생각하며 자기 마음의 미타와 유심의 정토를 관상하는 것이다.

반행반좌삼매(半行半坐三昧)는 대방등다라니경에 근거한 방등삼매(方等三昧)와 법화경, 보현관경에 근거한 법화삼매(法華三昧)가 있다. 방등삼매는 한가하고 고요한 곳에 도량을 정하고 향을 실내외에 바르고 도량을 장엄한다. 백 가지 음식을 공양하며, 행선할 때마다 한 주문을 외우고, 좌선 사유하여 실상을 관한다. 참회를 중심으로 하기 때문에 매우 엄숙하다. 법화삼매는 조용한 곳을 택하여 도량을 정하고 높은 자리에 법화경을 안치하며 꽃, 향 등으로 공양한다. 육근을 참회하고 법좌를 돌고 향을 사루며 꽃을 뿌리고 송경한다.

비행비좌삼매(非行非坐三昧)는 각의삼매(覺意三昧), 수자의삼매(隨自意三昧)라고도 한다. 앞의 세 삼매 외에 할 수 있는 모든 삼매를 말한다. 말하자면, 신체의 행주좌와 어느 동작이든 관계없이 그 동작 속에서 우리의 마음을 응시하여 지혜가 나타나도록 하는 것이다.

이상의 사종삼매에 대해서 두 가지 의미를 부여할 수 있다고 한다. 첫째, 밀교, 선종, 정토종의 여러 수행법을 종합했다는 점이고, 둘째, 4종류 삼매의 비행비좌삼매가 위빠사나 수행과 간화선 수행을 연결시켜주는 고리 역할을 할 수 있다는 점이다.

참고문헌

• 김성구, 지창규, 천태사상으로 풀이한 현대과학, 법화학림, 2011
• 불교교재편찬위원회, 불교학개론, 동국대출판부, 1988
• 불교교재편찬위원회, 불교사상의 이해, 불지사, 1997
• 이병욱, 천태사상, 태학사, 2005
• 이영자, 천태불교학, 불지사, 2001
• 조계종, 다르마넷
• 지창규, 천태학 노트, 법화학림, 2009
• 타무라 시로우, 우메하라 타케시 저, 이영자역, 천태법화의 사상, 민족사,
   1989

7. 화엄사상(華嚴思想)

1) 화엄사상의 전개

『화엄경(華嚴經)』의 원래 경명은『대방광불잡화엄식경(大方廣佛雜華嚴飾經)』
이고 이를 줄여 대방광불화엄경(大方廣佛華嚴經)이라 부른다.

인도말로 Buddhāvataṃsaka(佛華嚴)−nāma(名)−mahāvaipulya(大方廣)−
sūtra(經)라 한다.

대방광불화엄경은 광대무변하게 우주에 편만한 붓다의 덕과 가지가지
의 꽃으로 장엄된 진리의 세계를 설하는 경이라고 할 수 있다.

화엄경(華嚴經)은 인도에서 이루어졌으나 화엄교학은 중국과 한국 등에
서 체계화되었다. 화엄사상은 곧 화엄종의 성립으로 구축된 사상의 총합
이다. 화엄종은 지론종(地論宗)과 섭론종(攝論宗)의 학설을 받아들이고 당
초기에 유식불교의 자극을 받은 화엄교가들에 의해 사상적으로 완성되
어갔다.

두순(杜順, 557~640)은 화엄종의 초조로 여겨진다. 두순은 학문적인 이
론가나 저술가라기보다는 실천을 중요시한 두타행자였으며 보현행자였
다. 저서로『법계관문(法界觀門)』이 있었다고 하나 현존하지는 않고 법장과
징관의 저술에 인용되고 있다.

지엄(智儼, 602~668)은 중국 화엄종의 제2조라 불리며, 화엄경을 본격적
으로 연구한 최초의 화엄가였다. 지엄 문하에 의상, 법장, 혜효, 반현지
등이 있다. 의상은 해동화엄초조가 되고, 법장은 지엄을 이어 중국 화엄

종의 3조가 된다. 저서로는『수현기(搜玄記)』,『화엄경공목장(華嚴經孔目章)』,
『오십요문답(五十要問答)』,『일승십현문(一乘十玄門)』,『육상장(六相章)』, 등이
있다. 이 가운데『수현기』는 60화엄경의 최초의 주석서이다.

　　법장(法藏, 643~712)은 화엄교학의 체계를 완성한 사람이다. 장안에서
태어났으며, 지엄이 화엄경을 강론하는 것을 듣고 그의 문하에 들어가서
화엄의 묘리를 터득하였다. 측천무후의 칙명을 받아 화엄경을 강론하였
는데, 이를 듣고 무후는 감명 받아 현수대사라는 호를 내렸다. 법장은 역
경에도 종사하여 당시 번역가인 지바하라의 역경장이나 실차난타의 화
엄경 역장에도 참여하였다.

　　그는 불교를 오교십종의 교판으로 분류하고 화엄경을 그중 으뜸으로
삼아 일승원교의 사상인 화엄종을 대성케 하였다. 그가 남긴 저서로는
『화엄오교장(華嚴五教章)』,『망진환원관(妄眞還源觀)』,『탐현기(探玄記)』,『유
심법계기(遊心法界記)』,『화엄지귀(華嚴旨歸)』,『화엄경전기(華嚴經傳記)』등이
있다. 법장은『탐현기』에서 자신의 화엄경관을 잘 나타내고 있으며, 그
내용은 주요한 화엄교학으로 주목되어 왔다. 신라 의상에게 보낸『현수
국사기해동서(賢首國師寄海東書)』는 당시 한국과 중국과의 문화교류, 화엄
사상을 이해하는 데 매우 중요한 자료이다.

　　청량대사 징관(澄觀, 738~839)은 화엄교학뿐만 아니라 천태(天台), 율(律),
선(禪)사상은 물론 불교 이 외의 사상에도 정통했다. 그는 화엄의 법계연
기(法界緣起)의 교의를 사종법계(四種法界)로 체계화했으며, 모든 종파를 융
합하려는 입장에서 화엄사상을 전개해 나갔다. 그는『화엄경수소연의초
(華嚴經隨疏演義鈔)』80권을 저술했는데, 이는 80화엄의 대표적인 주석서이

다. 이 외에 저서로『삼성원융관(三聖圓融觀)』,『법계현경(法界玄鏡)』등의 저서가 있다.

다음 종밀(宗密, 780~841)은 중국 화엄종의 제5조이다. 유가에서 태어나 유학을 배워오던 사람으로, 남종선의 도원 밑에서 출가하여 선학을 배웠다. 훗날 징관을 만나 화엄의 진리를 터득하게 된다. 그의 교학은 단순히 선과 화엄뿐만 아니라 모든 경론에도 통달하였다. 화엄과 선을 융합하고 일치시키려고 하는 선교일치론을 주장하였다.

『원각경』은 가장 심혈을 기울여 연구한 경전으로 화엄의 입장에서 많은 주석을 가하였다. 저서에는『원각경』의 주석서인『원각경대소』,『원각경대소초』와『원인론(原人論)』,『선원제전집도서(禪源諸詮集都序)』,『선문사자승습도(禪門師資承襲圖)』등이 있다.

종밀은 불교의 입장에서 유교와 도교를 명확히 사상적으로 정립시키고, 징관이 주장한 교선일치(敎禪一致)설을 완성시켰다.

징관과 종밀에 의해 화엄교학은 거의 완성되었다고 해도 과언이 아닐 것이다. 회창폐불 이후 화엄사상은 점차 쇠퇴해 갔으며, 중흥의 교주라 불리는 송대의 정원(淨源)을 선두로 대부분의 사상가들은 징관이나 종밀의 교학을 연구하고 주석을 달 뿐 독자적인 사상체계를 형성하지 못했다.

신라 때 주목할 만한 화엄사상가로는 자장과 의상(625~702)이 있다.

자장은 신라 선덕여왕 5년(636년)에 입당했다가 643년에 귀국해서 화엄교학과 화엄신앙을 홍포했다.

의상은 중국 화엄종의 제2조인 지엄 문하에서 수학한 후 귀국해서 10대 제자를 양성하고 화엄십찰을 건립하는 등 화엄사상의 홍포에 크게 기여했다. 그가 지은 『화엄일승법계도』는 현대에 이르기까지 연구 전승되어오고 있다.

고려 시대의 화엄사상가로는 균여(923~973)가 있다. 그는 『일승법계도원통기』를 지었다. 보조국사 지눌은 『화엄론절요』를 지었다.

2) 여래출현(如來出現)

『화엄경』의 중심사상으로서는 먼저 '여래출현'을 들 수 있다. 여래출현은 '여래성기(如來性起)'라고도 한다.

붓다는 영원불멸의 진리를 깨닫고, 그 진리를 자신에게 실현하여 비로자나불로서 다시 이 세상에 돌아오신 것이다. 이를 강조하기 위해 화엄경에서는 여래출현이라고 하여 그 의미를 부각시키고 있다.

석가모니불은 깨달은 자리, 바로 그곳에서 선정에 들어가 비로자나불이라고 하는 대법신의 모습을 드러내고, 시공을 초월하여 영원히 존재하는 진리와 체를 같이하는 보편적인 불타의 모습, 즉 여래로 출현한 것이다.

『화엄경』의 대방광불은 온 우주 법계에 충만한 변만불(遍滿佛)로서 모든 존재가 비로자나부처 아님이 없다. 개개 존재가 고유한 제 가치를 평등히 다 갖고 있기에, 여래의 지혜인 여래성품이 그대로 드러난 존재인 것이다. 이를 여래성기 또는 여래출현이라 하는 것이다.

여래출현품에서는 여래출현의 의의를 다음과 같이 설한다.

여래의 지혜는 어떠한 모습도 가지지 않고 그 어디에도 걸림이 없다. 일체중생이 모두 이러한 여래의 지혜를 구족하고 있지만 중생의 전도된

망상으로 인해 중생은 이를 알지 못하고 있다. 그래서 중생들에게 이러한 진실을 깨닫게 하고 망상에서 벗어나 여래의 무량한 지혜를 증득하게 하기 위해 여래가 출현한 것임을 단적으로 밝히고 있다

이러한『화엄경』의 여래출현, 대방광불의 세계는 부처와 보살, 보살과 중생, 중생과 부처가 둘이 아님을 잘 보여 준다

여래나 부처는 법을 체득한 구현자임과 동시에 중생에 대한 구제와 사명으로 출현된 것이며 중생 없는 여래의 존재란 상상할 수도 없는 것이다. 이것은 모든 중생의 존엄성과 본질적인 자질의 고귀함 그리고 평등성을 밝힌 것이라 할 수 있다. 여래와 중생의 동질성 그것이야말로 양자 간의 상호 인연관계를 성립시키는 근거가 되는 것이다.

신라 의상도 우리 범부 중생이 그대로 부처라는 것을 법성성기로서 옛부터 부처라 하였다. 부처의 세계는 본래 부처인 중생의 원력에 의해 이 땅에 구현된 것임을 밝혀준 것이다. 중생이 본래 부처이지만 중생은 자기가 바로 부처인 줄을 모르기 때문에 신심과 발심이 필요하다. 자기가 부처인 줄을 확실히 믿는 이 신심을 성취하면 아뇩다라삼먁삼보리심을 일으키게 되고, 처음 발심할 때가 바로 깨달음을 이루는 때라고 하는 것이다.

여래가 될 수 있는 가능성으로서 자신의 내면에 잠재되어 있던 여래성이 현실적으로 나타나게 되는 계기가 발보리심이다. 발보리심은 미망의 세계와 깨달음의 세계를 가름하는 분기점으로서, 여래출현의 돌파구가 되는 것이다. 중생에 내재되어 작동되지 않고 있는 여래성을 일깨워 여래로서의 작용, 즉 깨달음에 바탕을 둔 중생구제를 위한 이타의 활동을

행하게 하는 출발점이 되는 것이다.

3) 화엄의 보살도

『화엄경』은 부처의 세계가 어떤 것인지, 인간이 어떻게 부처가 되고 부처의 세계를 이룰 수 있는가에 대해 구체적으로 설하고 있다.

그 세계는 오직 보살도를 통해서 현실에 구현되는 것으로, 보현행원(普賢行願)이라고 하는 보살도를 실천함으로써 성불의 길로 나아가는 주체적인 수행의 모습을 그리고 있다.

보현행은 모든 부처의 가장 큰 서원이며, 여래의 성품으로서 중생으로 하여금 미망의 생존을 그치게 하고 중생 본연의 모습인 여래의 모습을 되찾도록 하는 새로운 여래 출현의 도이다.

그래서 화엄경에서는 부처의 세계를 구현하기 위한 보살도의 실천 수행으로서 보현행원을 보살도의 으뜸으로 삼고 있다.

화엄경의 보현삼매품에서는, 보현보살이 삼매에 들어 있으면서 신통으로 일체 모든 세계에 두루 몸을 나타내어 중생들의 마음과 욕망에 따라 모든 중생을 제도하고 있다. 여기서 주목해야 하는 것은 보현보살이 삼매 속에서 일으키는 여러 활동은 비로자나불의 원력에 의한 것이라는 점이다. 보현보살은 부처의 본원에 따라서 중생들을 구제하는 보살로서 여래의 덕을 나타내고 있는 것이다. 그러므로 보현보살의 모든 활동은 부처의 활동 모습 그대로의 모습이다.

이처럼 보현행은 특정한 보살의 행이 아니라 행덕이 수승하여 부처의 행덕과 같은 보살행이라 할 수 있다.

십회향품에서는 금강당보살이 보살명지삼매에 들어갔다가 삼매에서 나와 십회향법을 설한다. 이제까지 닦아온 무량한 보살을 중생과 정각과 실제에 통일하여 십회향해야 한다고 밝힌다.

1. 일체 중생을 구호하면서도 중생이라는 생각을 떠난 회향

2. 깨뜨릴 수 없는 믿음을 얻어 안주하여 그 선근을 중생에게 광대히 회향하는 것 3. 모든 부처와 동등한 회향

여기까지는 중생회향이라 한다.

4. 모든 것에 이르는 회향 5. 다함이 없는 공덕장 회향

6. 모두 평등한 선근에 들어가는 회향

이 셋은 보리회향이라 한다.

7. 일체 중생을 평등하게 따라주는 회향 8. 진여인 모양의 회향

9. 집착도 속박도 없는 해탈회향 10. 법계와 평등한 무량회향

이 넷은 실제회향이라 한다.

이상의 십종회향은 십바라밀의 체가 된다. 이 십회향은 원의 성격이 강하여 십회향원으로 일컬어지고도 있다.

보현행품에서는 보현행의 정신을 보여준 것으로써 매우 주목을 끈다. 보현의 행심(行心)을 설하여 보현의 덕을 찬미하고 있다.

만약 보살이 다른 보살에게 한 번 성내는 마음을 일으킬 때 바로 이러한 백만 가지의 장애 즉 수많은 번뇌를 만든다고 강조하고 있다.

성내지 않는다는 것은 보현의 중생교화의 마음에 중점이 있음을 알려주는 것이다.

이런 의미에서 보살의 대비심이 중생에게 작용할 때 일체중생은 무한한 연이 되어 적극적으로 중생계에 들어가며, 중생은 자신과 일체가 된다. 보현행은 부처의 가장 큰 서원으로 장래에 반드시 성불하게 될 것이라고 예언해 주는 보살행이며, 이것을 실천하여 나타내 보이는 것은 모두 같은 보현이라 부른다.

보현보살이 수행하는 행이 보현행이 아니고 보현행을 닦기 때문에 보현보살이 된다는 것이다. 여기에는 보현행을 실천하는 보살은 반드시 성불하게 되어 있다는 강한 메시지가 담겨 있다.

일체법에 매이지 않고 모두 중생에게 회향함과 동시에, 스스로의 행도 두루하여 여실하게 붓다에게 공양하는, 그야말로 대승보살행이 바로 보현행인 것이다.

입법계품에서는 문수보살의 발원으로 선재동자는 선지식을 찾아 만나고 보살도를 배우고, 보현보살의 원과 행을 성취함으로써 법계에 들어간다는 내용을 설한다. 선재동자의 구도과정을 통하여 화엄의 보살도를 구체적으로 나타내고 있다. 선재의 구법은 구체적으로 불세계를 구현시켜 나가는 여정인 것이다. 그러므로 화엄사상을 보살사상으로 규정짓고 있으며 그 가운데서도 십지행을 대표로 내세우고 있다.

앞에서 살펴본, 영화 화엄경 속에서, 선재동자는 여러 선지식을 만난다. 걸림없이 살아가는 스님을 통하여 외적인 형식 보다는 내면의 본질의 중요함을 깨닫는다. 욕쟁이 의사는 연기와 공의 세계를 알려준다. 어리석은 사람은 위, 아래를 고집하고, 있고 없음을 따지고, 많고 적음을 집착한다고 했다. 본래는 위, 아래도, 많고 적음도 없다는 것이다. 그 어느 것도 홀로 존재하는 것이 아니라 관계 속에서 얽혀 있는 것이다.

눈먼 맹인을 통하여 무상함을 깨닫기도 한다. 등대지기를 통해서도 연기 세계를 깨닫고, 마지막에 꿈속에서 어머니를 만나고 원효의 깨달음처럼, 오염된 폐수와 어머니가 차려준 밥이 둘이 아님을 깨닫는다. 한 순간은 더러움으로, 또 한 순간은 깨끗함으로 인식하는 것은 더러움과 깨끗함이 존재의 대상에 있는 것이 아니라 우리의 인식에 달려 있다는 것임을 깨닫는다. 모든 것은 마음에 달려있다.

선재는 이러한 구도과정을 거쳐서 보현보살의 행원을 성취하고, 존재의 진실에 한없이 눈을 떠가면서 이를 적극적으로 실천함으로써 붓다의 경계에 들어간다.

이와 같이 화엄경의 보살행은 보현행에 의해 대표된다. 보현행은 십주·십행·십회향·십지의 모든 보살행을 여래의 도에 입각해서 스스로 행하는 입장을 보현이라는 이름으로 나타낸 것이다. 따라서 그것은 여래의 행을 행하는 것으로서 여래가 자신 스스로에게 나타나는 것이다. 바로 일체의 불타를 공경·공양하고 일체의 중생을 구제하려 하는 보현행원에서 여래의 출현을 느낄 수 있는 것이다.

보살행은 중생이 여래가 되기 위한 행이면서, 한편 여래가 중생에게 출현하는 행이기도 하다. 그러므로 화엄의 보살행은 여래의 행인 동시에 중생의 행이라는 의미를 갖게 된다. 이러한 행이, 즉 세간을 떠나는 것이면서도 법계에 들어가는 의미를 갖게 된다. 무량한 불이(不二)의 행으로써 혼탁하고 어두운 세상을 떠나가면서 법계에 들어가는 것이 설해지는 것이다.

중생이 본질적으로 불타와 같음을 설하여, 미혹한 범부에서 절대적 가치를 찾아내도록 하고 있다. 인간을 인간이라고 하는 테두리 속에서 보는 것이 아니라 인간을 초월한 불타의 입장으로 고쳐봄으로써 진실로 인간의 문제가 근본적으로 해결될 수 있는 길이 제시되었다고 할 수 있는 것이다.

화엄의 보살도는 중생의 참된 자아형성의 과정으로서 여래로서의 본래 면목을 완성해 가는 것이라 할 수 있다.

4) 유심연기(唯心緣起)

불교경전 상에 유심설이 명확한 형태로 나타나고 있는 것은 화엄경의 십지품이 처음이다.

화엄경에는 참으로 다양하게 유심이 설해지고 있다.

> 십지품에 "삼계는 허망이다. 다만 일심이 만들뿐이다."
> (三界虛妄 但是一心作)
> 야마천궁보살설게품에서는,
> "마음은 솜씨 좋은 화가와 같이 가지가지 것을 그리고 일체 세계 안에 그가 만들지 않은 것이 없다.
> (心如工畵師 畵種種五陰 一切世界中 無法而不造)
> 마음과 같이 부처도 또한 그러하며 부처와 같이 중생 또한 그러하여 마음과 부처와 중생 이 셋은 차별이 없다.

(如心佛亦爾 如佛衆生然 ·心佛及衆生 是三無差別)

모든 부처는 모든 것이 마음을 따라 일어남을 헤아린다. 이와 같이

깨달으면 그 사람은 참다운 부처를 보리라

(諸佛悉了知 一切從心轉 若能如是解 彼人見眞佛)

만약 삼세의 모든 부처를 알고자 하면 마땅히 마음이 모든 여래를

만든다고 관하라

(若人欲求知 三世一切佛 應當如是觀 ·心造諸如來)"

이상의 두 품의 구절이 화엄경의 대표적 유심게이다.

마음의 심층을 더 깊이 살펴보면, 십지품에 '삼계는 허망이다. 다만 한 마음의 조작'이라는 구절에서, 삼계가 허망하다고 하는 것은, 여기서 허망이란 참 존재가 아니라, 세간의 모든 것이 무상하다는 뜻이다. 무상을 몸으로 절실히 깨닫기는 어렵다. 이 삼계는 무상하다. 거짓 모습으로서 그림자나 환영같은 것이다. 실상을 잘 들여다보면 이 모든 허상은 마음이 시키는 일임을 알 수 있다. 화엄경의 한 마음은 본래 무슨 깊은 의미로 쓰인 것이 아니라 그저 보통 평범한 범부의 마음을 가리킨다. 평범한 내 마음이 세계를 만들어 낸다. 마음이 현실을 거짓 모습으로 그려 낼 따름이다.

야마천궁보살설게품에는 '부처, 중생, 그리고 마음 이 셋은 아무런 차이가 없다'라는 유명한 구절이 나온다.

일상인의 마음과 부처, 중생 사이엔 간극이 존재하지 않는다는 말이다. 물이 얼면 얼음이고 얼음이 녹으면 물이듯이 중생과 부처는 다른 것이 아

니다. 이것은 화엄경뿐만 아니라 대승불교에 공통된 기본적 사고방식이다. 마음이 흔들리면 중생이고 제대로 닦아 깨달으면 부처이다. 그러므로 부처와 중생 그리고 마음은 하나이므로 다름이나 간극이 없다.

마음이 어떤 상태에 있느냐가 중요한 문제일 수밖에 없다. 마음가짐에 따라 부처도 되고 중생도 된다.

화엄에서 말하는 마음은 이러한 평상인의 마음이다.

일체유심조라 하였다. 모든 것은 오직 마음에 의해서 만들어진 것이며, 인간의 희로애락의 감정이나 행·불행 등도 모두 마음가짐에 달려 있다.

우리의 깊은 인식은 우리의 자각으로부터 시작한다. 우리의 자각은 자기에 대한 깊은 성찰에서 나온다. 모든 것이 마음 먹기에 따라 세계가 변화하는 것이다. 마음의 움직임에 의해서 자기의 세계라고 하는 것이 여러 가지로 변화한다.

마음에는 본래의 자성이 청정한 마음인 진심과 탐내고 욕심내는 중생심인 망심이 있다고 한다.

화엄에서 마음은 욕심 또는 탐심으로 순간순간에 변화하는 중생의 마음을 뜻하는 것이다. 여기에서 만일 마음이 모든 것을 만든다고 해서, 모든 것을 만드는 마음과 만들어진 모든 것이 따로 존재한다면 이는 주체와 객체가 둘이 되어 불교의 근본사상에 어긋난다. 그러므로 모든 것은 오직 마음이 짓는다고 하는 그 마음은 절대적이고 초월적인 마음이 아니라, 일어나면서 사라지는 연기의 작용 그 자체라는 것이다. 이처럼 화엄경에서는 삼계는 허망하다고 하는 공관에 입각한 유심을 설하고 있는 것이다

5) 법계연기(法界緣起)

법계란 일체의 모든 존재가 각자 그 영역을 지켜 서로 엇갈리거나 뒤섞임이 없이 잡다한 가운데서도 질서를 가지고 정연하게 조화를 유지해 가면서 연기하고 있는 우주 만법의 세계를 말한다.

법계연기란 우주 만법 그대로가 서로서로 인과 관계를 유지하면서 존재하고 있는 현실적인 모습에서 연기의 실상을 밝힌 것이다.

나비효과라는 과학용어가 있다. 중국 베이징에 있는 나비의 날갯짓으로 인해 생긴 미세한 바람이 미국 뉴욕에 폭풍을 몰아오는 요인이 될 수도 있다는 것이다.

이처럼 전 우주는 하나로 연결되어 있다.

화엄일승법계도에서는, 의상대사가 화엄경을 불과 7언 30구, 210자 게송의 도인으로 묶어서 화엄사상을 요약하고 실천행을 제시한다.

하나 안의 일체요 일체 안의 하나 (一中一切多中一)

하나가 곧 일체요 일체가 곧 하나 (一即一切多即一)

한 티끌 안에 시방세계가 들어 있고 (一微塵中含十方)

일체 티끌 안에도 그와 같이 시방세계가 들어 있다. (一切塵中亦如是)

한량없는 긴 시간이 곧 일념이며, (無量遠劫即一念)

일념이 곧 무량한 시간이다. (一念即是無量劫)

화엄의 세계관을 설하는 내용이다. 부분이 곧 전체, 전체가 곧 부분이요, 아주 작은 세계 안에 일체의 큰 세계가 들어 있고, 한 순간 속에 무한한 시간이 있고 일체의 시간이 들어 있다. 한량없는 긴 시간이 곧 일념이며, 일념이 곧 무량한 시간이다. 일체의 모든 법이 서로 차별없이 받아들여져 하나가 곧 일체, 일체가 곧 하나 되는 것으로 서로 걸림이 없이 무한히 비추고 비치는 상즉상입 사사무애의 법계를 설하고 있다.

화엄에서는 온갖 세계와 중생은 다 비로자나부처의 현현이며, 보살행을 실천함으로써 불세계가 드러난다는 것을 십현육상(十玄六相)의 사사무애(事事無碍) 법계연기로 설명한다. 일체의 제법은 서로서로 용납하여 받아들이고 하나 되어 원융무애한 무진연기를 이루고 있다는 것이다.

이 법계연기사상은 현실세계의 개개물물이 서로 어떤 관계 속에서 존재하는가를 설명하는 것이다. 제법의 존재론 또는 존재 양태론이라고 할 수 있다.

연기의 제법은 현상적으로 보면 천차만별의 형태로 서로 다르지만 본질적인 면에서 보면 상즉상입(相卽相入)하여 원융무애(圓融無碍)하게 상의상성(相依相成)한다. 마치 바닷물과 파도와의 관계와 같다. 현상에서 보면 바닷물과 파도는 서로 다르지만 본질면에서 보면 바닷물과 파도는 둘이면서 하나다. 이 둘은 상즉상입하여 서로 걸림 없이 바닷물이 되었다, 파도가 되었다 하는 작용을 계속한다.

연기의 제법은 상즉상입하여 주반구족(主伴具足)의 관계에 있다. 즉 존재하는 모든 것은 서로 다름은 있을지언정 높고 낮음이나 주종의 관계에 있지 않다고 보는 것이다. 남자가 있기에 여자가 있고, 여자가 있기에 남자가 있다. 인간이 있기에 자연이 있고, 자연이 있기에 인간이 있다고 보는 절대 평등의 사상이다. 남자와 여자, 자연과 인간은 서로 모습은 다를지언정 그 가치에 있어서는 높고 낮음이 있을 수 없다.

연기의 제법은 상즉상입하여 중중무진한 관계에 있다. 즉 존재하는 모든 것들은 서로서로 거듭되는 연관관계 속에서 서로 의지하며 존재하고 있다. 쌀 한 톨을 예로 들어 보면, 나는 이 쌀 한 톨을 매개로 해서 농부와 연관되어 있고, 쌀을 운반해 준 운전사와 연관되어 있고, 밥을 지어준 어머니와 연관되어 있다.

이와 같은 관점에서 보면 이 세상의 모든 것들은 쇠사슬의 고리가 서로 연결되어 있는 것과 같이 거듭거듭 연결된 관계 속에서 의존하며 존재하고 있다.

이 법계연기사상은 수직사관(垂直史觀)이 아니라 수평사관(水平史觀)이다.

법계연기사상이 최초로 형성된 것은 두순의 삼관에서 찾아볼 수 있다. 두순은 『법계관문』에서 법계, 즉 이 온 누리를 진공문(眞空門) · 이사무애문(理事無碍門) · 주변함용문(周遍含容門)의 셋으로 나누고 있고, 지엄은 동시구족상응문(同時具足相應門) 등의 십현문(十玄門)으로 설명하고 있고, 법장은 육상원융(六相圓融)으로 설명하고 있다.

모든 존재는 서로 다른 모습을 방해하지 않고 전체와 부분, 부분과 부분이 일체 융화 조화를 이룬다는 것이다.

육상이란 총상(總相) · 별상(別相) · 동상(同相) · 이상(異相) · 성상(成相) · 괴상(壞相)을 말한다.

총상은 써가래, 대들보가 모여서 집을 이루는 모습이다.

별상은 써가래, 대들보 각자 모습을 가지는 것이다.

동상은 별상 하나하나 서로 조화를 이루어 모순되지 않고 성립하는 것이다.

이상은 별상이 혼동되지 않고 제각기 상을 잃지 않고 조화를 이루는 것이다.

성상은 별상이 각 다르기 때문에 총상을 이루는 것이다.

괴상은 별상이 제각기 자격을 갖추고 총상 모습과 혼란되지 않는 것이다.

이러한 법계연기설은 청량징관을 거쳐 규봉 종밀 때 와서 사법계(事法界)·이법계(理法界)·이사무애법계(理事無碍法界)·사사무애법계(事事無碍法界)의 사종법계설로 확정되었다. 모든 우주는 일심에 총괄된다. 현상과 본체의 양면으로 관찰하면 네 가지 의미로 해석되고, 사사무애법계가 곧 법계연기라고 설명하고 있다.

사법계는 모든 차별이 있는 세계를 말한다. 개개 사물은 인연화합된 것으로 제각기 한계를 가지고 구별되는 것이다.

산은 물이 아니고, 물은 산이 아닌 뚜렷한 현상계의 차별을 인정하는 것이다. 현상계의 높고 낮음이, 많고 적음이, 아름답고 추함 등의 차별이 있는 세계를 말한다.

이법계는 우주의 본체로서 평등한 세계를 말한다. 사물의 본체는 공이며 진여라는 동일성의 세계다.

꽃의 아름다움과 추함을 인정하는 것이 사법계라고 한다면, 이법계는 꽃은 아름다운 것도, 추한 것도 아닌 그 본성은 공하다는 것이다.

이사무애법계는 본체계와 현상계가 서로 떨어져 있는 것이 아니고 하나의 걸림 없는 상호관계 속에 있다는 것이다.

금사자의 비유처럼, 사자가 금에 의해 표상되고 있음을 말한다. 물을 떠나 파도가 있을 수 없고, 파도를 떠나 물이 있을 수 없듯이, 물과 파도가 다르나 체성은 하나이다. 중생이 곧 부처라는 것이다.

사사무애법계는 개체와 개체가 자재 융섭하여, 현상계 그 자체가 절대적 진리세계로서 걸림이 없다. 제법은 서로 용납 받아들이고 하나 되어 상즉 원융무애한 무진연기를 이루고 있는 것이다. 화엄의 법계연기다.

동풍파 서풍파의 체성이 다르지 않는 무애자재의 세계다. 중생이 곧 부처이므로 중생과 중생 만남 역시 부처와 부처의 만남이 되는 세계이다.

산이 물이고 물이 산인 이사무애법계에서 거듭나서 다시 산은 산이고 물은 물인, 존재와 존재가 다르지만 서로 걸림이 없는 평등의 세계다. 차별적인 사법계와는 다른 조화를 이루는 평등의 경계이다

이상의 화엄의 세계는 적정하기만 한 세계가 아니라 전 우주의 각각의 사물들이 상호 분리될 수 없는 관계망 속에서 총체적으로 하나의 진실한 세계를 나타내고 있는 무한히 역동적인 세계이다.

다양한 차별이 있는 존재의 세계가 그대로 평등하며 또한 대립하고 있는 것 자체가 실은 하나이어서, 모든 존재는 서로 어떠한 걸림이나 간격이 없이 자유롭게 교류하며 서로 통하고 있는 것으로 정연한 이치를 따라 전개되고 있는 법계인 것이다.

참고문헌

• 고순호, 불교학개관, 선문출판사, 1980

• 권탄준, 화엄경의 세계, 씨아이알, 2013

• 미찌하다 료오슈 저, 계환 역, 중국불교사, 우리출판사, 1996

• 불교교재편찬위원회, 불교사상의 이해, 불지사, 1997

• 이철헌, 대승불교의 가르침, 문중, 2008

• 조계종, 다르마넷

• 카마타 시게오, 한형조 역, 화엄의 사상, 고려원, 1987

• 해주, 화엄의 세계, 민족사, 1998

8. 선사상(禪思想)

1) 선불교의 성립과 선사상

선(禪)은 고대 인도인의 요가라고 부르는 우주합일의 지혜로부터 비롯된다. 그 기원은 멀리 기원전 20세기로 거슬러 올라간다.

인더스 문명의 유원지 모헨조다로에서 출토된 유물 가운데에는 실제로 요가 수행자의 모습을 하고 있는 석제 흉상이 발견되었다. 이 흉상은 기원전 약 2000년경의 작품으로 추정한다.

선은 산스크리트어의 드야나(dhyāna), 빨리어의 즈하냐(jhāna)를 음역한 선나(禪那)를 줄인 말로서, 사유수(思惟修) 또는 정려(靜慮) 등으로 의역한다. 마음을 특정한 것에 집중하는 심일경성(心一境性)의 상태인 정(定)의 의미를 덧붙여 선정(禪定)이라고 한다. 그리고 악을 버리는 행위라 해서 기악(棄惡)이라고도 하고, 또 선으로 말미암아 온갖 공덕이 축적된다고 해서 공덕총림(功德叢林)이라고 번역하기도 한다.

선은 넓은 의미에서 요가실습의 한 단계이지만, 일반적으로는 양쪽 모두 마음을 일정한 대상에 결부시킴으로써 마음의 혼란스러움을 가라앉히고 몰아(沒我)적인 밝은 지혜를 얻는 수련이라고 생각하면 좋을 것이다.

불교 이전 우빠니샤드에서부터 정려가 존중되어 있었고 선의 형식인 요가선정의 방법도 이미 행해지고 있었다. 우주원리의 본질인 브라흐만과 개체적인 인격인 아트만은 본래 하나라고 하는 범아일여 사상을 탐구하고 체득하기 위한 구체적 실천방법으로서 요가의 명상법이 실천된 것이다.

불교에서는 요가의 행법 중 선정을 중시하고 거기에 새로운 내용을 추가하여 독자적인 선정행법을 이룬 것이다.

선의 원류는 불교 이전 고대 인도의 요가 수행의 형태와 방법이지만 선의 직접적인 원류는 붓다이다. 붓다가 깨침의 방법으로서 활용한 것이 선이었고, 선으로 제자들한테 수행하는 가르침을 베풀었으며, 고대 인도의 선수행과는 달리 깨침을 궁극적 목표로 하기 때문이다.

석존은 명상에 잠겨 연기법을 깨달음으로써 성도하신 후, 정견과 정정이 으뜸이 되는 팔정도의 중도행을 주요 수행방법으로 일관되게 교설하셨다. 초기경전에서도 붓다가 설법하신 후 오로지 사유할 것을 당부하고 계시며, 대승경전은 모두 입정(入定), 출정(出定) 후에 또는 삼매 속에서 설해지고 있다. 불교를 계·정·혜 삼학으로 총칭하고 있는 데서도 선정사상이 불교의 특색임을 알 수 있게 한다.

선사상의 비약적 발전은 인도승 보리달마(菩提達磨)가 중국으로 건너온 이후 중국에서 이루어졌다.

달마는 석가모니불의 정법안장을 이은 28대 전승자로서 불법 천자인 양무제와 만나 무공덕이란 한마디를 토한 후, 숭산 소림사에 들어가 9년간 면벽했다. 달마의 대승선은 반야사상에 기초를 두고 있으며, 벽관(壁觀)의 실천으로 새로운 경지를 열었다.

달마의 가르침은 이입사행(二入四行)으로 총괄되는데, 이입사행설은 도에 들어가는 요문으로서 이입(理入)과 행입(行入)의 두 가지로 구성되었는데, 이(理)는 진리인 원리이며, 행(行)이란 그러한 진리에 도달할 수 있는 구체적인 실천방법을 말한다. 그 실천행을 넷으로 나누어 설하고 있기 때문에 이입사행이라 부른다. 여기서 입(入)은 깨달음을 의미한다.

이입은 경전의 가르침으로서, 불교의 대의를 깨닫는 것이다. 행입은 네 가지 실천행으로서, 모든 실천행은 이 사행 중에 포함되는 것이다. 사행은 보원행(報怨行), 수연행(隨緣行), 무소구행(無所求行), 칭법행(稱法行)을 실천하는 것이다.

보원행이란 수행하면서 겪는 온갖 번뇌와 고통은 모두 자신의 과거 숙업의 업보로 달게 여기고, 이에 따른 원망을 수행의 밑천으로 삼는 것이며, 수연행이란 모든 것은 인연에 따라 생겨난 것이어서 실체가 없으므로 그것으로 인해 마음의 동요를 일으키지 않는 것을 말한다. 무소구행은 더 이상 집착하여 추구하는 바가 없는 것이고, 칭법행은 일체중생이 본래 청정하다는 진리성을 믿고 이에 따라 집착함이 없이 6바라밀을 닦는 것을 말한다. 이른바 안심법문으로 일컬어지는 보리달마의 이입사행론은 매우 간명한 수행법이라 할 수 있다.

보리달마를 초조로 하여 혜가(慧可, 487~593), 승찬(僧璨, ~606), 도신(道信, 580~651), 홍인(弘忍, 602~675)을 거쳐 육조 혜능(慧能, 638~713)에 이르기까지 중국 특유의 발전을 거듭하여 소위 조사선(祖師禪)을 대성시켰다.

선이 인도에서는 주로 관법을 중심으로 전개되었다. 그러던 것이 중국에 불교의 전래와 더불어 새로운 조사선의 선법으로 출현하였다. 조사선은 모든 중생에게 불성이 본유함을 믿고 자각하여 그것을 일상의 삶에서 구현하는 선법이고 선풍이다. 일반적으로 선 또는 선사상이라 부를 때는 바로 이 중국에서 새로이 형성된 선종의 선사상을 말하는 것이다.

조사선이란 조사인 달마에 비중을 둔 말로서 달마선 또는 달마종이라고도 한다. 달마의 사상과 언행이 직접 규범이 되는 것이다.

달마의 2조 혜가에 대한 안심문답(安心問答)과 피육골수(皮肉骨髓)의 부법설, 양무제에 대한 성제제일의(聖諦第一義)의 수시(垂示) 등은 선종사상의 극치를 나타내는 것으로 인정되고 있다.

이 가운데 안심문답을 소개한다.

면벽참선하고 있던 달마대사에게 혜가스님이 찾아오자 달마대사는 한마디의 법거량으로 마음을 편안케 하고 선법을 전한다.

> "제 마음이 편치 않습니다. 스님께서 마음의 평화를 주십시오"
> "그대의 불안한 마음을 내게 가져오너라. 마음의 평화를 주리라"
> "마음을 찾아도 찾을 수가 없습니다."
> "찾을 수 있다면 어찌 그것이 그대의 마음이겠는가? 나는 이미 그
> 대에게 마음의 평화를 주었느니라."

이렇게 조사선은 간략히 선문답을 통해서 자신의 본래 모습을 보게 하여 마음의 평화를 주는 수행이다.

달마선종은 육조 혜능과 아울러 홍인 문하의 신수(神秀, 600~706)에 의해 남종선과 북종선의 남북 선종이 양립하고 양대 산맥이 형성한다. 그리고 혜능 이후 남악회양(南嶽懷讓, 677~744), 마조도일(馬祖道一, 709~788)을 거쳐 백장회해(百丈懷海, 749~814)에 이르러 교단으로서의 선종이 성립되었다고 본다.

선종은 각기 다른 선사상에 의하기보다는 사자접득(師資接得)하는 사자

상승(師資相承)의 가풍에 바탕하여 오가칠종(五家七宗)으로 나뉘어 발전하고, 선의 황금기를 맞이하게 된다. 오가칠종은 임제종, 위앙종, 조동종, 운문종, 법안종과 임제종 안의 황룡파와 양기파를 합한 것이다. 이를 통틀어 오가칠종의 달마선풍이라 하나 모두 혜능의 남종선 계통에 속하는 선종이다. 선종이 성립하여 독자적인 특색을 발휘하는 시대로 이행해 간 것이다.

『고승전』,『전등록』등을 위시한 수많은 전등사서들은 중국에서 정통 선의 사자상승 시비가 얼마나 분분하고 격렬하였던가를 잘 말해주고 있다.

그러한 달마선풍은 불립문자(不立文字) · 교외별전(敎外別傳) · 직지인심(直指人心) · 견성성불(見性成佛)을 종지로 한다.

불립문자는 경전의 문자 한계를 인정하고 문자가 가지려고 하는 절대성을 부정한다. 해탈의 경지는 논리적이거나 상대적인 사고방식으로 헤아릴 수 있는 범위에서 벗어난 것이기에 경전을 의지해서 보려고 하거나 개념적인 생각을 의지해서 알려고 해서는 안 된다는 것이다. 하지만 개념의 실체화를 배척하는 것이지, 문자를 사용하지 않는다는 것은 아니다.

교외별전이란 불교의 다른 종파는 모두가 경전을 의지해서 어느 특정한 경전을 중심으로 하는 교학체계를 가지고 있지만, 선의 깊은 뜻만은 그러한 체계의 밖에 따로 마음과 마음을 통해서 전해 간다는 것이다. 이것은 도리어 어떤 경전이라도 의지할 수가 있고 그것을 살려서 쓸 수가 있다는 것이다. 어느 하나의 경전에 매이지 않는 자유롭고 창조적인 공부요, 사상이라는 뜻이다.

직지인심이란 인간의 본래 마음은 청정하다는 뜻으로 진실한 자기를 깨닫는 것이다. 인간의 마음은 맑은 물과 같고, 밝은 거울과 같아서 흔들리는 물에는 무엇이건 제대로 비치지 못하다가도 일단 고요해진 물에는 모든 것이 바로 비추게 되는데, 흔들린다고 해서 물이 지니고 있는 본래의 맑고 깨끗한 성질은 달라지는 일이 없다. 또 밝은 거울에 깨끗한 것이 오면 그대로 깨끗하게 비추고, 더러운 것이 오면 그대로 더럽게 비추지만, 더러운 것을 비추었다고 해서 거울까지 더러워지거나 거울의 가치가 적어지는 것은 아니며, 깨끗한 것을 비추었다고 해서 그것 때문에 거울의 가치가 더해지는 것도 아니다. 이것을 반야심경에서는 불구부정(不垢不淨), 부증불감(不增不減)이라고 표현하고 있다. 즉 더럽지도 않고 깨끗하지도 않으며, 늘지도 않고 줄지도 않는다고 하였으니, 말하자면 이와 같은 것이 바로 인간성의 본래 모습이라는 것이다.

견성성불의 성이란 자성·본성·불성 혹은 인간성이란 뜻으로 그 누구나가 가지고 있는 본래의 마음, 즉 한량없는 가능성, 청정한 공덕, 그리고 지혜의 밝은 작용을 본래 갖추고 있는 진실한 자기의 본성을 말하는 것이다. 그러므로 무한한 가능성을 지닌 잠재적 소질을 가지고 있다는 것이며, 이러한 자기의 본성을 바로 자각할 때에 깨달음을 이룬다는 것이다.

선은 견성하여 성불하는 것이다. 마음의 성품을 분명히 깨치는 것이 선이요 그것이 다름 아닌 성불이다. 견성은 마음을 똑바로 봄으로써 가능하다. 즉, 언어나 문자를 통한 가르침을 이해하는 방법이 아니라 직지인심으로 된다는 것이다.

그래서 누구나 이 인간의 진실한 본성을 회복해야 올바른 인생을 살아갈 수 있다. 생멸이 없는 경지를 수용하면서 크게 자유로운 세계를 창조적으로 전개시키는 것이 선사상의 이상이며, 그 모든 것의 근본이 되는 참나의 발견은 선적 명상의 수행을 통해서 이루어진다.

이 열여섯 자로 선종의 공통된 종지로 삼고 있는 것이다. 이는 문자나 경론에 의지하지 않고 스승이 바로 제자나 구도자의 인심을 가리켜 견성성불케 한다는 것으로, 이심전심하여 정법안장(正法眼藏)의 불심을 전하는 것을 말한다.

선은 마음을 통일하여 잡념을 일으키지 않고 진정한 자기의 참모습으로 돌아가는 것이다. 그것을 깨달음이라고도 하고 본성을 본다고 하여 견성이라고도 한다. 견성은 또한 본래 망상이 없는 자기의 참 성품을 그대로 나툰다 하여 현성(現成)으로 이해하기도 한다. 선은 바로 본래의 자기, 참된 본성으로 돌아가 본래 모습대로 사는 것이다.

이와 같이 자기의 심성을 바로 보아 깨달음을 성취하는 견성성불의 구체적 수증문(修證門)으로는 여러 방편이 시설되어 있다. 바른 닦음과 깨달음을 중시하면서, 깨달음과 닦음에 각각 단박과 점차의 2문을 열어놓고 있다.

선과 교를 겸수한 화엄종의 규봉종밀은 당시 선종의 오수돈점설을 분류하여 비유를 통한 자세한 설명을 하였는데, 그 중에 돈오점수(頓悟漸修)와 돈오돈수(頓悟頓修)가 범부 수증문과 선문진수로 회자되어 왔다.

오가의 사자접득하는 가풍은 원오극근(圓悟克勤, 1063~1135)의 오가종요에 그 특색이 잘 드러나 있다.

임제계와 조동계가 후에까지 번영하여 오늘에 이르렀으며, 간화선(看話禪)과 묵조선(默照禪)의 선수행법이 선양된 것이다. 간화선과 묵조선은 모두 조사선풍을 실천하는 점에서는 그 출현 배경과 목적이 동일하다. 그러나 그 실천의 방식이 다르다. 간화선은 화두참구를 통하여 깨침을 목표로 하는 수행방식이고, 묵조선은 좌선수행을 통하여 본래 성불의 도리를 지금 그 자리에서 몸소 구현하는 수행방식이다.

조동계의 가풍을 이은 굉지(宏智)의 묵조선과 임제계 양기파의 가풍을 계승한 대혜 종고(大慧宗杲, 1088~1163)의 간화선이 서로 상대방의 가풍이 가지는 폐단을 지적하여 묵조선은 사선, 간화는 구두선이라고 평하였다.

대혜에 의해 대성된 간화선은 화두(話頭)를 참구하여 대오케하는 선풍으로서, 화두란 의단(疑團)을 의미하는데 공안(公案)이라는 말도 함께 쓰인다. 화두에는 1,700칙이 있다 하여 '천칠백공안'이라고 통상적으로 부르고 있다. 1700공안 가운데 48칙의 공안을 선별한 무문관(無門關)이 유통되면서 제1칙에 실린 무자 화두가 남종 선종을 풍미하게 된다. 우리나라는 이러한 간화선 전통을 원형 그대로 간직하고 있으며 그것을 발전시켜 나가고 있는 대표적인 나라이다. 특히 대한불교조계종은 간화선을 중심 수행으로 내걸고 있다.

묵조선은 선수행의 방식을 기준으로 분류한 것에 속하는 명칭이다. 그러면서도 묵조선은 선수행의 방식을 넘어서 선의 본래 성격을 가장 충실하게 구현한다는 점에서 그냥 선이기도 하다. 수행의 구체적인 방식에 있어서는 현실을 깨침의 모습으로 긍정하고 진리에 대하여 묵(默)의 모습으로 조(照)한다는 점은 화두참구를 통하여 깨침을 추구하는 간화선 및 일체의 신(身) · 수(受) · 심(心) · 법(法) 등을 대상으로 관찰하는 관법과도 다르다. 묵조선은 좌선 그 자체에 이미 깨달음이 들어 있기에 굳이 화두를 들 필요가 없다. 궁극적으로는 이 세상 자체가 이미 깨달음에 있기 때문에 이르는 곳마다 깨달음이요 만물 하나하나가 깨달음의 목소리이며 미소라는 것이다. 바로 세상 그 자체가 화두요 공안이다. 이것을 묵조선에서는 현성공안(現成公案)이라고 한다.

2) 선불교의 사상

선불교의 사상은 중국 당나라 시대의 뛰어난 선승들이 대승불교의 정신을 선의 수행과 실천적인 입장으로 새롭게 정립하고, 이를 현실 생활의 종교로 만들어 전개한 것이다.

선불교에서는 인간 각자가 본래 구족하고 있는 청정한 불성을 깨닫고, 번뇌 망념이 없는 본래의 불심으로 평안한 경지에서 반야의 지혜로운 생활을 실천하도록 주장하고 있다.

선의 실천도 각자의 불성을 깨닫는 수행으로, 불성을 깨닫는 체험을 견성이라 하였다. 인간은 청정한 본래의 마음을 자각하지 못하면 번뇌 망상의 중생심으로 살게 된다.

마조가 "달마대사가 인도에서 중국에 온 것은 오직 일심의 법을 깨닫는 방법을 전하기 위한 것이다."라고 설한 것은 불심을 깨닫고 지혜로운 삶을 살 수 있는 길을 제시하기 위해 불법을 전한 것이라 할 수 있다.

열반경에서는 "일체중생은 모두 불성을 구족하고 있다."라고 하고, 화엄경에서는 "본래 청정한 마음은 모든 부처님과 똑같은 지혜와 덕성이 구족되어 있다."라고 설한다.

따라서 불성을 깨닫는 견성은 번뇌 망념의 중생심을 불심으로 전환하도록 하는 구체적인 실천인 것이다. 일체 만법의 근원이 각자의 마음이기 때문에 심법을 깨닫도록 강조하는 것이다.

선불교는 경전의 문자한계를 인정하고, 문자가 가지려고 하는 절대성을 부정한다. 경전의 내용과 근원적 정신의 추구에는 표현방법인 문자나 언설은 한갓 수단에 불과한 것이지 깊은 의미를 갖는 것이 아니다. 불립 문자는 문자의 근원인 문자 이전으로 돌아가려는 것이다. 인심(人心)이라 는 것도 인간의 분별심이 아니라 경전의 근원으로서의 심이므로 절대적 주체를 의미한다. 인간본성의 진실한 자아이며 이를 불성이니 심성이라 고 하며 선가에서 특히 본래면목(本來面目)이라고 한다. 불립문자가 추구 하는 것은 바로 직지인심의 견성성불인 것이다.

선이란 어떤 교리나 이론을 숭상하기보다는 인간의 마음으로 바로 돌 아가서 즉시에 성불하고 즉시에 해탈을 성취하는 것이 기본이다. 평상심 이 그대로 부처이며 평상심으로 전개하는 그 모든 일상생활의 매사가 그 대로 진실된 도의 삶이 된다. 각자의 자각된 평상심으로 지혜로운 삶을, 진실에 계합된 평상의 매사를 전개하는 이것이 선의 수행이며 선사상인 것이다.

이러한 선불교의 정신을 한마디로 요약하면 각자 인생관의 혁신이라고 할 수 있다. 일체의 권위나 형식 등 피상적인 가치관이나 관념에서 탈피 하여 각자 인간 본래의 자연 그대로의 존재인 참된 자아인 본래심(불성)을 깨닫고 언제나 지금 여기에서 자기를 깨달음의 주체인 주인이 되어 생생 하게 살아가는 현실성의 재확인이라고 할 수 있다.

임제 의현에 의하면, "언제나 자각적인 자기가 주인이 되어 살아간다 면 자신이 살고 있는 일체의 모든 곳이 그대로 깨달음의 세계이다.(隨處作 主 立處皆眞)"라고 주장하고 있는 것처럼, 선은 남의 일을 문제로 삼는 것 이 아니라 현재 자신의 일을 깨달음의 지혜로 삼아 살도록 강조한다. 선은 언제 어디서나 지금 여기 자기 자신의 일을 문제로 하고 있으므로, 잠시라도 주위의 경계나 분위기에 매몰되거나 집착하지 말고 자기가 주인이 되어 살아가라는 것이다.

이러한 선불교의 정신은 선의 수행을 통해서 각자의 피와 땀으로 전신을 투쟁하며 사유하고, 실천 연마하여 체득한 철저한 확신과 자기 확립에서 가능한 것이라고 할 수 있다.

그래서 선불교는 남이 대신해 줄 수도 없고, 기도와 바람만으로도 이룰 수 없는 것으로 본인이 직접 스스로의 선의 수행과 실천으로 확립하지 않으면 안 되는 자각의 종교, 깨달음의 종교라고 강조하고 있는 것이다.

참고문헌

• 강건기, 붓다의 메아리, 불광출판부, 1993

• 권오민, 인도철학과 불교, 민족사, 2004

• 금강대 불교문화연구소, 불교의 이해, 무우수, 2008

• 김호귀, 묵조선, 도피안사, 2012

• 대한불교조계종포교원, 불교개론, 조계종출판사, 2012

• 불교교재편찬위원회, 불교사상의 이해, 불지사, 1997

• 불교교재편찬위원회, 불교학개론, 동국대출판부, 1988

• 정성본, 선의 역사와 사상, 불교시대사, 1994

• 조계종, 다르마넷.

제5장

현대 사회와 불교

1. 환경문제

현대사회는 과학기술의 발전에 따라 물질적 풍요를 누리고 있지만 많은 문제를 안고 있다. 그동안 우리 사회에서는 과학기술이야말로 사회성장을 주도해 나가는 기본 동력이라는 생각이 지배적이었다. 그러나 지구자원의 한계와 공간의 유한성을 무시한 개발신화는 인류를 돌이킬 수 없는 위험에 빠뜨릴 수 있다는 사실을 깨닫게 만들었다. 혁신적인 기술로 옛 기술을 대체해 나간다면 얼마든지 그러한 위기를 극복할 수 있다는 신뢰는 굳건했지만 차츰 이러한 신뢰가 회의감이 들기 시작했다.

기계화·공업화 현상은 자원을 고갈시키고 환경오염과 생태계 파괴를 초래했다. 이산화탄소와 화학물질의 대기 방출, 열대우림의 파괴와 사막화는 오존층을 파괴하고 지구온난화를 촉진했을 뿐만 아니라 수천 종의 생물을 사라지게 하였다. 대기오염은 산성비를 내리게 하고 토양을 산성화시켜 삼림을 파괴하였다. 폐기물의 방출은 토양을 오염시키고 다시 수자원을 오염시킨다.

이러한 인간의 무차별적이고 지속적인 파괴로 말미암아 환경이 오염됨으로써 생태계가 무너지고, 생태계 스스로 정화될 수 있는 자정능력을 상실하고 있다.

그 심각성을 실증적으로 보여준 예가 로마클럽보고서이다.

1972년 6월 5일 제1차 유엔인간환경회의가 스웨덴의 스톡홀름에서 개최되었다. 이 회의로 인해서 지구 환경문제에 대한 국제적 관심이 시작되었고, 자연에 관한 인간의 인식을 근본적으로 바꾸는 계기를 마련했다.

여기서 로마클럽이라는 국제미래연구기관에서 발표한 '성장의 한계' 보고서가 이 회의에서 주목을 받았다. 로마클럽보고서에 의하면, 현대사회의 무한한 성장과 발전이 한계가 있음을 강조하고, 인류는 종말론적 파국을 경험할 것이라는 예언을 하였다. 그리고 인구증가, 산업 및 식량생산, 자원고갈과 환경오염 등의 분석을 통해 100년 이내 성장은 한계에 직면한다는 결론을 내리고 있다. 이 보고서는 1970년 이후 경제성장의 한계와 환경문제에 대한 전 지구적인 관심을 증폭시키는 데 결정적 역할을 하였다.

환경 파계의 문제, 생태계 파계, 지구 온난화 현상은 어느 한 지역, 어느 한 나라만의 문제가 아니다. 시베리아, 미국, 터키, 그리스 등에서 발생한 산불이 온 인류의 걱정거리가 되고, 중국의 황사·미세먼지 현상은 우리나라에 직접적인 피해가 된다. 지구 도처에서 인간과 자연의 순환고리를 끊어버린 과보로 이제 지구 전체에 이상기온과 질병, 특히 최근의 코로나바이러스 감염 등 사고가 끊임없이 발생하여 전 생명체를 위협하고 있다. 환경문제는 인류의 사활이 걸린 중요한 현안이다.

몇 가지 예를 들어보자. 먼저 지구 온난화 현상이다.

산업의 발달과 공업화의 촉진, 그리고 편의로운 삶을 위해 동력을 이용하면서 석유와 석탄 등 많은 에너지를 소비하고 있다. 그런데 그 에너지는 그냥 없어지는 것이 아니라 많은 열, 특히 이산화탄소를 배출하게 되어 지구 표면의 온도를 상승시키는 효과를 낳는다고 한다.

21세기 중엽쯤이면 이산화탄소의 농도는 현재의 2배에 이르게 되고, 지구 표면의 온도가 상승하여 남극에 쌓여 있던 얼음이 녹게 되고, 바닷물의 수위는 지금보다 30~100cm 정도 높아져서 급기야 세계 주요 도시의 태반이 물에 잠기게 된다는 것이다.

한 사례를 보면, 투발루는 남태평양 조그만 섬나라인데 지구온난화에 따라서 빙하가 녹아서 해수면이 상승해서 조그만 섬나라의 국토가 점차적으로 바닷물에 잠기고 있는 상황이라고 한다.

그리고 지구가 온난화 되고 거기에 오존층이 파괴되는 것도 심각한 환경문제이다. 오존층은 태양의 자외선으로부터 지구의 생명체를 보호하고 있다. 오존층이 파괴되면 바다 생태계에서 식물 플랑크톤이 감소하여 바다 속의 먹이사슬이 깨지고, 건축물의 나무 등의 부식, 노화가 촉진된다고 한다. 식물에서는 성장 저해 현상이 나타나고 수확량, 품질이 떨어지고, 우리 자신은 피부암, 노화가 촉진된다고 한다.

오존층 파괴의 주범은 프레온 가스로 우리가 쓰고 있는 헤어 스프레이, 냉장고의 냉매, TV 등 전자제품의 세척제, 자동차 에어콘에 필요한 가스, 일회용 접시, 소파의 스폰지 등에도 들어 있다고 한다. 스프레이가스, 자동차 배기가스, 에어콘 사용량을 줄일 필요가 있다.

환경문제를 어렵게 하는 또 다른 문제가 산림의 파괴, 사막화 현상이다. 매년 남한 땅만큼의 산림 면적이 줄어들고, 반면에 그 반만한 넓이의 사막이 늘어나고 있다고 한다. 이는 선진국들의 산림에 대한 수요가 늘고, 또한 오염된 공기가 토질을 산성화시키며 산성비로 나무뿌리에 심각한 피해를 주기 때문에 일어나고 있는 현상이라고 한다.

이러한 산림 파괴와 사막화 현상은 지구 온난화 현상을 촉진시키며 많은 생물을 멸종시키는 생태계 파괴 문제를 야기한다.

　　그리고 대기와 대지도 오염이 심각하지만 수질도 심각하게 오염되고 있다. 수질이 오염되는 것이 생활하수, 공장폐수, 축산의 폐수, 농약 등의 배출이 원인이다. 그 중에서도 가장 많은 비중을 차지하는 것이 생활하수라고 한다. 정부차원에서 종합 오폐수 처리장을 확충, 산업체 제조과정에 청정 생산기술개발을 적용 추진해야 할 것이고, 각 가정에서도 생활하수를 줄여야 한다.

2. 보이지 않는 사이버 환경문제

인류문명의 역사에 가장 혁명적인 발명으로 일컬어지는 인터넷은 수많은 정보를 전달하고 공유하면서 많은 사람들과 교류하는 장이다. 또한 다양한 정보를 신속하게 획득할 수 있으며 그 정보를 이용하여 생활의 편리함을 도모할 수 있다. 이로써 삶의 질을 높이는 다양한 문화 활동을 할 수 있는 기회를 증대시키는 데에 인터넷이 대단히 긍정적인 측면이 있는 것은 사실이다.

그러나 다른 한편으로 인터넷의 보이지 않는 환경, 사이버 환경문제도 심각하다. 지식정보가 지배하는 가상공간은 사이버 폭력과 범죄 등 새로운 문제를 일으키고 있다. 인터넷 이용이 증가하면서 인터넷은 우리 생활의 모든 분야에 걸쳐서 영향을 미치고 있고, 그에 따른 역기능이 확대되어 다양한 문제가 발생하고 있다.

역기능의 유형을 보면, 게임중독, 채팅중독, 쇼핑중독, 음란물중독 이러한 사이버중독문제, 그리고 사이버상의 범죄로서 인격을 침해하는 범죄인 인터넷 모욕, 인터넷 명예훼손, 인터넷 언어폭력, 그리고 정보침해 범죄로서 개인정보를 침해하고 저작권을 침해하는 문제, 그리고 정보 통신망을 이용 침해한 범죄로서 해킹, 웜, 바이러스 침투, 스펨메일, 피싱, 인터넷 사기, 인터넷 도박, 인터넷 성폭력 등이 문제가 되고 있다.

이러한 인터넷의 역기능이 증가하고 있기 때문에 사이버세계에서 다양한 문제가 발생하고 있다.

인터넷의 역기능이 증가하는 것은 정보기술의 유혹에 있다고 한다.

첫째, 정보를 수집하고 전달하는 속도가 엄청나게 빨라졌다. 비윤리적인 행동들이 눈 깜짝할 사이에 발생한다.

둘째, 프라이버시와 익명성 때문에, 비윤리적인 행동들이 개인 사생활, 정보 보호 아래 다른 사람에게 전혀 들키지 않고 행할 수 있게 되었다.

셋째, 전자 매체가 원래의 정보를 제거하거나 훼손시키지 않으면서 그 정보를 훔칠 수 있는 것이 가능하기 때문에, 큰 죄의식을 못 느낀다는 것이 문제가 된다.

넷째, 일반적으로 사람들은 자신의 기술을 이용해서 어려운 문제를 해결했을 때 모종의 성취감을 느끼게 된다. 보안 장치를 무력하게 만들면서 다른 컴퓨터 체계에 침투했을 때 느끼는 그릇된 성취감을 갖기 쉽다.

다섯째, 상대적으로 적은 노력으로 많은 사람들에게 접근하여 최대의 효과를 낼 수 있다는 생각이 비도덕적 행동을 유발시키는 하나의 유혹이 될 수 있다.

여섯째, 국제적으로 활동할 수 있다는 것이다. 단 기간에 전 세계적으로 영향을 미칠 수 있다는 것이 비도덕적 행동을 유발하는 유혹의 요인이 되고 있다.

일곱째, 정보 통신 기술이 오용될 경우에 수반되는 파괴력은 엄청나다고 볼 수 있다. 가장 대표적인 경우가 컴퓨터 바이러스 침투이다. 전문 해커들이 침투해서 바이러스를 유포시켜 시스템을 파괴시키는 것이다. 전 사회적 국가적으로 엄청난 피해를 끼치게 된다.

여덟째, 사이버 세계에서는 탈억제 현상이 일어나기 때문이다. 가상공간에서는 얽매어 있다는 느낌을 훨씬 적게 가지고, 보다 개방적으로 그들 자신을 표현하게 된다. 이런 탈억제 효과는 타인에게 무례한 언어를 거침없이 사용하거나 가혹한 비판, 분노, 증오, 위협을 하기도 하고 현실 세계에서는 결코 잘 찾아가지 않는 음란물 사이트와 폭력 사이트 같은 인터넷 세계에도 접근할 수도 있다는 것이다.

몇 가지 사례를 살펴보자.

인터넷 포털 업체가 제휴회사에 이용자 동의 없이 개인정보를 제공한 사건이 있었다.

페이스북 가입자 5100만 명의 개인 정보가 유출되는 사건도 발생했다. 2016년, 미국 대선 때 다국적 데이트분석업체가 트럼프 캠프 측에 이러한 개인 정보를 유권자 정치성향 파악 목적으로 제공하였으며, 개인 정보를 유출해서 수십조 원을 챙겼다고 한다. 페이스북 가입자들의 분노를 일으켰고, 삭제 운동도 일어났고, 페이스북 주주들은 집단 손해배상 청구 소송을 제기하였다.

신용평가사 직원이 농협카드, 롯데카드, 국민카드 3사에서 1억 건이 넘는 고객정보를 유출했고, 인터넷서비스업체 대표가 600만 명 개인정보를 유출해서 판촉업체 1천 곳에 8500만 건을 넘긴 사건도 발생하였다.

국내 대형 인터넷 쇼핑몰 서버가 해킹 당한 사건도 발생하였다. 해커가 인터넷 쇼핑몰 서버에 들어가서 오랜 시간 잠복했다가 사내 전산망에 침투한 것으로 추정한다. 고객 1000만 명 이상의 이름, 아이디, 주소, 전화번호 등 정보가 유출되고 해커가 쇼핑몰에 협박하여 수십억을 요구한 사건이다.

그리고 다수의 연예인들이 악플 스트레스를 견디지 못하고, 극단적으로 자살을 선택하는 참담한 결과를 초래하기도 하였다. 확인되지 않는 이야기들로 루머를 생산해 내고 그 루머가 진실인지 판단해 보기도 전에 수많은 사람이 한 사람을 마녀사냥 하듯이 무조건 잘못됐다고 몰아세우다 보니 극단적 선택을 하는 것이다.

그리고 사이버 성폭력 착취사건으로 N번방 사건이 발생하였다. 2018년 하반기부터 2020년 3월까지 텔레그램, 디스코드, 라인, 위커, 와이어, 카카오톡 등등의 메신저 앱을 이용하여 피해자들을 유인한 뒤 협박해 성착취물을 찍게 하고 이를 유포한 디지털 성범죄, 성 착취 사건이다. 피해자는 중학생 등 미성년자를 대거 포함하는데, 2020년 12월 특수본 수사 종료 시점에서 확인된 피해자는 총 1154명이며, 그 중에 10대 이하가 60.7%에 달한다. 회원 규모는 최소 박사방 '맛 보기 방' 회원 1만 명, 박사방 유료 회원 3만 명 내지 수만 명으로 추정한다. 박사방의 관리자인 박사 조주빈 및 공범들은 2020년 3월에 검거됐다. 조주빈은 징역 40년을 구형받았지만 항소가 진행 중이다. N번방 방지법이라는 새로운 법률이 개정된 심각하고 충격적이었던 사건이었다.

3. 환경문제의 불교 역할

1) 불교의 자연관과 생태관

우리의 산하와 대기가 심각하게 오염되어가고 있다는 현상은 인간과 자연의 관계가 크게 잘못되었다는 증거이다.

환경문제를 일으킨 원인들은 인구증가, 경제성장, 과학기술의 발전 등 복합적이라 할 수 있다. 그러나 가장 근원적인 원인은 인간 중심적 사고에 있다.

유대 · 기독교적 자연관 그리고 근대기계론적 자연관에서는 자연은 단지 인간의 필요를 충족시키는 대상물이자 한낱 경제적 이용물로 전락하였다. 이런 상태에서는 인간과 자연간의 상호연관성이나 연대성은 철저히 부정되고 단절될 수밖에 없다. 인간이 환경을 지배, 개척의 대상으로 보고, 자연은 인간에 종속되어 있다고 보는 것이다.

불교는 인간이 자연을 지배하는 것이 아니라 자연과 공존해야 한다고 주장한다.

불교의 자연관 · 생태관을 살펴보자. 『범망경』 구절의 내용이다.

> 모든 흙과 물은 다 나의 옛 몸이고 모든 불과 바람은 다 나의 진실한 본체이다. 그러므로 항상 방생을 하고 세세생생 생명을 받아 항상 머무르는 법으로 다른 사람도 방생하게 해야 한다. 만일 세상 사람이 축생을 죽이고자 하는 것을 보았을 때는 마땅히 방편을 써

서 구호해 괴로움을 풀어주어야 한다.

여기서 흙과 물인 자연이 나의 몸이고, 불과 바람인 자연이 나의 본체라고 하고 있다. 자연이 곧 인간이고, 인간이 곧 자연이라는 상즉의 관계란 것이다. 이 세상 모든 존재는 서로 분리되어 있는 것이 아니라 뗄 수 없는 관계 속에 하나로 더불어 있는 것이다. 인간도 생태계를 구성하는 한 요소이지 다른 것이 아니며 자연이 인간만을 위해서 있는 것도 아니다. 인간이 잘 살 수 있는 길은 다른 생명이나 자연을 훼손하고 정복하는 것이 아니라 조화와 균형을 이루는 길이다.

이러한 생태계의 구조 원리는 상호의존성과 순환성이다. 이것이 바로 연기설이다. 인간과 자연의 상호존중의 입장에서 환경문제를 접근할 필요가 있는 것이다.

불교는 더불어 살아가는 공동체를 건강하게 유지하기 위한 이론적이고 실천적인 지혜의 길을 제시하고 있다. 그것은 곧 연기적 세계관에 입각한 자비적 생활관으로 요약된다.

연기적 세계관, 연기의 도리는 서로 상호존중하는 가치관이다. 이것이 있기 위해서는 저것도 있어야 한다. 자연이 있기 위해서도 인간이 있어야 하고, 인간이 있기 위해서라도 자연이 잘 보전되어야 하는 것이다. 상호존중의 가치관의 입장에서 환경문제를 접근하는 것이 환경파괴를 막을 수 있을 것이다.

붓다의 생명관은 "살아 있는 것들에게 폭력을 쓰지 말라. 살아 있는 것들을 괴롭히지 말라"는 대목에서 잘 나타나고 있다. 또 "살아 있는 것들을 죽여서는 안 된다. 또한 다른 사람을 시켜 죽이게 해서도 안 되고, 다른 사람이 죽이는 것을 보고 묵인해 줘도 안 된다. 강한 자건 약한 자건 살아 있는 이 모든 것들에게 폭력을 쓰지 말라"고 역설하고 있다.

여기서 우리는 붓다의 살아 있는 것들에 대한 존중의 시선을 읽어낼 수 있다. 살아있는 동식물 모두 생명체이기 때문에 이러한 생명들은 모두 살고자 한다. 자연을 소중하게 존중해야 자연도 인간에게 이로움으로 다가올 것이다. 생태계 파괴 환경오염은 인간에게 재앙을 가져오게 될 것이기 때문에, 모든 생명을 존중하는 불살생계를 실천함으로써 우리는 폭력으로 생명체를 파괴하거나 지구 환경을 오염하는 행동들을 멈출 수 있다.

불교는 상호의존성의 연기법에 입각한 삶의 지혜를 통해 생태계에 대한 그릇된 이해와 무자비로부터 비롯된 지구의 위기 및 생태계의 파괴를 최소화할 활로를 제시하고 있다. 그것은 바른 삶의 방식인 팔정도와 남을 배려하는 삶의 방식인 육바라밀의 삶이라 할 수 있다.

앞에서 살펴본 육바라밀은 보살이 수행해야 하는 6가지 덕목이다.

먼저 보시바라밀을 살펴보면, 남에게 베푸는 것은 자신을 비우지 않으면 실천하기 어려운 덕목이다. 그리고 베품의 대상이 살아있는 존재에서 생명이 없는 무생물에게까지 확대되고 있다. 베푸는 것이 완성이 되기 위해서는 어떠한 차별도 없이 베풀어야 한다.

그리고 지계바라밀은 규범을 지키고자 의식하지 않아도 그 행동이 규범에 벗어나지 않는 그러한 행이다.

공자가 나이 칠십에 자기가 어떠한 행동을 하더라도 세상의 법도에 어긋나지 않는 그러한 경지처럼, 규범을 지키고자 의식하지 않더라도 그 행동이 이러한 규범에 어긋나지 않는 행을 하는 것을 말한다. 그러한 행 가운데, 특히 산 목숨을 죽이지 마라. 불살생을 강조한다. 살아 있는 생명을 존중하라는 것이다. 그리고 분노 미워하는 마음도 잘 다스려야 하고, 그 생각을 어리석은 판단이 아니라 지혜로운 판단을 해야 한다. 그래서 이러한 규범들을 지키고자 의식하지 않아도 규범의 틀을 벗어나지 않는 행을 하는 경지에 이르게 된다.

그래서 엄청난 실천 노력으로 정진해야 한다. 불퇴전의 정신으로 끊임없이 실천하고 노력해야 한다. 보살은 자신보다 상대를 더 배려하는 삶을 살아가기 때문에 다른 대상, 중생을 행복하게 하는 데 결코 포기해서는 안 되고, 불굴의 의지로 극복해 나가야 하는 것이다. 대개 일반적인 사람들은 본질적으로 자신의 이익을 위해서 삶을 살아가지만 그러나 보살은 다른 대상, 중생의 이익을 위해서 다른 사람의 행복을 위해서 삶을 살아가는 것이 보살이기 때문에 이와 같이 끊임없는 실천 노력이 필요하다는 것이다.

그리고 실천덕목으로 자신의 산란한 마음을 잘 가라앉히고 고요히 사색하는 것도 중요하다. 명상이나 의식집중을 통해서 마음을 안정된 상태를 유지하는 것이다. 그렇게 함으로써 올바른 견해 올바를 사고방식 올바른 판단을 할 수 있을 것이다. 세계 참된 모습을 바로 보고 그것에 대한 집착으로부터 벗어나는 수행이다.

마지막에 반야바라밀, 이 반야라고 하는 것은 수승한 지혜를 의미하는데, 사유분별의 망상을 떠난 지혜를 말한다. 사물을 있는 그대로 보는 그러한 지혜를 얻어야 모든 대상에 대해서 자비심으로 이타적인 삶을 살 수 있다.

2) 사이버 환경문제에 대한 불교적 역할

앞에서 불교의 가장 기본적인 윤리로서, 칠불통계를 살펴보았다. 남에게 해악을 끼치지 말고, 착한 일을 실행하고, 자신의 마음을 깨끗이 닦으라고 강조하였다. 사이버 공간에서 다른 사람에게 해악을 끼치는 행위는 결코 해서는 안 된다.

법구경에서는, "남을 괴롭히면서 자신의 안락을 바라는 자는 원한의 밧줄에 묶여서 원한에서 벗어나지 못한다."고 하였다. 다른 대상에게 해로움을 끼치면서 자신의 안락을 바랄 수는 없는 것이다. 그래서 "항상 사려를 자신에게 쏟고 있다면, 그들은 해서는 안 될 일을 행하지 않고 해야 할 일을 꾸준히 하게 될 것이고, 이렇게 사념이 있고 자각한 자는 온갖 더러움이 없어질 것"이라고 한다.

자신에게는 끝내 악의 결과가 찾아오지 않을 것이라고, 악을 가볍게 보아서는 안 된다고 하였다.

사이버 범죄도 마찬가지다. 완전한 범죄는 없다. 물론 정보통신망을 침해하는 사이버 범죄의 검거율이 낮은 것은 사실이다. 해킹, 사이버테러 이러한 범죄는 그 범죄자를 검거하기가 어렵다고 한다. 그러나 완전한 범죄는 있을 수 없고 언젠가는 잘못된 행위에 대한 처벌을 받게 될 것이다. 인과의 도리를 피할 수는 없는 것이다.

그리고 또 하나 중요한 것이 사이버 세계에서 언어폭력 문제이다. 연예인들의 잇따른 자살은 이와 밀접한 관계가 있다.

개인에게 상처주는 표현, 매스컴의 가짜뉴스, 개인의 사적인 정보 유포 등 상대방에게 명예를 훼손하거나 모욕을 주는 그러한 언행은 결코 해서는 안 된다.

법구경에서는 다음과 같이 충고한다.

"결코 사납게 말해서는 안 된다. 그 말을 들은 사람들은 당신에게 맞받아 말할 것이다. 노여움에서 나온 말은 불유쾌하다. 보복의 폭력은 당신에게 와 닿을 것이다."

유가에서도 자기가 원하지 않는 것을 남에게 베풀지 말라고 하였다. 자기 마음을 미루어 남의 마음을 헤아려서 용서하고 배려하라는 것이다. 언어폭력은 또 다른 언어폭력으로 돌아온다. 발 없는 말이 천 리 간다는 속담이 있듯이 어느새 그 말이 돌고 돌아 자신에게 되돌아오면서 괴로움은 더 커진다.

거짓이나 이간시키는 말, 험담하거나 꾸며대지 않고 상대를 존중 배려하는 올바른 언어표현, 곧 팔정도의 정어(正語)의 가르침을 생활에 실현할 수 있어야 한다.

또한 법구경에서 "사람은 자신이 악한 짓을 해서 스스로 더러워진다. 사람은 자신이 악한 짓을 하지 않아서 스스로 깨끗해진다. 각자가 깨끗해지기도 하고 더러워지기도 하는 것이다. 한쪽 사람이 다른 사람을 깨끗하게 만드는 것이 아니다."고 하였다. 자신의 행위에 따라서 훌륭한 인격이 될 수도 있는 것이고, 저열한 인격이 될 수도 있는 것이다.

불전 숫타니파다에 나오는 구절이다.

"자녀를 가진 사람은 자녀로 말미암아 걱정하고 소를 가진 사람은 소로 말미암아 걱정한다. 참으로 사람이 집착하는 바탕은 근심 걱정이다.

집착하는 바탕이 없는 사람은 근심할 일이 없다."

많이 소유할수록 근심 걱정이 늘어나는 것이고, 이러한 집착을 절제하고 버릴 수 있어야 근심 걱정을 벗어날 수 있다는 가르침이다.

그래서 불교에서 무아적인 삶을 강조한다. 인간의 의식이나 몸, 이 어느 것도 우리가 자아라고 할 수 있는 어떤 것도 없다고 함으로써 실체적 자아의 존재 가능성을 부정하는 것이다.

숫타니파다에 의하면, "사람들은 내 것이라고 집착한 사물로 인해서 괴로워한다. 내 것이라고 생각한 것은 영원한 것이 아니기 때문이다. 이 세상은 언제나 변하고 없어지는 것임을 알아야 한다."고 가르치고 있다.

하지만 우리는 고정불변의 실체적 자아를 찾고 있다. 나의 모습, 느낌, 생각, 의지, 판단의식 등을 중심으로 나를 만들고 나의 것을 만드는 것은 잘못된 자아활동이고, 이것은 고통을 부르는 삶의 방식일 뿐이다.

고정된 나라고 하는 것이 있다고 하는 잘못된 생각에서, 내 것에 대한 집착을 하게 되고 내 것에 대한 집착이 생기니까, 그런 욕망 때문에 괴로움이 따른다. 내가 존재한다는 생각 때문에 욕망이 발생하고 괴로움이 발생하는 것이다. 내가 존재한다는 생각을 내려놓으면 욕망도 절제하고, 조절할 수 있는 것이다. 내가 존재한다는 생각이 깨뜨려 지면 우리는 우리 존재가 변해도 외부세계가 변해도 영향을 받지 않게 된다.

그리고 내 것만이 아니라 남의 것도 내 것처럼 인정하고 존중하게 된다. 내가 존재한다는 생각을 내려놓는 무아이론은 상대를 인정 존중하는 상호존중의 윤리, 타인에 대한 포용의 윤리인 것이다. 타인의 존중과 포용은 나의 존중과 포용을 의미하는 것이며, 타인의 보전과 실현을 전제하지 않고는 자신이 존중받고 포용 받을 수 없기 때문에 우리는 상대를 존중하고 포용해야 한다.

무아이론은 나와 나의 삶이 타인과 타인의 삶과의 연계성 속에서 드러난다는 것을 함축하고 있다. 나라는 존재의 존중과 번영을 위해서는 타인에 대한 존중과 번영이 전제가 되어야 한다. 그래서 내 것만 고집하는 삶이 아니라 무아적인 삶을 이해하고 실천할 수 있다면, 다른 대상들에게 이로움을 주는 배려하는 삶을 살아갈 수 있을 것이다.

이러한 연기적인 삶, 무아적인 삶을 실천한다면 사이버상의 여러 범죄, 역기능 문제를 해결할 수 있을 것이며, 사회 전체 공공의 이익을 추구하는 삶이 될 것이다.

참고문헌

• 강건기, 현대사회와 불교, 불일출판사, 1996

• 고영섭, 불교생태학, 불교춘추사, 2008

• 금강대 불교문화연구소, 불교의 이해, 무우수, 2008

• 김문정, 대학생을 위한 공학윤리, 아카넷, 2019

• 대한불교조계종포교원, 불교개론, 조계종출판사, 2012

• 대한불교조계종포교원, 불교개설, 조계종출판사, 2019

• 불교교재편찬위원회, 불교사상의 이해, 불지사, 1997

• 불교교재편찬위원회, 불교와의 첫 만남, 불광출판사, 2015

• 불교교재편찬위원회, 불교학개론, 동국대출판부, 1988

• 보경, 수타니파다를 읽는 즐거움, 민족사, 2013

• 안옥선, 불교윤리의 현대적 이해, 불교시대사, 2002

• 이원섭, 법구경, 경서원, 1988

• 인터넷윤리실천협의회, 인터넷윤리, 이한미디어, 2012

제6장

불교문화(사찰의 구조)

사찰의 구조

국가에서 지정한 국보, 보물 등의 우리나라 지정문화재 가운데 불교문화재는 절반이 넘는 55%에 달한다. 여기에 전국 곳곳에 산재한 수많은 석불과 사찰의 유물, 유적까지 포함한다면 가히 우리나라의 문화재는 불교문화재가 대부분을 차지한다고 할 만하다. 양적인 비율 못지않게 그 질적인 수준을 보아도 한국의 대표적 문화재는 단연 불교에서 찾게 된다. 유네스코 세계의 문화유산에 석굴암과 해인사 팔만대장경이 포함되었음이 이를 잘 말해준다.

이 장에서는 불교문화 가운데 사찰의 구조에 대하여 살펴본다.

사찰은 대중이 붓다의 가르침을 실천하는 도량이다. 그러한 도량 안에는 어느 것 하나 그냥 있는 것은 없다. 사찰의 모든 조형물에는 해탈과 교화의 의미가 점철되어 있다. 사찰의 초입에서부터 법당 한가운데의 부처님에 이르기까지, 모두가 수행자의 신심을 북돋우고 그 정신을 되살리게 하는 깊은 의미가 간직되어 있는 것이다.

사찰의 어원은 상가람마(Saṃghārāma)이다. 상가람마는 승려들이 모였음을 뜻하는 Saṃgha와 거주처를 뜻하는 arāama가 복합되어 만들어진 용어이다. 인도에서 상가람마, 비하라(Vihāra, 精舍)로 일컬어졌던, 승려들의 수행처를 중국에서는 사(寺), 사원(寺院), 사찰(寺刹)등으로 불렀다.

무소유를 이상으로 삼는 불교가 처음부터 사찰이 있었던 것은 아니다. 나무 밑이나 숲속, 석굴, 묘지 등에 거주하면서 선정과 진리 탐구에 몰두하였다. 인도의 기후적인 특성은 무소유의 생활에 많은 장애를 주었다. 찌는 듯한 무더위, 우기 때의 폭우로 탁발 걸식의 유행(遊行) 생활이 힘들어졌다. 우기의 안거제도가 차츰 정립되면서 한 곳에 모여 정진하기를 열망하게 되었고, 불교에 호의적인 왕족, 장자들의 후원으로 수행 공간(園林)을 제공하였다.

불교의 최초의 사찰은 마가다국의 빔비사라왕이 기증한 죽림정사(竹林精舍)이다. 이후 수닷타 장자가 기원정사를 지어 기증하였다.

비구들의 생활 형태는 유행 편력의 생활에서 정사 거주의 생활로 변모했다. 교세의 확장과 함께 사찰은 비약적인 발전을 가져왔고, 불교교단을 후세에까지 존속시킬 수 있었다.

사찰의 구조물들에는 각각 나름의 의미가 있다. 사찰의 중심을 이루는 것은 승원(僧院)과 당(堂)이다. 당은 일반적으로 사원의 중심이 되는 불당(佛堂)을 말하는 것으로 다른 말로는 금당(金堂) 또는 법당(法堂)이라고 한다.

우리 나라 전통적 사찰 구조는 탑을 중심으로 배치되어 있으며, 그 건축물의 이름은 그곳에 모셔진 부처님에 따라 다르게 부르고 있다.

1. 불상

붓다 열반 후, 불교도들은 성스러운 붓다를 인간의 모습으로 조각하는 것을 꺼렸다. 성스러움과 신성성이 감소될 수 있기 때문이었다.

붓다에 대한 상징은 주로 붓다가 평소 좌선·명상했던 보리수, 둥그런 모양의 불좌, 산개(傘蓋)를 세운 불좌, 불족적, 불탑 등과 같은 갖가지 모양으로 붓다의 존재를 대신 표현했다. 기원전 3~2세기경에 조성된 바르후트 불탑이나 산치 대탑의 난순 혹은 문기둥 등에 보이는 전생도나 불전도에는 붓다가 있어야 할 자리에 보리수 등이 새겨져 있다. 이런 경향은 1세기까지 계속되었으며, 이 시기를 무불상기(無佛像期)라고 부른다.

불상은 1세기 전후에 인도 서북지방의 간다라 지방과 중부지방인 마투라 지방에서 거의 동시에 각기 다른 양식의 불상이 창제되기 시작하였다. 서구 헬레니즘의 신상관에서 유래된 지역적 특수성에 의한 문화현상이 간다라 불상양식이라 한다면, 보다 인도의 전통적 신상관에 입각하여 제작된 불상양식이 마투라 불상양식이라 하겠다.

불상의 탄생 배경은 아직 분명하게 밝혀져 있지 않다. 그러나 학자들은 서방문화의 자극을 받은 서북인도의 불교도들이 당시 진행되고 있었던 붓다의 신격화 등으로 인하여, 예배할 수 있는 상징적인 대상으로 불상을 제작했을 것으로 추측하고 있다. 또 그리스 조각상의 영향을 받았을 것으로 추정하고 있다. 불상의 탄생으로 인해 붓다의 이미지를 명상하는 관불삼매 등의 수행이 발전했으며, 예배의례 역시 발전하였다.

한국의 불상은 4세기 후반 한반도에 불교가 처음으로 전래될 당시 불경과 함께 전달되었다. 이때의 불상은 중국 불상으로 우리나라 초기 불상조각의 모범이 되었다. 이후 삼국시대의 불상은 대부분 내구성이 강한 금동상이나 석조상의 불상이고, 이에 앞서 제작되었다고 짐작되는 소조상이나 목조상은 전해지지 않는다.

우리나라 초기 불상들은 대부분 호신불에 준하는 소형의 불상인 점이 주목된다. 그것은 불전 내부에 봉안된 예배용이라기보다는 이동이 용이한 기원불이거나 호신불적 성격이 농후하다. 그러다가 6세기 말경, 비로소 비교적 큰 석조불상이 등장하기 시작한다. 서산의 마애삼존불(국보 84호)은 백제불상을 대변하는 매우 우수한 불상이다.

그리고 삼국시대 금동불상으로서 최고 걸작은 역시 2구의 금동미륵보살반가사유상(국보 83호, 국보 78호)이다.

통일기에 들어와서 신라의 불상조각은 삼국시대 이래의 추상성에서 완전히 벗어나 보다 이상적 사실주의적 경향으로 흐른 감이 있다. 이러한 불상의 최대 걸작은 역시 토함산 석굴암에서 만날 수 있다. 미술사가들은 한결같이 우리의 석굴암을 세계 불상조각의 으뜸으로 삼고 있다.

인도에서 발생한 불교미술은 멀고 험난한 길을 따라 우리 한반도의 토함산 석굴에서 그 아름다운 불교예술의 꽃을 피웠다.

불보살의 명호

일반적으로 불보살 명호는 법당의 현판과 수인(手印-붓다의 손모양)으로 알 수 있지만 반드시 일치하지는 않는다.

첫 번째, 일단 법당에 걸린 현판을 보고 구별할 수 있다.

대적광전(大寂光殿)에는 비로자나불, 대웅전(大雄殿)에는 석가모니불, 극락전(極樂殿)에는 아미타불, 약사전(藥師殿)에는 약사여래불, 용화전(龍華殿)에는 미륵불이 모셔져 있다.

두 번째, 수인으로 구별할 수 있다.

수인에는 다음과 같은 종류가 있다.

1) 선정인(禪定印) - 석가모니불

참선 자세. 결가부좌 상태에서, 손바닥을 위로 향하고 오른손이 왼손 위에 온다.

선정인과 항마촉지인(경주 남산 보리사 부처님)

2) 여원인(與願印) – 석가모니불, 미륵불

　중생이 원하는 것을 들어준다는 표시. 왼팔을 아래로 내리고 손바닥을
바깥으로 보이게 땅을 가리킨다.

3) 시무외인(施無畏印) – 석가모니불, 미륵불

　중생의 두려움을 없애주고 평안함을 준다는 표시. 오른팔을 들어서 손
바닥이 바깥으로 하여 위로 향한다. 시무외인과 여원인은 하나로 짝 지
워져 있다.

여원인과 시무외인(서울 수국사 미륵불)

4) 설법인(說法印) - 비로자나불

법을 설하고 있음을 알리는 표시. 오른팔
혹은 양팔을 들어 엄지와 검지를 붙여 동그
라미를 만든다.

설법인(구례 화엄사 대웅전 노사나불)

5) 전법륜인(轉法輪印) - 석가모니불

법을 설하고 있음을 알리는 표시. 오른손으로는 설법인을 맺고 왼손으
로는 그것을 받친다. 깨달음의 정점에 있다는 뜻이다.

전법륜인(서울 수국사 석가모니불)

6) 항마촉지인(降魔觸地印) - 석가모니불

붓다가 정각에 이르렀을 때 땅의 신에게 깨달음을 증명하는 순간을 나

타내는 모습. 왼손은 무릎 위에 놓고 오른손으로 땅을 가리킨다.

앞의 선정인 사진 참조.

7) 지권인(智拳印) - 비로자나불

비로자나불이 하는 수인이다. 왼쪽 검지를 오른쪽 엄지와 아래위로 마주하면서 오른쪽 전체로 두 손가락을 감싸는 모습이다. 중생과 부처, 미

지권인(서울 남산 보현사 비로자나불)

혹함과 깨달음이 본래 하나라는 것을 상징한다.

일반적으로 지권인을 하고 있으면 비로자나불이고, 선정인, 항마촉지인, 전법륜인, 여원인, 시무외인을 하고 있으면 석가모니불이고, 아미타여래구품인을 하고 있으면 아미타불이고, 약사함을 들고 있으면 약사여래불이다. 하지만 반드시 일치하지는 않는다.

2. 전각(殿閣)

전각의 명칭은 모셔진 분에 따라 달라진다. 보통 부처님이나 보살, 부처님의 제자상이 모셔진 곳은 전(殿)이라 하며, 그 외에는 각(閣)이라 한다.

1) 적멸보궁(寂滅寶宮)

적멸보궁은 석가모니부처님의 진신사리를 모신 법당을 말한다. 석가모니불이 깨달음을 얻어 화엄경을 설법하신 장소인 적멸도량임을 뜻한다. 적멸보궁은 항상 부처님이 이곳에 머물며 적멸, 즉 열반을 누리시고 있는 성스러운 곳이다. 적멸이란 탐, 진, 치 삼독의 불을 완전히 불어서 끈 상태로서 다시는 번뇌가 생기지 않는 열반을 말한다.

법당 안에는 불단만 있고 불상이 없는 것이 특색이다. 진신사리가 바

설악산 봉정암 적멸보궁

로 부처님이기에 따로 부처님을 모시지 않는다. 대신 법당 뒤에 사리를 모신 탑을 세우기도 한다.

적멸보궁 건물의 가장 큰 구조적 특징은 건물 안에서 사리탑이나 계단을 바라볼 수 있게 만든 창이 설치되어 있다는 점이다.

우리나라에는 5대 적멸보궁이라 하여 신앙적으로 중요한 역할을 하는데 영축산 통도사, 오대산 상원사 중대, 설악산 봉정암, 태백산 정암사, 사자산 법흥사가 그곳이다.

2) 대웅전(大雄殿)

대웅전은 석가모니부처님을 주불로 모신 법당이란 뜻이다.

대웅이라는 말은 법화경에서 대웅세존(大雄世尊)이라 하여 석가모니부처님을 찬탄하는 말에서 나왔다고 한다.

석가모니불을 모신 대웅전은 그 사찰의 가장 중심이 되는 위치에 배치하고 사찰의 핵심을 이루고 있다.

김천 직지사 대웅전

대웅전에는 석가모니부처님을 주불로 하여 삼존불을 모시기도 한다. 공간상으로 좌우 동방유리광 약사여래불과 서방정토 아미타불을 모시는 경우도 있고, 시간상으로 과거불인 연등불과 미륵불을 좌우 모시는 경우도 있다.

또한 석가모니부처님 좌우에 협시보살을 모시는 경우도 많다. 석가모니부처님의 왼쪽에 모셔진 문수보살은 부처님의 지혜를 상징하는데 여의주나 칼, 청련화(靑蓮花)를 들거나 청사자를 탄 모습으로 표현된다. 또 보현보살은 오른쪽에서 부처님을 모시며 부처님의 실천행을 상징한다. 흔히 연꽃을 들고 코끼리를 탄 모습으로 나타낸다.

석가모니부처님 좌우에 제화갈라보살과 미륵보살을 모시는 경우도 있다.

이밖에 부처님 좌우로 두타제일(頭陀第一)의 마하가섭과 다문제일(多聞第一) 아난존자를 모시는 경우도 있다.

간혹 부처님 좌우로, 아미타부처님의 협시보살인 관세음보살과 지장보살을 모시는 경우도 있다.

수덕사 대웅전, 봉정사 대웅전은 석가모니부처님을 모신 대표적 법당이다. 법주사 대웅보전에는 비로자나부처님을 비롯한 삼신불이 계시고, 개심사 대웅보전에는 아미타부처님이 모셔져 있다.

대웅전에 봉안되어 있는 대부분의 석가여래는 모든 마음의 번뇌를 굴복시키는 항마촉지인(降魔觸地印)을 취하고 있다.

석가모니불의 후불탱화는 주로 영산회상도이다. 이는 석가모니불이 영취산에서 제자들에게 설법하는 정경을 묘사한 그림이다.

3) 대적광전(大寂光殿)

대적광전, 또는 대광명전(大光明殿)을 줄여서 대광전(大光殿)이라고도 한다. 대적광전은 더러움에 물들지 않는 연꽃으로 장엄된 세계(蓮華藏世界)의 교주인 비로자나불을 본존불로 모신 법당이다.

대적광이란 화엄경의 연화장세계가 대적정(大寂靜)의 세계로서 지극히 고요한 가운데 부처님의 지혜광명으로 온 세상을 그대로 드러낸다는 뜻이다. 주로 화엄종 계통 사찰에서 대적광전을 본전으로 건립하며, 소의 경전인 화엄경에 근거하여 화엄전, 비로자나불을 봉안한다는 의미에서 비로전, 연화장세계가 진리의 빛이 가득한 대적정의 세계란 의미에서 대적광전이라 부른다.

대적광전에는 비로자나불을 중심으로 삼신불을 봉안한다. 삼신불이란 법신 화신 보신을 말한다. 청정법신 비로자나불, 원만보신 노사나불,

합천 해인사 대적광전

천백억화신 석가모니불이다. 법신이란 진리로서의 부처, 비로자나불이다. 보신이란 수행의 원력과 결과로 한량없는 공덕으로서의 부처, 노사나불이다. 화신이란 중생 구제를 위해 출현한 부처, 석가모니불이다.

비로자나불의 협시보살로는 문수보살과 보현보살을 봉안한다. 법당 내에 다섯 부처를 봉안하기도 하는데, 삼신불 좌우에 아미타불과 약사여래를 봉안한다.

비로자나불의 수인은 왼손의 집게손가락을 펴서 오른손으로 감싸 쥐는 지권인이다.

후불탱화로 법신탱화, 보신탱화, 응신탱화를 각각의 불상 뒤에 거는 경우가 많다.

경남 합천에 있는 해인사 대적광전은 조선 성종 때 중창한 불전으로 원래의 이름은 비로전이었다. 지금의 대적광전은 1818년 중건한 것이다. 대적광전은 추사 김정희가 쓴 상량문과 해강 김규진이 쓴 편액 글씨, 그리고 고종과 흥선대원군이 쓴 주련 글씨로 유명하다.

4) 극락전(極樂殿)

극락전은 서방정토의 교주이신 아미타불을 모신 법당이다.

아미타불은 그 광명이 끝이 없어 백천억 불국토를 비추고, 그 수명이 한량없어 백천억 겁으로 셀 수 없다 하여 무량수불이라고도 한다. 그래서 극락전을 무량수전(無量壽殿)이라고 한다. 한편 주불의 이름을 따라 미타전이라고도 한다.

아미타부처님은 전생에 법장비구로 수행하던 시절에 48대원을 세워 온갖 괴로움을 없애고 서방의 극락정토(極樂淨土)를 건설하셨다고 한다. 정토는 청정한 부처의 세계다. 모든 근심과 고통이 없고 한량없는 즐거움만 있다고 하여 극락이라 한다. 그때 세웠던 서원에 따라 누구나 일념으로 아미타불의 명호만 부르면 극락왕생 시켜 준다고 한다. 그래서 아미타부처님은 석가모니부처님 다음으로 많이 모셔져 있다.

아미타부처님의 협시보살로는 관세음보살(觀世音菩薩)과 대세지보살(大勢至菩薩)이 모셔진다. 혹은 관세음보살과 지장보살(地藏菩薩)을 모시기도 하는데, 이것은 아미타부처의 극락으로 인도하는 미타신앙과 지장보살이 지옥에 떨어진 중생을 구제하는 지장신앙이 결합한 것이다.

대표적인 극락전은 천은사와 무위사에 있는 극락전이고 무량수전으로는 부석사가 유명하다.

후불탱화로 극락의 법회를 묘사한 극락회상도나 극락구품탱화를 걸어 극락의 정경을 보여준다.

영주 부석사 무량수전

5) 약사전(藥師殿)

약사전은 약사여래부처님을 모신 곳으로 만월보전(滿月寶殿), 유리광전(琉璃光殿), 보광전(普廣殿)이라고도 한다. 약사여래는 동쪽으로 10항하사수(恒河沙數) 불국토를 지나 정유리세계(淨琉璃世界)의 교주이며, 모든 중생의 질병, 재앙을 구제하고 무상보리를 얻게 해 주는 대의왕불(大醫王佛)이다.

약사여래는 과거 보살로서 수행할 적에 열두 가지 대원을 세웠다고 한다. 약사여래는 단지 병만을 다스리는 분이 아니라 의식주 등 중생의 모든 고통을 해결해 주고 결국 깨달음을 얻게 하고자함을 알 수 있다.

약사여래 불상의 형상은 큰 연화 위에 왼손에 약병을 들고, 오른손은 시무외인을 맺고 있다.

약사여래 좌우에는 각각 일광변조보살 및 월광변조보살이 협시해 있다. 그리고 12대원을 상징하는 12신장도 함께 한다.

불상 뒤에는 약사여래의 정토인 약사유리광회상도가 탱화로 걸려 있기도 한다.

우리나라에는 이 전각이 상당히 많은 편으로 통도사 약사전, 송광사 약사전, 관룡사 약사전, 고운사 약사전 등이 남아 있다.

송광사 약사전

6) 미륵전(彌勒殿)

미륵전은 미래의 부처님인 미륵불을 모신 법당이다. 미륵불이 용화수 아래에서 성도하여 용화세계를 이룩할 것이라는 의미에서 미륵전 혹은 용화전(龍華殿)이라고도 하며, 장륙존상을 모신다고 해서 장륙전(丈六殿)이라고도 부른다.

미륵불은 지금 도솔천에 계시는 미륵보살을 말한다. 미래에 성불의 수기를 받았다. 미륵이란 범어로 Maitreya라고 하는데 자비, 우정을 뜻하기에 미륵보살을 자씨보살이라고도 한다. 그래서 미륵전을 자씨전이라고도 한다.

가장 대표적인 미륵전은 전북 김제의 금산사 미륵전(국보 제62호)을 들 수 있다. 미륵불은 현재 오시고 계시기 때문에 그를 기념하기 위하여 대부분 옥외에 크게 조성하여 모시는 것이 우리나라의 관례이나 금산사와 같이 법당 안에 모신 곳도 있다.

미륵신앙에는 미륵상생 신앙과 미륵하생 신앙이 있다. 한량없는 긴 세

김제 금산사 미륵전

월을 기다리지 않고 공덕을 쌓아 도솔천에 태어나, 미륵보살의 가르침을 듣고 미륵보살이 현세에 오실 때 같이 참여하는 것이 미륵상생 신앙이다. 현세 이 땅에 미륵보살이 하루 빨리 내려와서 용화수 아래 법을 펼쳐, 제도 받고자 하는 것이 미륵하생 신앙이다.

속리산 법주사의 미륵불 입상과 지하에 꾸며진 용화세계 및 미륵반가사유상은 한국 불교미술의 꽃이라 할 수 있다.

후불탱화는 용화수 아래서 미륵불이 중생들에게 설법하고 있는 정경을 묘사한 용화회상도나 보관을 쓴 미륵보살이 구름을 타고 내려오는 광경을 묘사한 미륵내영도이다.

7) 원통전(圓通殿)

원통전은 관음보살이 주존으로 계신 법당이다. 대비전(大悲殿), 보타전(菩陀殿) 등으로 부르기도 하는데, 주불전일 때는 원통전이라 부르며, 부속 전각일 때는 관음전(觀音殿)이라 부른다. 관음보살은 대자대비를 서원한 자비로운 보살로서, 중생이 내는 무슨 소리든지 다 듣고 문제와 고통을 막힘없이 해결해준다는 의미에서 원통대사라고도 한다. 모든 중생을 제도하기 위해 언제 어디서나 중생과 같은 몸으로 나타나서 그들을 감싸고 제도하는 보살이다.

관음은 범어로 아바로키테쉬바라(Avalokiteśvara)이다. 세간의 소리를 살피기에 관세음보살이라 하고, 살펴봄에 자재하다는 의미에서 관자재보살이라고도 한다.

보은 법주사 원통보전

원통전은 중앙에 관음보살이 계시고 좌우로 남순동자와 해상용왕을 협시로 모셔져 있다. 남순동자는 화엄경의 선재동자를 말한다. 후불탱화로 천수천안관세음보살도나 수월관음도 혹은 아미타불화를 봉안한다.

송광사 관음전, 통도사 원통전, 법주사 원통전, 선암사 원통전, 범어사 관음전 등이 대표적이다.

이 가운데 법주사 원통보전(보물 제916호)은 임진왜란 이후에 복원된 후 여러 차례 수리를 거쳐 오늘에 이르고 있다. 법당 안에는 목조 관음보살상이 모셔져 있다. 건물은 단순하지만 특이한 건축양식을 가지고 있어 건축사 연구에 소중한 자료로 평가되고 있다.

8) 팔상전(捌相殿)

팔상전은 석가모니부처님의 일대기를 여덟 가지 중요한 사항을 골라서 그린 그림을 봉안한 법당이다. 여덟 폭의 그림에서 연유하여 팔상전이라 하고, 부처님의 설법회상인 영산회상에서 유래한 영산전이란 명칭도 함께 사용하고 있다.

팔상전이나 영산전에는 내부에 큰 불단을 조성하지 않고 벽에 팔상도를 봉안하는 것이 보통이다.

특히 법주사의 팔상전은 목탑으로, 팔상도를 사방에 배치하고 그에 따른 불상을 조성하여 모신 것이 특징이다.

부처님 전생 호명보살이 도솔천에서 흰 코끼리를 타고 내려오는 도솔내의상(兜率來儀相), 룸비니 동산에서 탄생하는 비람강생상(毘藍降生相), 고타마 싯달타 태자가 궁의 네 개의 문 밖의 산책 후 출가를 결심하게 하는 사문유관상(四門遊觀相), 부귀영화를 버리고 성을 넘어 출가하는 유성출가상(踰城出家相), 6년 고행의 설산수도상(雪山修道相), 보리수 아래 마왕의 유혹, 즉 인간의 번뇌망상을 없애버리는 수하항마상(樹下降魔相), 녹야원에서 처음으로 진리의 수레 바퀴를 굴리는 녹원전법상(鹿苑轉法相), 45년의 교화 활동을 마치고 사라쌍수에서 열반하는 쌍림열반상(雙林涅槃相) 여덟 개의 모습으로 그려져 있다.

팔상전에는 주불을 석가모니부처님, 좌우협시로 제화갈라보살과 미륵보살을 봉안한다.

법주사, 쌍계사, 운흥사, 선암사, 범어사, 보경사 등의 팔상전이 알려

보은 법주사 팔상전

져 있다.

법주사 팔상전(국보 제55호)은 우리나라 유일의 목조탑으로서 불사리 봉안처로서의 탑의 성격과 예배 장소로서의 기능을 동시에 갖춘 탑전 형식의 건축물이라는 점에서도 매우 중요한 의미를 지니고 있다.

9) 나한전(羅漢殿)

나한전은 석가모니불을 중심으로 하여 좌우에 그의 제자 가운데 아라한의 경지에 이른 성자들을 모신 법당이다. 보통 500나한이나 16나한을 모신다.

아라한은 최고의 깨달음을 얻은 성자로서, 진리와 상응했기 때문에 응

의성 고운사 나한전

진(應眞)이라 하여 응진전이라고도 한다.

　나한전에는 석가모니부처님이 주불로 봉안되어 있으며, 좌우에 가섭과 아난이 봉안되어 있다. 그 좌우에 16나한의 자유자재한 형상이 배치되어 영산회상을 나타낸다. 나한은 미륵불이 나타날 때까지 중생들을 제도하라는 부처님의 수기를 받은 분들이라 민간신앙에서 무수한 설화들이 등장하며 서민들의 기복신앙으로 확고히 자리잡고 있다.

　500나한을 모신 곳으로 유명한 곳은 금산사 나한전, 옥천사 나한전, 기림사 오백나한전, 송광사 나한전 등이다.

10) 명부전(冥府殿)

　명부전은 죽은 영혼이 가는 저승을 상징하는 사찰의 전각이다. 중생구제의 큰 원력을 세운 지장보살(地藏菩薩)을 모시기 때문에 지장전이라고도 한다. 지장보살이 명부에서 중생 구제를 위해 애쓰고 있기에 명부전이라고 하고, 명부에서 시왕들이 심판을 담당하기에 시왕전이라고도 한다. 지장보살은 지옥 중생을 구제하기 전까지는 결코 성불하지 않겠다는 서원을 세운 대원대비의 보살이다.

　지장보살을 중심으로 좌우에 협시인 도명존자 및 무독귀왕 이외에도 염라대왕을 위시한 지옥의 시왕상(十王像)을 봉안하고 있다.

　시왕은 도교의 신인 시왕이 불교와 결합한 것이다. 망자가 태어날 세계를 정하는 심판관 시왕과 망자를 자비로 인도하는 지장보살이 함께하여 독립적으로 있던 지장전과 시왕전이 명부전으로 결합했다고 한다.

서산 개심사 명부전

명부전은 사찰 건물 중에서 가장 많은 조상과 탱화들이 봉안되어 있다. 이것은 명부전이 지장보살께 예배드리는 공간이라는 점과 함께 명부의 모습을 지상에 구현해 놓은 전각이라는 의미도 갖고 있음을 말해주는 것이다.

경기도 강화군 전등사의 명부전, 전북 고창군 선운사의 명부전이 유명하다.

11) 대장전(大藏殿)

대장전은 부처님의 가르침인 불경(佛經)이나 목판(木板)을 봉안한 전각으로 장경각(藏經閣)이라고도 한다. 부처님의 진리인 법을 모셨기에 법보전이라고도 한다.

합천 해인사 장경각 팔만대장경판

대장전 중앙에는 법신불인 비로자나부처님을 모시거나, 석가모니부처님을 모신다.

대표적인 곳으로 합천 해인사의 장경각과 예천 용문사 대장전, 선암사 장경각, 용주사 경각 등 많은 예가 있다.

장경각은 세계문화유산에 등록되어 있으며, 팔만대장경은 기록문화유산에 등록되어 있다.

특히 용문사 대장전에는 경을 넣어 돌리면서 열람하거나 예배하는 윤장대라는 것이 있어 더욱 유명하다.

12) 조사당(祖師堂)

조사당은 불교 한 종파를 개설한 스님이나 후세에 존중 받는 큰스님, 그리고 절을 창건한 분, 역대 주지스님의 부조상 또는 영정이나 위패를

영주 부석사 조사당

모신 전각을 말한다.

사찰에 따라서는 조당, 조사당, 국사전(國師殿) 등으로도 부른다.

특히 통도사의 영각은 우리나라에서 가장 많은 영정을 보존하고 있으며, 송광사 국사전과 해인사 조사전, 부석사 조사당, 신륵사 조사당 등이 대표적이다.

13) 삼성각(三星閣)

이 전각에는 우리 민족 고유의 토속신을 불교적으로 수용해서 모시고 있다. 산신(山神), 독성(獨聖), 칠성(七星) 등을 모신 곳이 삼성각이다. 그 신상을 각기 다른 건물에 모실 때에는 그 전각의 이름도, 산신 · 독성 · 칠성의 신상에 따라 각기 산신각, 독성각, 칠성각이라 부른다.

산신은 불교가 한반도에 토착화되는 과정에서 수용되어 불법을 지키는 수호신이 되었다.

산신각에는 주로 호랑이와 노인의 모습을 한 산신상이나 이를 그린 탱화, 치마와 저고리를 입고 호랑이 위에 앉아 있는 할머니상, 백발의 수염에 긴 눈썹을 날리며 손에는 깃털 부채나 불로초를 들고 있은 산신을 그린 탱화 등을 걸어둔다.

독성각은 나반존자를 모신 곳이다. 이 존자는 남인도의 천태산에서 홀로 수행한 성자였다고 하여 독성이라 한다. 그는 과거, 현재, 미래의 모든 일을 꿰뚫어 알고, 중생에게 복을 주고 그의 소원을 성취시켜 준다고 한다.

칠성각은 칠성신을 모신 곳이다. 우리나라의 토착신앙이었으나 불교에 흡수되어 변용되었다. 칠성신은 자손에게 복을 주고, 장애와 재난을 없애주며, 오래 살게 해준다고 한다.

대개의 사찰은 삼성각 하나만 두는 경우가 대부분이다.

통도사 삼성각

14) 범종각(梵鍾閣)

범종은 범종각에 있다. 그 집이 2층 누각의 형태면 범종루라 한다. 일반적으로 범종각은 불이문과 동일선상에 위치한다. 법당 쪽에서 볼 때는 오른쪽에 해당한다.

불교의 체용설에 따르면, 소리는 용, 즉 작용에 속한다. 범종각의 소리는 일심의 작용이며, 붓다 가르침의 작용을 상징화한 것이다. 따라서 범종각이 오른쪽에 위치하는 것이다.

규모가 큰 사찰에서는 범종 외에 법고, 운판, 목어 등의 불전사물을 함께 배치한다.

산사의 새벽, 28번의 타종을 한다. 욕계의 6천과 색계의 18천, 무색계의 4천 합쳐서 28천의 하늘 대중을 깨운다.

잘 알려진 범종에 관한 설화다.

성덕대왕신종 일명 에밀레종이라는 이 종은 신라 제35대 경덕왕이 아버지 성덕대왕과 어머니 소덕태후의 명복을 빌기 위해 만들어진 범국가적인 불사였다. 하지만 종에 금이 가고 기포가 생겨서 번번히 실패하고 경덕왕은 세상을 떠난다. 경덕왕의 뒤를 이은 혜공왕에 이르러 어린 아이를 시주 받아 쇳물에 넣어 불사가 이루어졌다는 이야기다.

어린애 공양에 대한 학계의 입장은 큰 불사의 어려움을 부각시키고 신성성을 부여하기 위함이라고 한다. 큰 불사에 대한 원력과 자기 정화, 불사를 이루어내는 극치가 소신공양, 인신공희로 나타나는 경우가 많기 때문이라는 것이다.

어떠한 큰 불사라 하더라도 어린 생명의 희생을 통해서 이루지는 것이라면 그것은 진정한 불사라고 할 수 없다.

세계 어느 종교 보다 불살생을 강조하는 것이 불교이기 때문이다.

현존하는 범종 중 오래된 것으로는 통일신라의 상원사동종을 비롯해서 에밀레종으로 불리는 성덕대왕신종, 고려의 용주사범종·천흥사동종·탑산사동종, 조선의 낙산사동종·봉선사대종 등이 있다.

범종의 기본형은 용뉴, 음관, 천판, 상대, 유곽, 유두, 비천상, 당좌, 하대로 되어 있다.

용뉴는 범종의 가장 위쪽에 있는 용의 모습을 한 고리로, 이곳에 쇠줄을 연결하여 종을 매단다. 음관은 용뉴 바로 옆에 붙어 있는 대나무 마디 모양의 소리 대롱이고, 천판은 용뉴·음관과 접촉하고 있는 범종의 머리 부분으로, 주로 연꽃잎이 새겨져 있다. 상대는 범종의 어깨 부분에 둘린

영주 부석사 범종각

무늬 띠이고, 하대는 아랫부분에 둘린 무늬 띠인데, 상·하대에는 주로 넝쿨풀 무늬나 국화 무늬가 새겨져 있다. 유곽은 윗부분의 네 곳에 있는 네모난 테이고, 그 안에 각각 아홉 개의 볼록 솟아 있는 꼭지가 있는데, 이것이 마치 젖꼭지 같다고 해서 유두라고 한다. 범종 가운데에는 비천상이 새겨져 있고, 종을 치는 당목이 닿는 곳을 당좌라고 한다. 종 밑에는 땅바닥이 움푹 패어 있거나 항아리가 묻혀 있는데, 이것은 종소리의 울림과 여운을 좋게 하기 위한 것이다.

3. 문(門)

1) 일주문(一柱門)

사찰에 들어 가는데 처음 지나는 문이 일주문이다. 일주문의 명칭은 기둥이 한 줄로 늘어서 있다고 하여 붙여진 이름이다. 네 곳에 기둥을 세우고 그 위에 지붕을 덮는 일반적인 가옥 형태와는 달리 일직선상에 세운 두 기둥 위에 지붕을 얹은 독특한 형식의 건축물이다.

일주문에 들어설 때는 오직 일심(一心)으로 불법에 귀의해야 하겠다는 마음을 다지며, 멀리 본당을 향해서 합장하고 반배를 올려야 한다. 이 곳을 기준으로 승(僧)과 속(俗), 세간(世間)과 출세간(出世間), 생사윤회의 중생계(衆生界)와 열반적정의 불국토(佛國土)가 나누어 진다. 일주문을 통해서 승과 속이 구분되지만 이는 결코 영원히 단절되는 것은 아니다. 즉 분절되지만 그것은 내외성을 동시에 확보하면서 하나로 승화되는 것이다. 승과 속이란 동전의 양면과도 같다. 그러므로 그것은 바라보는 방향에 따라서 결정되는 가치일 뿐, 구분의 대상이 되지 않는다. 문 없는 문인 일주문은 바로 이러한 동시적 내외성을 잘 나타내준다.

사찰의 문은 부처의 세계로 들어가는 문이다.

고대 인도의 사상을 불교가 수용하고, 다시 불교의 독특한 우주관을 정립하여 세계의 중앙에 가상의 산인 수미산을 설정하였다. 수미산 위쪽으로 28개의 하늘을 두고, 수미산 기슭을 인간과 축생의 세계, 땅 밑에는 지옥이 있고, 28개의 하늘 위를 부처의 경지로 삼았다.

우리나라 사찰은 불교의 우주관에 입각한 조형적 체계를 갖추고 있다. 사찰의 문을 차례로 통과한다는 것은 번뇌와 고통의 세계인 세속의 마을을 떠나 수미산을 오르기 시작하여 부처의 세계로 향하여 나아감을 뜻하는 것이기 때문에 산문이라 한 것이다. 사찰 입구의 일주문, 가운데 천왕문, 마지막 문인 불이문 세 개의 산문이 있다.

일주문에는 많은 현판을 걸어 사찰의 격을 나타내기도 한다.

통도사의 경우, 중앙에 영취산 통도사(靈鷲山 通度寺)란 현판을 걸어 사찰명을 밝히고, 좌우 기둥에 불지종가(佛之宗家)와 국지대찰(國之大刹)이라는 주련(柱聯)을 붙여서 불보(佛寶) 사찰의 성격을 나타내고 있다. 해인사의 경우, 해동제일도량(海東第一道場)이라 되어 있어 법보(法寶) 사찰임을 나타낸다. 송광사의 경우, 승보종찰조계총림(僧寶宗刹曹溪叢林)이라 되어 있어 승보(僧寶) 사찰임을 나타낸다.

사찰의 일주문 중 가장 백미로 꼽히는 것이 범어사 일주문이다. 보물 제1461호인 범어사 일주문은 전형적인 상체비만의 건물이다. 높은 화강암의 주춧돌 위에 그저 올라 앉아 있다. 그런데 산과 계곡의 바람, 또는 태풍에도 쓰러지지 않고 그대로 버티고 서 있다.

부산 금정산 범어사 일주문

2) 천왕문(天王門)

천왕문은 불법을 수호하는 외호신인 사천왕을 모신 전각이다. 사찰에 들어오는 산문 중 일주문 다음에 있는 두 번째 문이다. 천왕문은 대부분 정면 3칸, 측면 2칸에 맞배지붕으로 되어 있다. 대문의 좌우에는 금강역사가 지키고 있다. 때로는 일주문과 사천왕문 사이에 금강문이 별도로 있기도 한다.

사천왕은 고대인도 종교에서 숭앙했던 신들의 왕이었으나, 붓다의 가르침에 감복하여 불법을 지키는 수호신이 되었다.

칼을 들고 있는 지국천왕(持國天王)은 동쪽을 수호하며, 선한 이에게는 복을, 악한 자에게 벌을 준다. 푸른 빛을 띠고 있다.

남쪽을 수호하는 증장천왕(增長天王)은 용과 여의주를 들고 있는데, 만물을 소생시키는 덕을 베푼다고 한다. 붉은 색을 띤다.

영주 부석사 천왕문

삼지창과 보탑을 들고있는 서쪽의 광목천왕(廣目天王)은 악인에게 벌을 주고, 구도심을 일으키게 한다. 흰색을 띤다.

비파를 들고있는 다문천왕(多聞天王)은 북쪽을 수호하며 어둠속을 방황하는 중생을 제도한다고 한다. 흑색을 띠고 있다.

3) 불이문(不二門)

천왕문을 지나면 불이(不二)의 경지를 상징하는 불이문이 서 있다. 불이문은 사찰로 들어가는 세 번째 문으로, 온갖 이분법의 분별과 대립과 언어를 떠난 부처의 경지를 상징한다.

불이란 둘이 아닌 경계를 말하며 절대 차별 없는 이치를 나타낸다. 나와 남, 생사와 열반, 번뇌와 보리, 세간과 출세간, 선과 불선, 색과 공 등 모든 상대적인 것을 초월한 참된 해탈의 경지를 말한다.

이 문을 들어서면서 부처님의 이치를 깨우치라는 뜻이다. 그래서 이 문을 해탈문(解脫門)이라고 하기도 한다.

부산 범어사 불이문

4. 요사(寮舍)

요사는 스님들이 기거하며 사무를 관장하고, 수행과 의식주 등을 해결하는 생활공간을 말한다. 흔히 요사채라 불린다. 큰방, 선방, 강원, 율원, 사무실, 공양간, 후원, 객실, 창고 등이 모두 이에 해당된다.

요사는 그 기능에 따라 다양한 명칭을 가지고 있다. 지혜의 칼을 찾아 무명의 풀을 벤다는 뜻으로 심검당(尋劍堂), 말없이 명상한다는 뜻에서 적묵당(寂默堂), 참선과 강설의 의미가 복합된 설선당(說禪堂), 선을 닦는다는 뜻의 수선당(修禪堂), 부처님을 뽑는다는 뜻의 선불당(選佛堂) 등이 대표적인 명칭이다. 공양간은 향나무를 때서 밥을 짓는다는 고사에서 향적전(香積殿)이라 하고 조실스님이나 노장, 대덕스님의 처소는 염화실 또는 반야실 등의 이름을 붙였다.

큰방(요사채)

5. 탑(塔)

열반 후 붓다의 사리는 마가다국, 바이샬리의 릿차비족 등 각국에서 몰려든 사람들에 의해 여덟 곳에 나누어져 8개의 불탑으로 건립되었다.

당시 인도 아리야 문화에서 주검은 일반적으로 화장되었는데, 붓다와 같은 종교적 성자의 경우 사리탑을 건립하여 공양·예배하는 습관은 보이지 않는다. 그런데 불교도 사이에서는 사리탑을 건립하여 숭배하는 풍습이 매우 성행했다.

마우리야 왕조 시대에 이르러 아쇼카왕은 붓다의 유골이 안치되어 있는 8개의 불탑을 해체하여 불사리를 다시 나누어 8만 4천 개의 불탑을 세웠다고 한다. 그대로 믿을 수는 없지만, 당시 일반 민중들 사이에서 얼마나 불탑신앙이 성행했는가를 엿볼 수 있다. 불탑은 붓다 그 자체로 인식되었으며, 중요한 신앙의 대상이 되었다.

경주 불국사 석가탑

불탑은 스투파(stupa)라고 하는데, 외형은 원형의 기단 위에 발우를 엎어 놓은 듯한 복발형(覆鉢形)의 탑체를 쌓아 올리고, 그 위에 상자 모양의 평두(平頭)를 얹고, 다시 그 위에 우산 모양의 산개(傘蓋)를 올려 놓는다. 사리는 탑 본체의 중앙 근방에 용기 속에 넣어 묻었으며, 탑

전체를 흙과 돌로 채웠다. 후대에는 탑 주위에 난순(欄楯)이라고 하여 사람들이 주변을 예배하면서 돌 수 있도록 난간을 만들기도 했으며, 사방에 또라나(torana)라 불리는 네 개의 문을 세우기도 한다. 난순이나 또라나에는 석가보살이 과거생에 행했던 갖가지 선행 이야기인 자따까, 그리고 현생에서의 붓다의 전기와 관련 있는 갖가지 설화들이 조각되었다.

중국에서는 전탑, 우리나라에서는 석탑, 일본에서는 목탑이 발달하였다.

탑은 양식상으로 3층, 5층, 9층, 10층, 13층 등으로 분류된다.

한반도에 불교가 전래된 4세기 후반부터 약 2백 년간 목탑이 건립되어 오다가 백제 말에 이르러 처음으로 석탑이 건립되었다. 익산 미륵사지 석탑은 현존하는 한반도 최초의 석탑으로 목탑양식이다. 한편 현존하는 가장 오래된 신라의 석탑은 634년에 건조된 경주 분황사 탑인데, 전탑이 아니라 안산암을 벽돌 모양으로 다듬어 쌓은 모전석탑이다.

백제의 석탑과 신라의 전탑 양식이 삼국 통일을 계기로 한층 정돈되어 석탑의 가장 전형적인 양식의 표본을 보여주는 감은사지 3층석탑과 고선사지 3층석탑을 만들어냈다. 이 두 탑이 세워진 이후에 신라 석탑의 아름다움의 정점을 이룬 불국사 석가탑이 건립되었다. 석가탑은 상하좌우 어디에서나 잘 조화된 하나의 균형미를 형성하고 있고, 그 세련된 선과 형에서 한민족의 심성을 대변할 수 있는 아름다움을 찾아 볼 수 있다. 이와 나란히 서 있는 다보탑은 섬세함과 미려함에다 온갖 기교와 장엄을 더하여 돌로 다듬은 것이라고는 볼 수 없을 정도로 석조 건축의 최고봉을 이룩하고 있다.

탑과 그 조성의 의미가 유사한 조형물은 다음과 같다.

금강계단(金剛戒檀)

계단의 본래 목적인 수
계의식을 집행하는 장소
로서, 수계자를 중앙에 앉
히고 삼사(三師)와 칠증(七
證)이 둘러앉아 계법을 전
수하는 곳이다.

통도사 금강계단

석등(石燈)

석등은 등불을 밝히는 시설물로서 연등의 의미를 상징한 것인데, 후대
에 이르러서는 불전 앞이나 탑 등에 설치하는 가람 배치상의 기본 건축
물로 변천하였다.

담양 개선사지 석등

부도(浮屠)

부도는 고승의 사리를 모신 조형물로 '붓다(Buddha)'가 어원이다. 가람 배치 구조와는 별도로 건립되었으며, 조상숭배를 중시하는 선종의 발달과 더불어 성행하였다. 탑이 사찰의 중심위치인 법당 앞에 세워지는데 반해, 부도는 사찰 경내의 변두리나 아주 멀리 떨어진 곳에 세운다.

합천 해인사 성철스님 부도탑

참고문헌

- 곽철환, 불교의 모든 것, 행성비, 2014
- 김현준, 사찰, 그 속에 깃든 의미, 효림, 1997
- 목경찬, 사찰 어느 것도 그냥 있는 것이 아니다, 조계종출판사, 2008
- 이자랑, 이필원, 도표로 읽는 불교입문, 민족사, 2016
- 자현스님, 사찰의 상징세계, 불광출판사, 2012
- 장충식, 한국의 불교미술, 민족사, 1997
- 허균, 사찰100미 100선, 조계종출판사, 2007

사진출처
- 목경찬, 저절로 가는 사람
- https://cafe.daum.net/templegoman
- 목경찬, 사찰 어느 것도 그냥 있는 것이 아니다, 조계종출판사, 2008
- 문화재청 영상자료, 김제 금산사 미륵전사진

색인

불교철학 강의노트

2022년 11월 28일 초판 인쇄
2022년 12월 5일 초판 발행

편저자 | 류효현
발행인 | 신원식

펴낸곳 | 도서출판 중도
　　　　서울 종로구 삼봉로81 두산위브파빌리온 921호
등　록 | 2007. 2. 7. 제2-4556호
전　화 | 02-2278-2240

값 : 15,000원

ISBN 979-11-85175-52-2-93220